Eberhard Hermes

Interpretationshilfen
Der Antigone-Stoff

Sophokles
Anouilh
Brecht
Hochhuth

Ernst Klett Verlag
Stuttgart Düsseldorf Leipzig

Es wird nach folgenden Textausgaben zitiert:

Sophokles: Antigone. Übersetzt von Wilhelm Kuchenmüller. Stuttgart: Reclam 1955; 1989 (RUB 659).

Jean Anouilh: Antigone. Ins Deutsche übertragen von Franz Geiger. Theater-Texte Bd. 3 München: Langen-Müller, 18. Aufl. 1990.

Werner Hecht (Hg.): Brechts Antigone des Sophokles. Frankfurt a. M.: Suhrkamp 1988 (st materialien 2075).

Rolf Hochhuth: Die Berliner Antigone. Erzählungen und Gedichte. Stuttgart: Reclam 1986 (RUB 8346).

9 783129 226032

1. Auflage 1 12 11 10 9 8 | 2007 2006 2005 2004 2003
Alle Drucke dieser Auflage können im Unterricht nebeneinander benutzt werden, sie sind untereinander unverändert. Die letzte Zahl bezeichnet das Jahr dieses Druckes.

Internetadresse: http://www.klett-verlag.de
E-Mail: klett-kundenservice@klett-mail.de
Satz: Steffen Hahn GmbH Medienservice, Kornwestheim
Druck: Medien Druck Unterland, Flein
Einbandgestaltung: Gabriele Jakobi, Altenkessel
ISBN 3-12-922603-6

Inhalt

Einleitung: Der Antigone-Stoff und seine Aktualität

1. Mythos, Stoff und Motive der ,Antigone'

Die Geschichte

Zwei Brüder haben den Königsthron einer sagenhaften Stadt geerbt, können sich aber nicht über die Herrschaft einigen. Der eine von ihnen verläßt die Stadt und kehrt mit einem fremden Heer zurück, um den Bruder zu entmachten und allein über die Stadt zu regieren. In der Entscheidungsschlacht fallen beide Brüder im Zweikampf. Ein Verwandter, dem nach den Regeln der Erbfolge die Krone zufällt, läßt den Leichnam dessen, der die Stadt verteidigt hat, mit allen Ehren bestatten, während er über den gefallenen Angreifer ein Bestattungsverbot verhängt. Eine Schwester der Gefallenen hält sich jedoch nicht daran und wird dafür vom königlichen Oheim zum Tode verurteilt. Sein Sohn, der Verlobte des Mädchens, und der Seher, Künder göttlichen Willens, sind bemüht, den König im letzten Augenblick zur Aufhebung des Urteils zu bewegen. Wegen der Uneinsichtigkeit des Herrschers verstreicht die Frist. Als ihm der Seher den Tod seines Sohnes prophezeit, ist es bereits zu spät. Das Mädchen hat sich erhängt, ihr Bräutigam sich an ihrer Leiche im Angesicht des Vaters den Tod gegeben. Als gemeldet wird, daß auch die Königin sich aus Verzweiflung über den Verlust des Sohnes das Leben genommen hat, bleibt der König in seiner durch Starrsinn selbst verschuldeten Einsamkeit klagend zurück.

Stoff, Motive, Handlung, Charaktere

In diese Geschichte sind zahlreiche *Motive* eingebunden, die auch sonst in der Literatur wiederkehren, z. B. das Motiv der feindlichen Brüder, das Motiv des unversöhnlichen Zwists zwischen Vater und Sohn, das Motiv des Ungehorsams gegenüber willkürlichem Herrschergebot oder das Motiv der Vereinigung zweier Liebender im Tode. Den *Stoff* zu dieser Geschichte hat sich ihr Autor, der griechische Dramatiker Sophokles (496–406 v. Chr.), aus einem alten Epos über das Schicksal des thebanischen Herrscherhauses, der ,Thebais', zusammengesucht. Um aus dieser Geschichte die *Handlung* für ein Drama zu gewinnen, mußte der Dichter den handelnden Personen einen *Namen* und einen *Charakter* geben, sie in *Beziehung* zueinander setzen und aus ihrem Charakter und ihren Beziehungen zueinander die Handlung hervorgehen lassen. Diese entwickelt sich aus dem Edikt, das der neue, noch unsichere und argwöhnische und daher auf seine Macht pochende König Kreon erläßt. Schon während er redet, hat seine Nichte Antigone aus ihrem unbeirrbaren Gefühl für das, was recht und unrecht ist, den toten Bruder Polyneikes bestattet und damit das Edikt übertreten. Daraus ergibt sich die Konfrontation zwischen Kreon, der sich im Edikt auf Bestrafung Zuwiderhandelnder festgelegt hat, und Antigone, die entschieden auf der Seite des Bruders steht. Je mehr dann Kreon auf seinem Standpunkt beharrt, desto weniger können die Angehörigen seines Hauses und seine Untertanen diesen Standpunkt billigen, bis er, von den Seinen verlassen, die wie Antigone sich den Toten zugesellen, verzweifelt zurückbleibt und kein Handeln mehr möglich ist.

Der epische Zyklus

Der mythische Stoff, aus dem Sophokles dieses in Personenkonstellation und Handlungsstruktur spannungsreich durchgestaltete Stück geschaffen hat, ist Bestandteil eines epischen Zyklus, dem immer wieder Stoffe für dramatische Dichtungen entnommen wurden. Der Zyklus enthält die Schicksale vieler Generationen eines Herrscherhauses, zu dessen Ahnen Götter und Göttinnen gehören und in dessen Ereignisse immer wieder Götter eingreifen. Der Zyklus der Epen, die von den Schicksalen des Thebanischen Herrscherhauses, der Labdakiden, handeln, läßt sich etwa so zusammenfassen:

Der Mythos vom Labdakidenfluch

Der Göttervater Zeus hatte mit Hera den Kriegsgott Ares gezeugt, von der Okeanostochter Dione wurde ihm die Liebesgöttin Aphrodite geboren. Aus der Verbindung von Ares und Aphrodite ging Harmonia, die Göttin der Eintracht, hervor. Diese wurde Kadmos, dem Gründer von Theben vermählt. An der Hochzeit nahmen alle Götter teil. Der Enkel des Kadmos, Labdakos, übergab die Herrschaft über Theben seinem Sohn Laios, der Iokaste, die Tochter des Menoikeus, des Vaters von Kreon, heiratete. Dieser Laios hatte sich in seiner Jugend in Olympia in den Sohn des dortigen Königs verliebt und diesen gewaltsam nach Theben entführt. Da sprach sein Vater, der Zeusenkel Pelops, den Fluch aus, Laios solle, wenn er einen Sohn bekommen sollte, durch dessen Hand den Tod finden. Der Orakelgott bestätigte diesen Fluch über die Nachkommen des Labdakos. Als Laios nun einen Sohn bekam, ließ er ihn im Gebirge aussetzen. Ein Hirte des korinthischen Königs Polybos fand das Kind, brachte es an den Hof, wo das kinderlose Königspaar den Jungen aufzog. Weil diesem die Fußknöchel durchstoßen waren, erhielt er den Namen ‚Schwellfuß', griechisch: Ödipus. Als er erwachsen war, erfuhr er von dem Orakelspruch, der ihm den Vatermord weissagte, und verließ deshalb Korinth. Auf der Wanderung trifft er auf den reisenden Laios, gerät in Streit mit ihm und tötet ihn, der so als erster ein Opfer des Fluchs wird. Dann geht er nach Theben, befreit die Stadt von der Sphinx, einem Ungeheuer, das die Bürger drangsaliert hatte, wird mit der Herrschaft betraut und heiratet, ohne es zu wissen, in der Königinwitwe seine eigene Mutter. Er zeugt mit ihr vier Kinder, Eteokles und Polyneikes, Antigone und Ismene. Als am Ende doch seine Herkunft an den Tag kommt, blendet sich Ödipus selbst, während Iokaste sich den Tod gibt. Als die Söhne sich die Herrschaft teilen wollen, kommt es zum Zwist, Eteokles vertreibt Polyneikes aus der Stadt. Dieser geht nach Argos, wo er die Hand der Königstochter gewinnt und mit seinem Schwiegervater und den berühmtesten Helden der Zeit, den ‚Sieben gegen Theben‘, einen Feldzug gegen seine Heimatstadt und seinen Bruder Eteokles unternimmt. Im Zweikampf treffen die Brüder aufeinander und bringen sich gegenseitig um. Darauf geht die Herrschaft auf ihren Onkel Kreon über. Doch ist damit die Wirkung des Erbfluchs noch nicht aufgehoben. In der Konfrontation zwischen Kreon und Antigone wird das Herrscherhaus fast völlig vernichtet.

Stammbaum der Labdakiden

Der epische Gang durch die Generationen des Thebanischen Königsgeschlechts läßt sich auch in Form eines Stammbaums übersichtlich machen:

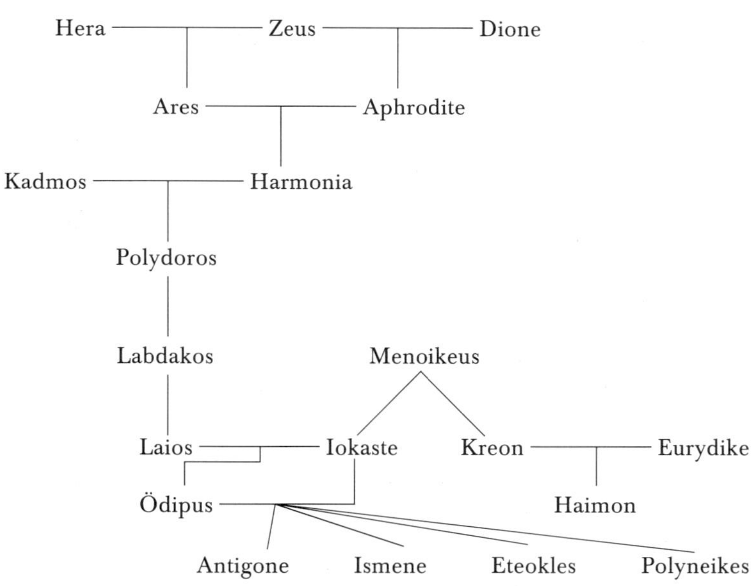

Der epische Dichter kann eine solche lange, sich über Generationen hinziehende, Geschichte erzählen, indem er sich an den chronologischen Ablauf hält. Er kann seine Erzählung unterteilen, indem er z. B. zwei Generationen herausnimmt und in einem Ödipus-Epos von Laios und Iokaste, von Thebens Bedrängnis durch die Sphinx und von der Erfüllung des Orakels erzählt, das den Helden zugleich auf den Gipfel der Macht und in das unabwendbare Verhängnis bringt. Dabei ist ihm nicht vorgeschrieben, in wieviel Versen er diese Geschehnisse erzählt. Der

Gattungsgesetze des Dramas

Dramatiker muß dagegen den Ausschnitt aus dem mythischen Stoff so wählen und gestalten, daß sein Bühnenspiel in den Zeitplan der Aufführung paßt, dessen technische Umstände ihm nur etwa 1000 bis 1200 Verse erlauben. Die gespielte Zeit ist auf etwa einen Tageslauf beschränkt. Auch die Zahl der Schauplätze und der miteinander agierenden Personen sind durch diese technischen Umstände begrenzt. Wie der Dichter sie benutzt, wird außerdem durch Gattungskonventionen nahegelegt. Diese schreiben z. B. vor, daß bestimmte Handlungen nur verdeckt geschehen dürfen, also von anderen Figuren berichtet werden müssen oder daß die Dialogpartien in bestimmtem Verhältnis zu den Chorgesängen zu stehen haben.

Zur ‚Antigone' des Sophokles:

Mythos	Götter- und Heldensagen, wie sie seit der Frühzeit Griechenlands in der Form des Epos vorgetragen wurden, die Schicksale des thebanischen Herrscherhauses im Zyklus der ‚Thebais'
Stoff	Rohmaterial für die dramatische Gestaltung, das der tragische Dichter im Mythos vorfindet
Motiv	Wiederkehrendes inhaltliches Motiv, das in unterschiedlichen Zusammenhängen und verschiedenen Gattungen vorkommen kann, z. B. das Motiv der feindlichen Brüder
Geschichte	Abfolge von Geschehnissen, die einen Anfang und ein Ende hat, in der bestimmte Personen auftreten und bestimmte Schauplätze eine Rolle spielen und die sich aus größeren Zusammenhängen herauslösen läßt, z. B. die Geschichte der Antigone
Handlung	Darstellung einer Geschichte unter Einhaltung oder unter Abweichung von der chronologischen Abfolge, wobei die zum Verständnis notwendige Vorgeschichte irgendwie dem Leser oder Zuschauer zur Kenntnis gebracht werden muß
Personen der Handlung	Figuren der Handlung mit Namen, welche mit einem bestimmten Charakter ausgestattet sind und in bestimmte Beziehungen zueinander gesetzt werden, aus denen sich die Handlung ergibt

2. Die Aktualität der ‚Antigone'

Kaum ein anderer literarischer Stoff der Antike hat im Lauf der Jahrhunderte eine solche Beachtung und Verbreitung gefunden wie die ‚Antigone' des Sophokles. Immer wieder hat es Bearbeitungen, Neufassungen, Umdichtungen, Vertonungen gegeben. Immer wieder wurden auch aktuelle Probleme und Konflikte an der ‚Antigone' gleichsam wiederentdeckt und im Blick auf das antike Drama diskutiert. In den USA war z. B. der Vietnam-Krieg (1964–1973) ein solches Problem, das manche Familien untereinander entzweite. In dem 1971 in New York erschienenen Kriminalroman ‚The Theban Mysteries' von Amanda Cross wählt sich die Schülerin Angelica Jablon die Antigone als Vorbild, als sie ihren Bruder, der sich weigert, als Soldat nach Vietnam zu gehen, im Schulgebäude versteckt. Die Tragödie des Sophokles wird gerade im Oberstufenkurs behandelt. Die Lehrerin versucht dem Großvater Jablon das Verhalten seiner Enkelkinder verständlich zu machen. Dieser ist seinerzeit als armes Kind nach Amerika gekommen, hat sich ein Vermögen erarbeitet und ist nun ein patriotisch gesinnter US-Bürger, der nicht verstehen kann, was die jungen Leute gegen seinen und ihren Staat haben:

Kontroverse Deutungen

> Es geht um das Stück, das Sie besprechen; Angelica hat mir davon erzählt. Sie sagte, daß es dieselben Probleme schon bei den alten Griechen gegeben hat. Ich hatte nie Zeit, etwas über die Griechen zu lernen, aber ich wollte immer, daß meine Kinder das tun und auch meine Enkel, wenn sie Lust dazu hätten. Sie schienen so wichtig, die Griechen. Und nun stelle ich fest, daß Ihr Stück eine Entschuldigung für Vaterlandsverrat ist und daß die Heldin ein Mädchen ist, dessen Vater seinen Vater ermordet und seine Mutter geheiratet hat und deren Mutter zugleich auch die Großmutter ist. Ist das wirklich große Kunst?
>
> (2,110)

Obwohl der alte Herr „nie Zeit" hatte, „etwas über die Griechen zu lernen", kennt er den Mythos von Antigone, der Tochter des Ödipus, recht gut, der – einem Orakel gemäß – seinen ihm unbekannten Vater erschlug, in Theben das Rätsel der Sphinx löste, dafür den Thron und die Hand der Königin gewann, die in Wahrheit seine Mutter war, und mit ihr Polyneikes, Eteokles, Antigone und Ismene zeugte. Vergebens versucht die Lehrerin, Großvater Jablon klarzumachen:

> Das war Vorherbestimmung ... Schicksal. Die Griechen sind der Meinung, daß der Mensch seinem Schicksal nicht entrinnen kann.

Gegen diesen Schicksalsglauben der Griechen setzt der alte Mann sein amerikanisches Credo:

> Aber genau das scheinen all diese jungen Leute mit ihren schmutzigen Kleidern und ihrer Aufsässigkeit zu wollen; sie versuchen, ihrem Schicksal zu entrinnen, das da heißt: arbeiten, ihre Eltern und das Vaterland respektieren und etwas lernen.
>
> (2,110 f.)

Ein gefährliches Stück

Eine vergleichbare Reaktion älterer, die institutionelle Ordnung vertretender Menschen auf das Antigone-Drama findet sich in einem satirischen Text von Heinrich Böll aus dem Jahr 1978, dem Höhepunkt des RAF-Terrorismus in der Bundesrepublik Deutschland. In einem Drehbuchentwurf für Volker Schlöndorffs Beitrag zu dem Film ‚Deutschland im Herbst' mit dem Titel ‚Die verschobene Antigone' läßt Böll eine Programmkommission darüber entscheiden, ob und wann die Filmaufzeichnung einer Antigone-Aufführung gesendet werden soll. Man hat die Absicht, gerade das zu verhindern, worauf das ungebrochene Weiterleben des Sophokles-Dramas beruht, die Möglichkeit, eigene Probleme und Konflikte in der ‚Antigone' wiederzuentdecken. Deshalb soll ein Rahmentext darauf hinweisen, daß sich die Rundfunkgewaltigen von aller Gewalt, die in dem Stück vorkommt, deutlich zu distanzieren wünschen. Am Ende gelangt man zu einer ‚salomonischen' Lösung:

> *Redakteur:* Und wenn wir ganz auf die Distanzierungsszenen verzichten? Einfach nur den Sophokles-Text – ich meine, wenn wir nicht einmal mehr Sophokles inszenieren dürfen ...
>
> *2. Mitglied* (sehr ärgerlich): Das nächste Wort wird Zensur sein, das übernächste Wort Faschismus (mehr nervös als ärgerlich), verstehen Sie doch unsere Situation: wir kämpfen mit dem Rücken zur Wand – ich frage mich, ob es wirklich notwendig ist, ausgerechnet jetzt ‚Antigone' zu inszenieren – verweigerte Beerdigung – aufsässige Weiber – und dieser düstere Seher, dieser Teiresias – ein Vorläufer der Propheten, ein – ein – eine Art vorweggenommener Intellektueller – die Jugend wird das mißverstehen, als eine Aufforderung zur Subversion.
>
> *Intendant:* Der Sendetitel der Reihe heißt: „Jugend begegnet den Klassikern".
>
> *Regisseur:* Die Produktion wird also eingestellt, immerhin stecken schon 800 000 Mark Produktionskosten drin.
>
> *1. Mitglied:* Am Geld wird es nicht scheitern – die Produktion – mein Vorschlag – fertigstellen, den Film auf Eis legen, bis ruhigere Zeiten kommen ...
>
> (1,614 f.)

Natürlich wird hier nicht der terroristischen Gewalt das Wort geredet, sondern eine Form der Überreaktion kritisiert. Sie besteht darin, daß ein jahrtausendealter Text aus aktuellem Anlaß mit einer neuen ,Konnotation' versehen wird, d. h. man denkt sich etwas anderes dabei als der Zeitgenosse des Sophokles: „verweigerte Beerdigung", „aufsässige Weiber", das ist eine Anspielung auf die weiblichen RAF-Mitglieder in Stuttgart-Stammheim und die behördliche Weigerung, deren Leichen nach ihrem Selbstmord den Familien zu übergeben. In dieser Konnotation ist nun – darin liegt die Ironie – zugleich die Vermutung über die Konnotationen einer anderen Gruppe enthalten; „die Jugend wird das mißverstehen, als eine Aufforderung zur Subversion". Die ,Antigone' des Sophokles ist also für das Mitglied der Programmkommission ein ,gefährliches' Stück. So hatte es auch Großvater Jablon in dem amerikanischen Roman gesehen, als er zur Lehrerin seines Enkelkindes sagt: „Und nun stelle ich fest, daß Ihr Stück eine Entschuldigung für Vaterlandsverrat ist..."

Die Rolle der Konnotationen (= ,was man sich dabei denkt')

Während in den eben besprochenen Beispielen das ganze Antigone-Drama mit neuer Konnotation versehen und aktualisiert wird, betrifft die Aktualisierung in den folgenden Beispielen nur eine bestimmte Partie, nämlich das erste Standlied des Chors:

Das erste Standlied als Dokument für das antike Menschenbild

> Ungeheuer ist viel, und nichts
> ungeheurer als der Mensch.
> Der nämlich, über das graue Meer
> im stürmenden Süd fährt er dahin,
> andringend unter rings
> umrauschenden Wogen. Die Erde auch,
> der Göttlichen höchste, die nimmer vergeht
> und nimmer ermüdet, schöpfet er aus
> und wühlt, die Pflugschar pressend, Jahr
> um Jahr mit Rössern und Mäulern.
> (...)
>
> (332–341)

> So über Verhoffen begabt mit der Klugheit
> erfindender Kunst,
> geht zum Schlimmen er bald und bald zum
> Guten hin...
>
> (364–366)

Der Philosoph Hans Jonas (geb. 1903) beginnt sein Werk ,Das Prinzip Verantwortung. Versuch einer Ethik für die technologische Zivilisation' mit einer Interpretation dieses Chorliedes, von dem er meint, daß es „in einem archetypischen Sinn selbst schon

Gegenwart und Antike sind nicht vergleichbar

sozusagen eine technologische Note anschlägt". Aber Jonas will an diesem Text zeigen, daß unsere aktuelle Situation in ihm nicht wiedererkannt werden kann, daß es vielmehr darauf ankommt zu erkennen, was uns heute grundsätzlich von der alten Welt trennt. Denn die im Chorlied angesprochenen Aktivitäten des Menschen, Seefahrt, Landwirtschaft, Jagd, Städtegründung u. a., haben der Natur keinen dauerhaften Schaden antun, ihr Gleichgewicht nicht nachhaltig stören, ihre Kräfte nicht erschöpfen können:

> Auch ist weder im Antigone-Chorlied noch irgendwo sonst eine Andeutung zu finden, daß dies erst ein *Anfang* sei und daß Größeres an Kunst und Macht noch bevorstehe – daß der Mensch in einer endlosen Laufbahn der Eroberung begriffen sei. Gerade so weit ist er gegangen in der Bändigung der Notwendigkeit, gerade so viel hat er ihr durch seinen Witz abzuringen gelernt für die Menschlichkeit seines Lebens, und nachsinnend darüber überkam ihn ein Schauer über die eigene Verwegenheit.
>
> (5,19)

Als unterscheidendes Merkmal unserer heutigen Situation erscheint hier der Gedanke, „daß der Mensch in einer endlosen Laufbahn der Eroberung begriffen sei", d. h. daß ihm die Entwicklung aus den Händen gleitet, daß er den Prozeß, den er „mit der Klugheit erfindender Kunst" in Gang gesetzt hat, nicht mehr anhalten zu können meint.

Das erste Standlied als Kontrast zur Absurdität der gegenwärtigen Welt

Auch Friedrich Dürrenmatt verwendet dasselbe Chorlied in seinem Stück ‚Der Besuch der alten Dame' als Hintergrund, von dem sich eine aktuelle Situation als Kontrast abheben soll. Die Milliardärswitwe Claire Zachanassian hat dafür gesorgt, daß ihre Heimatstadt Güllen, in der man sie einst schlecht behandelt und in die Fremde getrieben hat, wirtschaftlich in Not und Elend geraten ist. Nun bietet sie den Bürgern eine Milliarde an, wenn derjenige, der sie damals hat sitzen lassen, den Tod findet. Die Bedingung wird erfüllt, der Bürgermeister erhält den Scheck, und Wohlstand zieht in die Stadt ein. Mit einer Parodie des ersten Stasimons aus der ‚Antigone' des Sophokles wird in der Schlußszene die Konsumgesellschft ad absurdum geführt:

> *Chor I:* Ungeheur ist viel
> Gewaltige Erdbeben
> Feuerspeiende Berge, Fluten des Meeres
> Kriege auch, Panzer durch Kornfelder rasselnd
> Der sonnenhafte Pilz der Atombombe.
> *Chor II:* Doch nichts ungeheurer als die Armut
> Die nämlich kennt kein Abenteuer

Trostlos umfängt sie das Menschengeschlecht
Reiht
Öde Tage an öden Tag.

Der Armut wird nun der durch Claire Zachanassians Milliardenscheck begründete Wohlstand gegenübergestellt:

Die Frauen: Ziemende Kleidung umschließt den zierlichen Leib nun
Der Sohn: Es steuert der Bursch den sportlichen Wagen
Die Männer: Die Limousine der Kaufmann
Die Tochter: Das Mädchen jagt nach dem Ball auf roter Fläche
Der Arzt: Im neuen, grüngekachelten Operationssaal operiert freudig der Arzt
Alle: Das Abendessen
Dampft im Haus. Zufrieden
Wohlbeschuht
Schmaucht ein jeglicher besseres Kraut.
Der Lehrer: Lernbegierig lernen die Lernbegierigen.
Der zweite: Schätze auf Schätze türmt der emsige Industrielle
Alle: Rembrandt auf Rubens...

(4,98 f.)

Mitarbeit des Rezipienten

Die Kenntnis des Sophokles-Chorliedes wird sozusagen beim Zuschauer bzw. Leser ‚abgerufen‘, damit der Hintergrund in den Rezeptionsakt einbezogen werden kann, von dem aus die Parodie und ihre Absicht verstanden werden kann. Während bei Sophokles die Fähigkeiten des Menschen seinen Grenzen gegenübergestellt werden, erscheint hier eine glitzernde, sterile Welt, wie wir sie aus den Werbe-Spots kennen, als Kontrast zur erlittenen Armut.

3. Zur Wirkungsgeschichte der ‚Antigone‘

Wiederaufführungen, Übersetzungen, Bearbeitungen

Vom vielfältigen, ununterbrochenen Weiterleben des Antigone-Stoffs in der europäischen Tradition interessiert hier vor allem die Wirkungsgeschichte der Tragödie des Sophokles. In ihr unterscheiden wir Wiederaufführungen, Übersetzungen und schließlich Bearbeitungen, bei denen das ursprüngliche Stück Veränderungen erfährt. Daß die ‚Antigone‘ des Sophokles schon in der Antike oft wiederaufgeführt wurde, wird dadurch bezeugt, daß der Schluß der fast 25 Jahre vorher entstanden Tragödie ‚Sieben gegen Theben‘ von Aischylos, die mit der gegenseitigen Tötung der Brüder Eteokles und Polyneikes endet, durch einen späteren Bearbeiter zur ‚Antigone' hin geöffnet wurde, um beide Stücke hintereinander aufführen zu können. Vor dem Schlußgesang des Chors verkündet nun ein Herold das von Kreon erlassene Bestattungsverbot, während Antigone ankündigt, daß sie es nicht beachten werde.

Wie frei die Dichter mit dem mythischen Stoff umgehen konnten, zeigen andere Gestaltungen des gleichen Stoffes, z. B. die des Euripides, der die Geschichte zu einem Liebesdrama mit Happy-End umformt.

Die ‚Antigone' des Sophokles als klassisches Muster

Aber die Dichtung des Sophokles galt schon im Altertum als musterhaft und unübertroffen. Der römische Schriftsteller und Politiker Cicero (106–43 vor Chr.) hat sie in der lateinischen Fassung des Lucius Accius (170–ca. 86 vor Chr.) kennengelernt. Dem Mittelalter war die Geschichte der Antigone durch das vielgelesene Epos ‚Thebais' des römischen Dichters Statius (1. Jh. nach Chr.) bekannt. Zu Beginn der Neuzeit gelangt der griechische Text des Sophokles 1423 nach Italien. 1502 wird er bei Aldus in Venedig gedruckt. Eine italienische Übersetzung aus der Feder des Luigi Alamanni, der, als Gegner der Medici und überzeugter Republikaner aus Florenz vertrieben, im französische Exil lebte, wurde 1533 am Hof Franz I. aufgeführt. Der Übersetzer hat das Stück – wie die Athener zur Zeit des Sophokles – als politisches Widerstandsdrama aufgefaßt.

Erste deutsche Übersetzung

Von dem Barockdichter Martin Opitz (1579–1639) gibt es die erste und bis ans Ende des 18. Jahrhunderts einzige deutsche Übersetzung. Unter dem Eindruck seiner Erlebnisse während des 30jährigen Krieges tauscht Opitz die griechischen Begriffe von Schicksal und Vorherbestimmung durch die christlichen Vorstellungen von Himmel, Hölle, Kreuz und Heil aus.

In der französischen Klassik bearbeitet Jean Racine den Antigone-Stoff als Greueltragödie unter dem Titel ‚La Thébaide ou les frères ennemis' (Die Thebais oder die feindlichen Brüder), worin Kreon zum Nebenbuhler seines Sohnes Haimon wird und den Tod sucht, als Antigone ihn abweist und Selbstmord begeht. Molière hat dieses erste Stück des Dichters am 20. 6. 1664 mit seiner Truppe in Paris aufgeführt. Das 18. Jahrhundert hat die ‚Antigone' dann als Opernstoff entdeckt. Über 30 Vertonungen sind uns bekannt.

Anfänge des Historismus

Ein deutlicher Einschnitt läßt sich gegen Ende des 18. Jahrhunderts in der Wirkungsgeschichte der ‚Antigone' feststellen. Dabei haben viele Faktoren zusammengewirkt. Herder (1744–1803) und die Romantiker hatten durch die Weckung des historischen Sinnes die Voraussetzung für ein besseres Verständnis der Werke vergangener Literaturen geschaffen. Eben dadurch, daß nunmehr das Bewußtsein der geschichtlichen Distanz in den Rezep-

tionsakt einging, konnte man solche Werke in einer neuen Unmittelbarkeit erleben.
Zu dieser Bewegung des Historismus gehörte auch die Begründung einer ‚Klassischen Altertumswissenschaft‘ durch Friedrich August Wolf (1759–1824), welche nun die Werke der antiken Literaturen im Detail erforschte und dadurch die Anfertigung textgetreuer Übersetzungen ermöglichte. Die neue ‚Nationalbildung‘, die in Preußen nach der Niederlage durch Napoleon 1806 im Zuge der politischen und gesellschaftlichen Reformen (Aufhebung der Erbuntertänigkeit, Städteordnung, Gewerbefreiheit usw.) geschaffen wurde, erfolgte im neuhumanistischen Gymnasium, in dem Griechisch und Latein Hauptfächer waren. Daß in diesem Zusammenhang gerade die ‚Antigone‘ des Sophokles eine neue Wertschätzung erfuhr, hat seinen Grund darin, daß diese Frauengestalt in der Zeit der französischen Revolution (ab 1789), der napoleonischen Unterdrückung (ab 1806) und des italienischen Freiheitskampfes (ab 1815) als Symbol des Widerstands gegen Willkürherrschaft aktuell geworden war. Deshalb galt nun die Tragödie des Sophokles, nicht mehr das Epos Homers als der Inbegriff griechischer Dichtung.

Neue Konnotationen zur Figur der Antigone

Wie tief dieser Einschnitt in der Wirkungsgeschichte der ‚Antigone‘ war, kann man erkennen, wenn man zwei Antigone-Aufführungen miteinander vergleicht, von denen eine die Epoche vor dieser Wende, die andere die Epoche danach repräsentiert. Der größte Teil des Publikums war um die Jahrhundertwende noch in einem humanitär-aufklärerischen Griechenbild befangen und für die ‚Antigone‘ des Sophokles nicht sonderlich zu begeistern. Goethe hatte das Stück in einer zusammenfassenden Bearbeitung seines Freundes Johann Friedrich Rochlitz mit Musik 1809 am Weimarer Hoftheater inszeniert. Über die Wirkung der Aufführung schreibt er am 1. 2. 1809 an Rochlitz:

Antigone-Aufführung durch Goethe in Weimar

> Der Effekt war, den ich voraussah. Das Stück hinterließ einen sehr angenehmen, erfreulichen Eindruck. Jedermann war zufrieden und halb erstaunt, indem man von dieser Klarheit und Einfalt kaum etwas kennt.

Wie sehr Goethe auf sein Publikum Rücksicht nahm, zeigt eine Bemerkung, die er im Brief vom 22. 1. 1809 an Rochlitz gemacht hat:

> Antigone ist auf den Dreißigsten angesetzt. Leider füllt sie nicht den ganzen Abend, und ich muß eine kleine Operette hinterher geben.

Während diese Worte darauf hinweisen, daß Goethes Publikum im Grunde mit der ‚Antigone' nicht viel anzufangen weiß, bezeugt das Echo, das eine Aufführung aus dem Jahr 1841 fand, ein neu erwachtes Interesse an der Tragödie des Sophokles. Als der kunstsinnige und musikliebende Friedrich Wilhelm IV. 1840 den preußischen Thron bestieg, führte er eine Theaterreform durch. Statt der Unterhaltungsstücke, wie sie noch Goethe regelmäßig in seinem Theater aufführen ließ, um dem Bedürfnis seines Publikums zu entsprechen, sollten nun die Klassiker der Weltliteratur ihren Platz auf der Bühne finden. Zur Durchführung dieses Planes berief er den fast 70jährigen Ludwig Tieck als ‚Vorleser' und Spielleiter an seinen Hof. Dieser inszenierte als erstes antikes Stück die ‚Antigone' des Sophokles. Da er die Tragödie des 5. Jahrhunderts vor Chr. als eine untrennbare Einheit aus Dichtung und Musik auffaßte, beauftragte er den damals 32jährigen Felix Mendelssohn-Bartholdy mit der musikalischen Ausgestaltung der Aufführung. Mendelssohn komponierte die Chorlieder für zwei vierstimmige Männerchöre und großes Orchester. Die Dialoge blieben unvertont und wurden von Schauspielern gesprochen. Der Text beruhte auf der Übersetzung des Philologen Johann Chr. Donner. Der Inszenierungsstil war streng antikisierend. Gespielt wurde auf einer Bühne, die fünf Fuß über die Orchestra erhöht war, auf welcher sich der Chor bewegte.

Antigone-Aufführung 1841 am preußischen Hof mit Musik von Mendelssohn

Die Aufführung fand am 28. 10. 1841 statt und wurde am 6. 11. wiederholt. Als Publikum hatte der König die Spitzen der Gesellschaft ins Neue Palais in Potsdam geladen, die sich von dem Stück tief beeindruckt zeigten. Man staunte, daß „ein dem Inhalt und der Form nach so fremdartiges Stück" eine solche Wirkung auf die Menschen im Zeitalter der Frühindustrialisierung ausüben konnte. Ludwig Tieck schreibt dazu in einem Brief:

Wirkung als Bildungsgut, nicht als Politikum

> Der edle Wille eines großartigen Königs hat es veranlaßt, daß die Antigone des Sophokles dem Publikum ist vorgeführt worden. Sie hat auf die meisten Zuschauer erhebend gewirkt. Ein verständiger Mann äußerte: es sei sonderbar, daß ein Werk, das uns Schule, Unterricht, gelehrtes Bestreben immer in unserer Phantasie in weite, neblichte Ferne rückte, nun durch diese Darstellung frisch und lebendig überzeugend uns nahe stehe, als wenn es heute gedichtet sei.
>
> (14,508)

Die Aufführung vom 28. 10. 1841 eröffnete eine bis heute nicht abgebrochene Reihe von Wiederaufführungen der ‚Antigone' des Sophokles. In dem Stück zeigen sich immer wieder die Probleme, mit denen sich die jeweiligen Generationen, die als

Publikum angesprochen werden, beschäftigten. Ein neuer Abschnitt von Wiederaufführungen griechischer Tragödien wurde durch Adolf Wilbrandt eingeleitet, der von 1881–1887 Direktor des Wiener Burgtheaters war. Er verband Kenntnis der klassischen Antike mit lebendigem Theatersinn und reicher Bühnenerfahrung. Er übersetzte den Sophoklestext selbst, wobei er die Chorlieder in Dialoge zwischen Bürgern auflöste, weil er der Auffassung war, daß man diese religiösen Elemente der alten Tragödie dem Publikum nicht mehr zumuten könne.

Auflösung der Chorpartien in dramatischen Dialog

Im Gegensatz zu Wilbrandt haben die Bearbeiter und Regisseure von Wiederaufführungen der ‚Antigone' im 20. Jahrhundert die Absicht verfolgt, gerade den religiösen Charakter der Tragödie wieder zur Geltung zu bringen und das Stück als kultisch-chorisches Spiel zu inszenieren. Auf diese Weise hat z. B. Hansgünther Heyme die ‚Antigone' in der Übersetzung des Altphilologen Wolfgang Schadewaldt 1965 in Wiesbaden aufgeführt, 1970 in Köln sogar nach antikem Muster zusammen mit dem Stück ‚Sieben gegen Theben' von Aischylos, dessen Schlußszene in die ‚Antigone' überleitet. Ein Jahrhundert nach der religiösen Aufklärung und Emanzipation, wie sie für die Gründerjahre des 19. Jahrhunderts kennzeichnend war, war eine neue Unbefangenheit gegenüber dem religiösen Charakter der griechischen Tragödie entstanden.

Moderne Bemühungen um den kultischen Charakter der Tragödie

4. Antigone-Dichtungen des 20. Jahrhunderts

Während die Wende vom 18. zum 19. Jahrhundert eine Intensivierung der Erforschung des Altertums, der allgemeinen Kenntnis der alten Literatur und des Interesses an der Antike brachte, war die Wende vom 19. zum 20. Jahrhundert durch einen ständigen Rückgang des Anteils gekennzeichnet, den das Wissen von der Antike und die Kenntnis der alten Sprachen am Inhalt der Allgemeinbildung besaßen. Dennoch ist die Reihe der Wiederaufführungen nicht abgebrochen, die Zahl der Neugestaltungen, Bearbeitungen, Übersetzungen hat zugenommen, die weltweite Wirkung der ‚Antigone' überhaupt erst jetzt eingesetzt. Sie wurde z. B. auf norwegisch in Oslo, auf finnisch in Helsinki, auf japanisch in Tokyo aufgeführt.

Verfall der humanistischen Bildung – Zunahme der Wiederaufführungen

Neugestaltungen, d. h. neue Antigone-Dichtungen, entstehen vor allem im Zusammenhang mit den beiden Weltkriegen, die man als Ergebnis von Unberatenheit und Herrscherwillkür erkennt. Antigone wird dabei zum Symbol des Widerstands gegen autokratische Politik und der Rechte des Individuums

Erneute Aktualität der ‚Antigone' im Ersten und Zweiten Weltkrieg

gegenüber kollektivem Zwang. Im ersten Weltkrieg erhebt Walter Hasenclever 1917 in seiner ‚Antigone', einem der ersten Dramen des Expressionismus, die Stimme gegen den Krieg für eine auf mitmenschlicher Solidarität beruhende Friedensordnung. Unter dem Einfluß der Erlebnisse während des zweiten Weltkrieges entstand eine Reihe von dramatischen und epischen Antigone-Dichtungen, von denen drei, die sich in wesentlichen Merkmalen voneinander und von der antiken Tragödie unterscheiden, besondere Beachtung verdienen:

- Jean Anouilh: Antigone (1941/42, aufgeführt 1944),
- die Antigone des Sophokles, nach der Hölderlinschen Übertragung für die Bühne bearbeitet von Bertolt Brecht (1948),
- die Berliner Antigone, Erzählung von Rolf Hochhuth (1963).

Anouilh

Anouilhs Stück verarbeitet die Themen, Probleme und Erfahrungen, welche die Niederlage vom Juni 1940, die Besetzung durch Hitlers Truppen und das Vichy-Regime den Franzosen gebracht hatten, das sich als gesellschaftlicher Neuordnungsversuch Frankreichs und Überwindung der dekadenten dritten Republik verstand. Dabei verwendet Anouilh eine Sprache, die deutliche Übereinstimmung mit den politischen Schlagwörtern der Besatzungszeit aufweist, jedoch geschickt vermeidet, zu konkret zu werden. Vielmehr wird eine „angestrengte Arglosigkeit" durchgehalten, „die mehr auf den Raum zwischen den Zeilen verweist" (52,340), damit der französische Zuschauer die Anspielungen vervollständigen kann, der deutsche Zensor aber Verständnisprobleme hat.

Brecht

Die Bedeutung der Brechtschen Bearbeitung, welche sich trotz ihrer materialistischen Umdeutung des Antigone-Stoffs einer Übersetzung bedient, hinter der ein religiöses Konzept steht, liegt im Bereich der Aufführungspraxis. Diese ist in dem 1949 erschienenen Buch ‚Antigonemodell 1948' dokumentiert, das neben dem Text nach dem Doppelseitenprinzip Regieanweisungen, Erläuterungen in Frage und Antwort, viele Fotos der Churer Aufführung und Skizzen des Bühnenbildners bringt. Es wird eingeleitet durch ein Vorwort, das die Bearbeitung begründet und die Spielweise beschreibt. Am Schluß ist in einem Text von 189 Hexametern die ‚Antigone-Legende' erzählt, wie Brecht sie verstand. Diese Hexameter waren als ‚Brückenverse' gedacht, welche die Schauspieler bei ihrem jeweiligen Auftritt in die gespielte Welt hineinversetzen sollten. So stellt Brechts ‚Antigone' ein Musterbeispiel epischen Theaters dar.

Hochhuth

In Hochhuths Erzählung liegt eines der wenigen Beispiele vor, in denen der Antigone-Stoff in eine andere literarische Gattung umgeformt wurde. Wie in seinem Schauspiel ‚Der Stellvertreter' (1963) geht Hochhuth auch hier streng dokumentarisch vor, d. h. er hält sich an reale Vorgänge aus dem Kriegsjahr 1943, die erstaunlicherweise eine vollkommene Parallele zu der sophokleischen Antigone-Handlung bilden. Während Anouilh die Tragödienform ironisiert und Brecht das tragische Element gänzlich tilgt, erleidet Hochhuths ‚Berliner Antigone' ein tragisches Schicksal und beweist damit, daß die Kategorie des Tragischen nicht an die dramatische Gattung gebunden ist. Ähnlich wie bei Anouilh und Brecht spielt die Sprache auch hier eine wichtige Rolle. Während sich in der Redeweise von Anouilhs Figuren die öffentliche Diskussion der Besatzungszeit spiegelt und Brecht die Sprache dazu benutzt, den Zuschauer auf Distanz zu halten und vor Einfühlung zu bewahren, macht Hochhuth sie seiner dokumentarischen Absicht dienstbar. Er zeigt an zahlreichen Beispielen, wie sich die Unmenschlichkeit des nationalsozialistischen Unrechtsstaats in der Sprache niedergeschlagen hat.

Eine ‚tragische Novelle'

Diese drei Antigone-Dichtungen des 20. Jahrhunderts werden im folgenden ausführlich besprochen und interpretiert. Vorher erfolgt eine Einführung in die Gattung der attischen Tragödie sowie eine Darstellung der ‚Antigone' des Sophokles. Dabei steht eine interpretierende Paraphrase am Anfang, gefolgt von einer Behandlung des Werks unter systematischen Gesichtspunkten und einer Besprechung der wichtigsten Interpretationsansätze. Um einen Vergleich der modernen Werke mit der antiken Vorlage, aber auch untereinander zu erleichtern, sind die vier Werkkapitel nach dem gleichen Gliederungsprinzip aufgebaut. In einem Schlußkapitel werden die Ergebnisse zusammengefaßt und weitere Betrachtungspunkte aufgezeigt. Ein Anhang enthält eine kommentierte Bibliographie der benutzten Literatur.

Zur Gliederung des Buches

I. Die ‚Antigone' des Sophokles

Erster Teil: Die Gattung der attischen Tragödie

1. Das griechische Weltbild und der Mythos

Dichter, nicht Priester, künden von göttlichen Dingen

Aus der Vorherrschaft der Religion über das Leben, wie sie bei den altorientalischen Kulturen zu beobachten ist, haben sich die Griechen früh gelöst. Es gab bei ihnen keine Priesterkaste, keine heilige Schrift, kein Dogma, keine Predigt und keinen Religionsunterricht. Ihre Kultur war weltlich, doch bedeutet das nicht – wie im Säkularisationsprozeß der Neuzeit – eine Entgötterung der Welt. Vielmehr gehört das Religiöse wesentlich zu ihren kulturellen Schöpfungen dazu. Die Lücke, die der moderne Mensch hier empfindet, weil für ihn die Verkündigung einer heiligen Lehre durch einen Priesterstand zur Religion gehört, ist nur scheinbar. Sie wird von den Dichtern gefüllt, die von den göttlichen Wesen erzählen, welche mit den Menschen zusammen in der Welt zu Hause sind:

> Die Erde ist ein Gott (Gaia), der Himmel (uranos) und jeder Stern ist einer, auf und in den Bergen leben Götter, es gibt Fluß- und Quellengötter, Götter, welche die Pflanzen und Früchte reifen lassen, Götter, die an irgendeinem Ort, einem Hain, einer Stadt oder dergl. anwesen, Götter des Meeres (Poseidon), die Göttin der Morgenröte (Eos), es gibt Windgötter (Boreas und Zephyros), der Gott ist im Blitz, im Feuer, im Regen usf. Alles ist insofern etwas Lebendiges und Beseeltes.
>
> (18,110)

Aber auch von den abstrakten Begriffen sprechen die Dichter wie von göttlich wirkenden Wesen:

Abstrakte Begriffe – Göttliche Wesen

> ‚Eirene', ‚Frieden', ist alles andere als ein bloß staatsrechtlicher Vertragszustand, es ist eine Aura von Segen und Gedeihen, ein sinnliches Fluidum, das in Feld und Flur, bei den Bienen in der hohlen Eiche, beim Vieh, beim menschlichen Nachwuchs wirkt

> und fördert, ein freudiges Prangen überall, ein allseitiger Wohlstand (Hesiod, Erga 227 ff.); und zugleich ist es eine Göttin, und sie trägt den Knaben ‚Wohlstand' (Plutos) auf dem Arm. ‚Nike', ‚Sieg', ist nicht nur eine nackte militärische Tatsache; es ist diejenige Segnung, die der Leistung des Mannes hinzugefügt wird, von außen (wir würden sagen „von oben"), als unverhofftes Geschenk des Erfolges, das durch keine Leistung zu ertrotzen ist; und dies Geschenk begegnet dem Mann in Gestalt einer göttlichen Frau ...
>
> (17,105 f.)

Mythos und Geschichte

Doch nicht nur von den Erscheinungen und Kräften der Natur und von den göttlichen Mächten, die auf das Leben einwirken, künden die Dichter. Auch von bedeutsamen Handlungen und Schicksalen persönlicher Wesen der Vorzeit, Göttern, Halbgöttern und Menschen, ist bei ihnen die Rede. Und weil das alles von den Dichtern erzählt wird, heißt es Mythos (griech. = Erzählung). Der Kern dieser Erzählungen von den Vorfahren, zu deren Zeit alles anders war, besser und größer, die Helden stärker, die Frauen schöner, die Übeltäter gewaltiger, ist durchaus historisch. Die großen Ausgräber der mykenischen Kultur, Schliemann in Troja und Arthur Evans in Knossos auf Kreta, haben die Hinweise auf ihre Grabungsstätten den griechischen Mythen entnommen, wie sie uns in der Literatur überliefert sind. Damit ist erwiesen, daß der Kern der griechischen Heldensage geschichtliche Erinnerungen zur Grundlage hat und in mykenische Zeit, d.h. ins 2. Jahrtausend vor Chr., zurückreicht.

Mythos und Dichter

Es handelt sich beim Mythos also nicht um anonyme Volksüberlieferung, sondern um Erzählungen von Dichtern. Diese sind im Volk lebendig, weil die Dichtung im Volk lebt. Denn die Dichter empfinden im Sinne des Volks, sprechen im Namen ihrer Gruppe und legen oft auf die Nennung ihres Namens keinen Wert. Deshalb wissen wir von vielen Mythen nicht, wer sie erzählt hat. Doch ist es darum nicht nötig, im Sinn der romantischen Liedertheorie einen „dichtenden Volksgeist" als Verfasser anzunehmen.

Schicksalsglaube

In den Erzählungen von Königen, Halbgöttern und Helden der Vorzeit spielt ein bestimmter Schicksalsglaube eine wichtige Rolle. Was das Schicksal (griech. ‚moira') verhängt hat, wird oft durch ein Orakel verkündet. Der Mensch versucht ihm auszuweichen und seine Erfüllung zu verhindern. Dabei gerät er in Verblendung (griech. ‚ātē'), die also in der Illusion besteht, als Sterblicher göttlichen Willen brechen zu können. Der Verblendete lädt Schuld auf sich, doch ist diese Schuld objektiv, folgt nicht aus den Eigenschaften eines subjektiven Charakters. Daß

Orakel und Schuld

Ödipus seinen Vater erschlägt und seine Mutter heiratet, bedeutet, daß er sich objektiv vergeht, daß er einen Frevel auf sich lädt. Doch ist er subjektiv schuldlos, weil er den Orakelspruch erfüllt. Diesen Orakelspruch hatte sich aber sein Vater Laios verdient, weil er einst einen Königssohn entführt hatte. Dessen Vater sprach den Fluch aus, Laios solle durch die Hand seines Sohnes den Tod finden. Als der Orakelgott Apoll diesen Fluch durch seinen Spruch bestätigte, war das weitere Geschehen unaufhaltsam geworden. Laios versuchte die Erfüllung dadurch zu verhindern, daß er den Sohn aussetzen ließ, um nicht einst von ihm getötet zu werden. Doch wurde das Kind von Hirten eines anderen Königs gefunden und am Hof aufgezogen. Weil man ihm die Fußknöchel durchstoßen hatte, als er ausgesetzt wurde, nannte man ihn einfach ‚Ödipus‘ (griech. = Schwellfuß). Auch Ödipus versuchte, die Erfüllung des Orakels zu verhindern. Um seinen Vater nicht töten zu müssen, verließ er seine Zieheltern und traf unterwegs ausgerechnet auf seinen wahren Vater Laios, den er im Streit tötete. Dann zog er weiter und gelangte, ohne die wahren Zusammenhänge zu ahnen, in seine Vaterstadt Theben, die von einem Ungeheuer, der Sphinx, bedrückt wurde. Ödipus überwand die Sphinx dadurch, daß er das Rätsel löste, das die Thebaner nicht hatten lösen können. Weil sie aber ihrem Befreier den Thron und die Hand ihrer Königin versprochen hatten, heiratete Ödipus nun ahnungslos seine Mutter Jokaste. Obwohl subjektiv ohne Schuld, mußten Ödipus und seine Nachfahren für Vatermord und Inzest büßen. Der Mythos zeigt einen der Großen dieser Welt, den Sieger über das Ungeheuer, den Herrscher über eine mächtige Stadt, den man beneiden könnte. Er zeigt aber auch, daß solcher Neid ganz unberechtigt wäre: Denn glücklich zu preisen ist allein der, welcher nie vom Leid berührt ein glückliches Lebensende findet. Der Mensch soll seine Ungesichertheit, seine Begrenztheit erkennen, die sein Menschsein ausmacht, im Gegensatz zum Gott, den nie ein Schicksal treffen kann.

Ödipus als Exempel menschlichen Leidens

2. Die Entstehung der Tragödie aus dem Dionysoskult

Epische Mythenerzählung

In der vorklassischen Zeit der griechischen Dichtung wird der Mythos vom epischen Dichter erzählt, für den Homer (8. oder 9. Jh. vor Chr.) als Beispiel genannt sei. Er hat seinen sozialen Ort an den Adelshöfen, wo er selbst oder ein Sänger (Rhapsode) die Verse zur ‚Kithara', einem Saiteninstrument, vorträgt. In Athen gerät dann der Stoff der epischen Dichtung in den Bannkreis des Dionysoskults. Der Tyrann Peisistratos, ein sehr volkstümlicher Alleinherrscher (ca. 600–528/27 vor Chr.), führte ein glanzvolles mehrtägiges Dionysosfest ein, um Athen zum religiösen Zentrum Attikas zu machen und den Einfluß der lokalen Kulte seiner adligen Konkurrenten zurückzudrängen. Zu Dionysos, dem Gott der Fruchtbarkeit und des Weines, hatte die Landbevölkerung ein besonders enges Verhältnis. Auf diese aber stützte sich Peisistratos während seiner ersten Tyrannis (558/57), um seine Machtstellung zu befestigen. Auf dem Lande waren immer schon dem ländlichen Gotte zu Ehren Dionysien gefeiert worden. Sie hatten die Art eines ausgelassenen, derben Festes mit einer phallischen Prozession und allerlei Belustigungen wie Sackhüpfen. Zum Dionysoskult gehört jene Vorform der dramatischen Gattung, die darin besteht, daß die Festgemeinde sich verkleidet und maskiert, um in Tanz und Umzug sich in die Begleiter des Gottes zu verwandeln und sein Wesen im eigenen Inneren zu spüren. Der Festgesang, der dabei ertönt, heißt Dithyrambos. Ein Beispiel beginnt so:

Stiftung des Dionysosfestes

Dionysos-Festzug

Der Dithyrambos

Der Vorsänger (Exarchon): Komm, Heros Dionysos,
in den Tempel der Elier
mit den erhabenen Chariten,
mit dem Rinderfuß anstürmend!
Der Chor: Würdiger Stier!
Würdiger Stier!

(25,41)

Der Vorsänger ruft den Gott an und bittet um sein Erscheinen, während die Festgemeinde antwortet. Dabei wird Dionysos in Stiergestalt vorgestellt, und auch die Feiernden verkleiden sich als Tiere, so daß mythische Welt und irdische Wirklichkeit für sie während der Dauer des Tanzes zusammenfallen. Aus diesem Gegenüber von Vorsänger und Chor im ursprünglichen Dithyrambos hat sich wie aus einer Keimzelle die Gattung des Dramas entwickelt. Für diese Entwicklung aber waren drei Elemente nötig, welche ein Anwachsen des dramatischen Elements in der Festdarbietung ermöglichten:

Verkleidete Festgemeinde

Keimzellen der dramatischen Gattung

1) Der Dithyrambos übernimmt Inhalte aus dem Epos. Der Vorsänger spielt die Rolle eines mythischen Königs oder Helden. Der Chor fragt ihn nach seiner Geschichte, worauf er in längerer Rede antwortet. Die lyrische Form wird episiert.
2) Neben die Chorlyrik in dorischem Dialekt und lyrischem Versmaß tritt eine andere Sprachform. Der Vorsänger (Exar-

chon), der bald zum Antworter (Hypokrites) wird, spricht in attischem Dialekt und in jambischen Trimetern. Damit dringt eine rationale Haltung gegen die lyrisch-ekstatische Einstellung des Chors vor.

3) Schließlich wird die Zahl der Schauspieler allmählich vermehrt. Während Thespis (2. Hälfte d. 6. Jhs.) noch mit einem einzigen auskommen muß, hat Aischylos (525–456 vor Chr.) bereits zwei Schauspieler zur Verfügung, so daß ein Rollenwechsel möglich wird. Sophokles (496–406) verfügt bereits

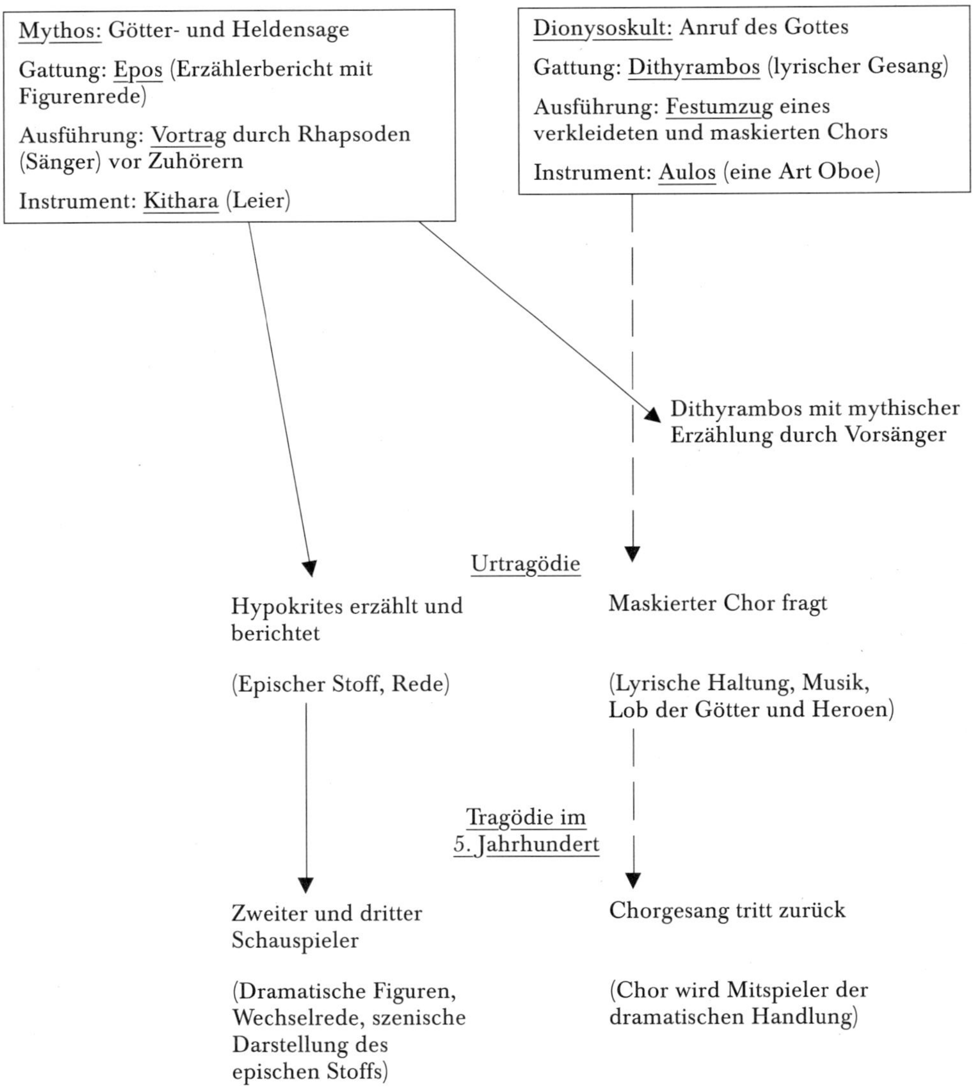

(nach 25,43)

über drei Schauspieler, wodurch die Redepartien und Dialoge gegenüber den lyrischen Chorpartien immer mehr Raum einnehmen können und somit das dramatische gegenüber dem lyrischen Element, die rationale Haltung gegenüber der ekstatischen Haltung vordringt.

Das Theater

Architektonisch zeigte sich diese Entwicklung darin, daß hinter dem Tanzplatz des Chors (Orchēstra) nun ein Bühnenhaus (Skēnē) mit dem Spielplatz davor errichtet wurde, auf dem die Schauspieler agierten. Damit war das kultische Spiel, das ursprünglich die Form eines Umzugs, einer Prozession hatte, ortsfest geworden. Aus dem Dionysoskult war das Theater geboren.

Neuer Begriff von Fiktionalität

Die Teilnehmer an den Dionysosfestlichkeiten identifizieren sich nun nicht mehr rauschhaft mit den dämonischen Begleitern ihres Gottes und der ganzen feiernden Gemeinschaft, sie sind nun zu Zuschauern geworden. Dadurch entsteht eine ganz neue Distanz zur heiligen Geschichte. Bei deren epischem Vortrag konnte man sich noch fragen, ob man die Geschichte glauben will oder annehmen soll, daß die Sänger viel lügen, wie Solon (ca. 640–nach 561 vor Chr.) sich ausdrückt (fr. 21 Diehl). Für die Zuschauer im Theater in Athen ist die mythische Begebenheit zwar in gewissem Sinn noch die heilige Geschichte, in gewissem Sinn ist es diese aber auch nicht, denn sie wissen ja, daß der Held jetzt von diesem oder jenem Mitbürger gespielt wird. Die Frage nach Wahrheit und Lüge, mit der man an das Epos herangegangen war, ist hier nicht mehr angebracht. Wenn man vor der Tragödie fragt: „Ist das wahr, was hier gespielt wird?“, so kann man nur mit Nein antworten. Ist es aber deshalb gelogen? Das ist doch sicher auch nicht der Fall. Offenbar entsteht am Beginn der dramatischen Gattung eine ganze neue Beziehung zur Wirklichkeit. (27,94)

3. Tragödie und Polis

Entstehung der attischen Demokratie

Der Weg des Mythos aus dem Epos in den Dithyrambos und die Geburt des Dramas aus dem Dionysoskult ist zugleich der Weg des Mythos aus der Adelsgesellschaft, aus der Kultur der Fürstenhöfe, wo die Sänger von der göttlichen Abkunft der Geschlechter, ihren ruhmvollen Taten, ihrer Stärke und Macht kündeten, mitten in die Demokratie. Im Dionysostheater unterhalb der Akropolis saßen Handwerker, Händler und Gewerbetreibende auf den Zuschauerbänken. In Athen war im 5. Jahrhundert zum ersten Mal in der Weltgeschichte der Fall eingetreten, daß die breiten Schichten der Bürgerschaft ein verfassungsmäßiges Mitspracherecht und schließlich sogar den entscheidenden Anteil beim Zustandekommen der politischen Entscheidungen hatten. Dazu war es auf folgende Weise gekommen: In der archaischen Zeit, d. h. etwa von 750 bis 500 vor Chr. war Athen ziemlich unbedeutend gewesen, hatte z. B. an der für diese Zeit charakteristischen Unternehmung, der Gründung griechischer Kolonien im ganzen Mittelmeerraum, kaum teilgenommen. Nun schuf Kleisthenes im Jahr 507 eine neue Verfassung in Athen, durch die er die traditionellen Abhängigkeitsverhältnisse auflöste. Er setzte nämlich die übergreifenden politischen Bezirke, die ‚Phylen', in der Weise aus den lokalen Selbstverwaltungseinheiten, den ‚Demen', zusammen, daß jede von ihnen aus Vertretern von Demen der Stadt, der Küstenregion und des Binnenlandes, also aus Bürgern unterschiedlicher Interessenlage gebildet wurde.

Verfassung des Kleisthenes

Neue politische Aufgabe: Herstellung von Konsens

Politische Beschlüsse dieser Phylen konnten daher nur zustande kommen, wenn die Interessen durch Debatte zum Ausgleich gebracht waren und ein Konsens geschaffen wurde. Diese Verfassung, auch ‚Isonomie' (griech. = gleiche Verteilung, Gleichordnung) genannt, war sozusagen eine ‚Schule der Demokratie'. Innenpolitisch auf diese Weise gerüstet, mischten sich die Athener nun auch in die Weltpolitik. Schon Herodot, der Vater der Geschichtsschreibung (geb. um 490), hat den Zusammenhang erkannt und Athen als Beispiel dafür bezeichnet, wie sehr eine Stadt mit einer Verfassung, in der die politischen Rechte gleich verteilt sind, auch nach außen handlungsfähiger wird (V. 78). Die Athener unterstützten den Aufstand der jonischen Griechenstädte im westlichen Kleinasien gegen die persische Herrschaft. Der Aufstand wurde zwar niedergeschlagen (494), doch besiegten die Athener die persische Expeditionsarmee, welche der Großkönig gegen sie aussandte, bei Marathon 490. Als dann zehn Jahre später sein Nachfolger ein Riesenheer und eine große Flotte gegen Athen losschickte, hatten sich die Athener durch den Aufbau einer Schiffbauindustrie und den Bau einer eigenen Kriegsflotte auf den Angriff vorbereitet. Es gelang ihnen, eine Koalition griechischer Städte zu mobilisieren, ihnen weitere Schiffe zur Verfügung zu stellen und Truppenkontingente zu entsenden. Unter athenischer Führung wurden die Perser mit ihren Schiffen bei Salamis, mit ihrem Landheer bei Platää (480 u. 479) geschlagen. Athen war fast über Nacht zur Vormacht Griechenlands geworden, begründete 478 den attischen Seebund und beherrschte mit seiner Flotte die ganze Ägäis.

Beginn der attischen Seeherrschaft

Der Seebund

Sowohl die neuen außenpolitischen Aufgaben des Stadtstaats wie die Anforderungen der neuen Verfassung an die Bürger, nun ihre Angelegenheiten durch Auseinandersetzung unterschiedlicher Interessen selbst zu ordnen, machten neue Umgangsformen (,Interaktionsmuster'), aber auch rechtfertigende Erklärungen (,Legitimationen') der neuen Sozialnormen nötig. Diese konnten vom Mythos in der bisherigen epischen Form nicht geliefert werden, weil in ihr Königtum und Adelsgesellschaft als übliche Sozialstruktur vorausgesetzt wurden. In der Ordnung der ,Isonomie' aber galten für die Mitglieder der athenischen Bürgerschaft andere Verhaltensnormen als unter den Verhältnissen einer Monarchie oder Aristokratie. Sie wurden in der Regelung ihrer gemeinschaftlichen Angelegenheiten von der adligen Vermittlung unabhängig, mußten diese aber jetzt selbst betreiben. Dadurch veränderte sich ihr Selbstverständnis von Grund auf. Unter den sozialen Bedingungen, in denen der einzelne stand, gewann nun diejenige zur Polis, zum politischen Verband der Stadtgemeinde, d. h. die Bürgerrolle, den höchsten Rang.

Isonomie und demokratische Verhaltensmuster

Die athenischen Bürger lernten, die Welt mit politischen Augen zu sehen, sie lernten aber auch, diese Perspektive sprachlich zu artikulieren, Auffassungen vorzutragen, Meinungen zu begründen, zu Einwänden Stellung zu nehmen, gemeinsame Beschlüsse in der Phyle, der Volksversammlung oder im Rat der Feste zu fassen. Der Begriff der ,Politik' entstand, mit dem die ,bürgerlichen Angelegenheiten' (griech: ,tà politiká') bezeichnet wurden.

Entstehung des Begriffs ,Politik'

Für die neue Ordnung und die neue Identität der athenischen Bürger entstand aber zugleich ein starkes Legitimationsbedürfnis. Denn die Isonomie war eine neue politische Struktur, die noch nicht von einem Weltbild, geschweige denn vom Mythos, sanktioniert war. Ein solches mußte sich erst in vielerlei Diskussionen, auf dem Markt, in philosophischen Zirkeln, im literarischen Austausch herausbilden. Das geschah aber in einer Kultur, in der die alten Werte und Sinngebungen, wie sie in den Erzählungen des Mythos enthalten waren, immer noch weitergegeben wurden.

Neue Legitimationsprobleme

In welchem Verhältnis standen nun die neuen Erfahrungen der Bürger Athens zu den alten Weisheiten vom Neid der Götter, von der Verblendung, welche sie zuweilen den großen Herren schicken, vom Sturz, der die Folge von Aufstieg, Erfolg und Hybris des Menschen sein kann, vom Verhaftetsein des Einzelnen in einer Kette von Generationen, in welcher sich die Schuld von Vorvätern noch im dritten oder vierten Glied rächen wird? Allein die attische Tragödie, die im Lauf des 5. Jahrhunderts entstand und ihre klassischen Werke hervorbrachte, kann uns diese Frage beantworten. In ihr traf der traditionelle Mythos mit der neu entstandenen dramatischen Form des Streitgesprächs und der Auseinandersetzung gegnerischer Standpunkte zusam-

Aufeinandertreffen von Mythos und rationalem Diskurs in der Tragödie

men. In ihr wurde das Neue, das die athenischen Bürger an sich selbst erlebten, am Alten, dem überlieferten Mythos, immer wieder durchgespielt, das Neue mit dem Alten zusammengedacht. Die Tragödie war der bevorzugte Ort zur Diskussion der Legitimationskrise.

Fest als Ausnahmesituation

Denn am Dionysienfest wird der Polisalltag aufgehoben, ein Raum der Distanz zum gewohnten Tun geschaffen. Bereits der Gang zum Dionysostheater, am Hang zwischen Wohnstadt und Götterburg gelegen, führt für drei Tage aus dem gewohnten Leben heraus. Das legt ein Nachdenken über dies gewohnte Leben, den Polisalltag, nahe. Das Gemeinschaftsgefühl aber, das im kultischen Raum angesichts der Götter die Festteilnehmer eint, macht ein Infragestellen des Polisalltags überhaupt erst verkraftbar, vor allem dadurch, daß die Dichter der zur Aufführung ausgewählten Stücke die Probleme in die Distanz des Mythos rücken und auf diese Weise das Nachdenken darüber den Zuschauern und Mitbürgern zumuten können.

4. Formelemente der Tragödie

Chorgesänge

Dieser Welt der jungen attischen Demokratie entspricht die Formenwelt der Tragödie. In ihr bleibt der alte Kern des lyrisch-kultischen Chorgesangs zu Ehren des Dionysos, der sogenannten Dithyrambos, erhalten, der von einem maskierten Männerchor vorgetragen wurde. Dieser Chor mußte im Theater zunächst vor der Zuschauerschaft ‚aufziehen'. Er tat dies mit einem *Einzugslied,* dem Párodos, was soviel wie ‚Aufzug von der Seite her' bedeutet und auf die Bauform des Theaters verweist. Hatte der Chor in der Orchēstra, dem Tanzplatz, Aufstellung genommen, dann sang er, vom ‚aulos', einer Art Oboe, begleitet, in lyrischen Versmaßen, sein *Standlied,* das ‚Stásimon'. Am Ende der Tragödie nahm der Chor, wieder singend, seinen Auszug in der Éxodos, dem *Auszugslied.* Diese drei Gesänge sind die ältesten Grundformen des tragischen Spiels.

Dramatische Auftritte

Als Thespis (vgl. S. 24) dem Chor einen Schauspieler, den Hypokrítēs, zur Seite stellte, der nicht mehr in lyrischen Maßen sang, sondern in jambischen Trimetern sprach, trat ein gegensätzliches Element, der rational epische Bericht, in Spannung zum emotionalen Chorgesang. Auf diesem Gegensatz beruht die ganze Gattung der Tragödie. Weil der Schauspieler zum Chor, der sich in der Orchēstra bewegte, noch hinzutrat, wurde dieses neue Formelement *Epeisódion,* d. h. „Noch-Hinzutreten" genannt. Dieser Begriff lebt in unserem Wort ‚Auftritt' weiter.

Der Schauspieler übte zunächst nur die Rolle eines Berichters über die Schicksale und Geschehnisse der Götter- und Heldensage aus, wie sie auch im Epos erzählt wurden. Indem der Chor auf den Bericht mit Besorgnis, Bedenken, Furcht oder auch Jubel reagierte und auf Fortsetzung des Berichts drang, kam es zum lyrisch-jambischen Wechsel, in dem der Chor wenige Verse sang und der Schauspieler zwischendurch sprach. Da der Wechselgesang oft das Leiden der mythischen Heldengestalten zum Thema hatte, wurde dieses Formelement der Tragödie *Kómmos,* d. h. Klagelied genannt. Am Ende des 6. Jahrhunderts vor Chr. sind also in der ‚Urtragödie' Einzugslied, Standlied des Chors, Auftritt des Schauspielers, berichtende Rede, Kommos, erneutes Standlied und Auszugslied des Chors die Grundbestandteile der Gattung.

Der sogenannte ‚Kommos'

Durch die Einführung des zweiten und dritten Schauspielers konnten nun die Sprechpartien über den bloßen Bericht hinaus ausgeweitet werden. Da nun Schauspieler in unterschiedlichen Rollen auf der Bühne erschienen, konnten sie nicht nur mit dem Chorführer, sondern auch miteinander Gespräche führen. Der *Dialog* als dramatische Grundform entstand. Die Vermehrung der Rollen machte auch eine größere Individualisierung der Rollen möglich, d. h. aus dem alten Boten oder Berichterstatter wurden individuelle Charaktere, die nun so konzipiert und einander zugeordnet werden konnten, daß Spannungen und Konflikte darstellbar wurden. Die Figuren und ihre Reden und Dialoge konnten auf diese Weise immer mehr zu Trägern einer *Handlung* werden. Erst damit aber war die dramatische Gattung im eigentlichen Sinne entstanden: Das griechische Wort ‚Drāma' bedeutet ‚Handlung'.

Dialog, Charaktere, Handlung

Diese Entwicklung führt zu einer Einschränkung und schließlich zum Wegfall der Chorpartien. Schon bei Euripides, dem dritten der attischen Tragiker nach Aischylos und Sophokles, handelt es sich dabei nur noch um eine Art von lyrischen Intermezzi, durch welche die einzelnen Auftritte getrennt werden. In der Neuen Komödie verschwinden die Chorpartien ganz, so daß die uns gewohnte Form des Dramas erscheint, die also eigentlich „eine defiziente Form der alten chorischen Tragödie ist" (W. Schadewaldt).

Allmähliches Zurücktreten des Chors

Im Zuge der fortschreitenden Dramatisierung des tragischen Spiels entstanden im Bereich der Sprechpartien neue feste Grundformen der Gattung. Nun konnte vor dem Einzugslied des Chors durch einen oder zwei Schauspieler, d. h. in monologischer oder dialogischer Form, in einem *Prolog* eine Einführung in den Handlungszusammenhang (Exposition) gegeben werden. Verdeckte Handlungsteile, die nicht auf der Bühne dargestellt

Formen des Monologs und des Dialogs

wurden, machte ein *Botenbericht* dem Zuschauer bekannt. Da die Handlung der Tragödie auf Spannung angelegt ist, werden die Dialoge zur Darstellung der Gegensätze verwendet. Dabei können sich die Figuren in zusammenhängender Rede (griech.: rhḗsis) äußern, wodurch es zu einem *Redewettstreit* (Agō̂n) kommen kann. Dieser Wettstreit wiederum kann zu einem leidenschaftlichen Wortwechsel führen, bei dem sich die beiden Redepartner bei jedem oder jedem zweiten Vers ablösen. Dieses Formelement heißt *Stichomythie.* Die Redeformen im Monolog oder Dialog entsprechen den Äußerungsformen, die im Leben vorgeprägt sind, sei es im Staatsleben, in der Rechtsprechung, sei es im Kultisch-Rituellen. So finden sich Proklamationen, Staatsreden, richterliche Verlautbarungen, Verhöre, Weissagungen, Mahnrede, Rechtfertigung, Vermächtnis u. v. a.

Aufbauschema einer Tragödie

Eine typische Abfolge der Formen einer entwickelten Tragödie, wie sie etwa Sophokles eingehalten hat, sieht so aus: Das Drama setzt mit dem Prolog einer oder zweier Schauspieler ein, in dem die Handlung exponiert wird. Es folgt das Einzugslied des Chors, die Párodos. Die äußere Exposition der Handlung wird hier durch eine innere, lyrische, die Stimmung betreffende ergänzt. Dann kommt das erste Epeisodion mit dem Auftritt, sei es zunächst einer, sei es bald darauf einer weiteren Figur. Man spricht in langer Rede, wechselt Reden und gerät in schnellen Wortwechsel, die Stichomythie. Nach dem Abgang der Schauspieler singt dann der Chor das erste Standlied. Darauf folgt wieder ein Epeisodion mit Bericht, Rede, Redekampf, Wortwechsel, Abgang der Darsteller. Der Chor singt ein weiteres Standlied. So geht es fort. Wenn die Handlung zum Höhepunkt kommt und der tragische Held untergeht, tritt der Kommos ein, in dem Sprechpartien des Schauspielers mit Chorgesang abwechseln. In diesen sogenannten Pathos-Szenen, die das menschliche Leid zum Gegenstand haben, hat zumal auch der Botenbericht seinen Platz, in dem weitere Schreckenskunde enthalten ist. Klagen des Chors folgen ihm. Das ganze Geschehen, das vielleicht in fünf Auftritten entfaltet wurde, wird von der gesungenen Éxodos des Chors beschlossen, an der vielfach noch ein Einzelspieler teilnimmt. Das letzte Wort aber gehört dem Chor allein, der dem Zuschauer eine Lehre mit auf den Weg gibt.

5. Zur Aufführungspraxis

Das Dionysostheater im 5. Jahrhundert vor Chr.

Um uns die Umstände einer Aufführung im Dionysostheater unterhalb der Akropolis in Athen im 5. Jahrhundert vor Chr. vorstellen zu können, müssen wir von dem steinernen Theater absehen, das heute freigelegt worden ist. Der Ausgräber Wilhelm Dörpfeld (1853–1940) hat die Verhältnisse des 5. Jahrhunderts rekonstruiert und festgestellt, daß sich in diesem Bezirk zunächst ein Tempel des Dionysos befand. In dessen Nähe lag als Urzelle des Theaters ein fast kreisrunder Tanzplatz von etwa 24 m Durchmesser, die Orchestra, mit einem Altar in der Mitte, um den herum sich der Chor bewegte. Da der Abhang schräg war, mußte der ebene Platz zur Talseite hin untermauert werden. Außer den Resten dieser Untermauerung fanden sich keine Spuren des alten Theaters. Alles andere wurde aus Holz gefertigt. Antike Quellen erlaubten Dörpfeld eine Rekonstruktion dieser ursprünglichen Verhältnisse mit dem hölzernen Bühnenhaus und den Holzgerüsten, auf denen die Zuschauer auf der Bergseite der Orchestra saßen.

Dionysos-Theater in Athen, Sessel der Priester

Funktion des Spielhauses (Skēnē)

Nachdem diese Holzgerüste einmal eingestürzt waren, wurden Erdaufschüttungen und Stützmauern auch im Zuschauerbereich hergerichtet. Tanz, Gesang und Spiel fanden in der Orchestra statt. Ein provisorisches Spielhaus aus Holz wurde erst nötig, als die Zahl der Schauspieler häufigen Rollenwechsel möglich und einen Raum erforderlich machte, in dem vom Publikum unbemerkt Maske und Kostüm gewechselt werden konnte. Da das Haus mit seiner Schauseite das Spielfeld begrenzte, lag es nahe, diese Hausfront dem Spiel anzupassen und ihr das Aussehen eines Tempels oder Palastes mit mehreren Türen zu geben. So konnten nun die Schauspieler durch diese Türen auftreten, während die Parodos, der Weg zwischen Bühnenhaus und Zuschauerhalbrund, nur noch vom Chor benutzt wurde.

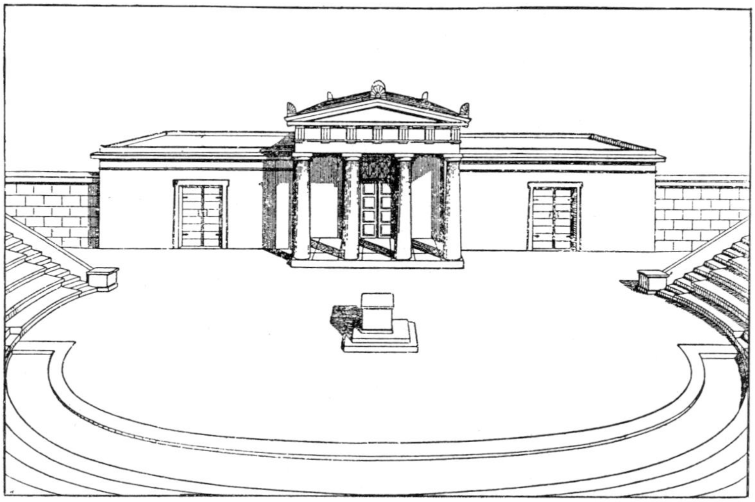

Dreiteilige Skene mit Vorhalle. 5. Jahrhundert. Rekonstruiert von Dörpfeld.

Politischer Charakter der Veranstaltung

Das tragische Spiel gehörte untrennbar mit dem Gottesdienst und mit der Politik zusammen. Die Veranstaltung begann mit dem feierlichen Opfer am Dionysosaltar inmitten der Orchestra. Dort waren auch die Tribute der Mitglieder des attischen Seebundes in Form von ‚Talenten‘, d. h. Barren zu je ca. 26 kg Silber, ausgestellt. Das Fest der Großen Dionysien fiel in die Jahreszeit, in der nach den Winterstürmen die Schiffahrt wiederaufgenommen werden konnte, und so nahmen die Gesandten der Bündnerstädte daran teil. Auch die Rüstungen lagen in der Orchestra bereit, welche die volljährig gewordenen Söhne der im Krieg gefallenen athenischen Bürger als Ehrengeschenk zur Aufnahme in die Gemeinschaft der Erwachsenen von der Polis erhielten. Verehrung des Gottes und Staatsakte gingen den szenischen Aufführungen voraus.

Der Dichterwettstreit

Diese Aufführungen hatten zudem den Charakter eines Wettkampfes (Agōn). Die Dichter, welche sich beteiligen wollten, reichten ihre Stücke dem ranghöchsten Regierungsmitglied ein (dem ‚árchōn epōnymos'); dieser wählte drei Dichter aus und wies ihnen einen Chor zu. Drei reiche Bürger wurden zu Chorleitern (‚Chorēgos') ernannt, d. h. sie hatten die Ausstattung des Chors zu übernehmen. Jeder der drei Dichter erhielt einen Chor von 15 Bürgern, mit denen er den Text einstudierte. Ursprünglich spielten die Dichter selbst in ihren Stücken mit. Später suchten sie sich wenigstens einen bewährten Protagonisten zu verpflichten, um den Sieg zu erringen. Das Fest dauerte fünf Tage. An den beiden ersten stand der Kult im Vordergrund. Am dritten Tag erfolgte nach der Wahl der Preisrichter die Aufführung der Tetralogie (3 Tragödien + 1 Satyrspiel) des Dichters, der durch das Los bestimmt war; am vierten und fünften Tag folgten die Stücke der beiden anderen Bewerber. Aus dem Preisrichterkollegium wurden dann fünf Leute ausgelost, welche zu entscheiden hatten, welchem der drei Dichter der Sieg gehöre. Der Sieger erhielt einen Efeukranz und einen Geldpreis. Protokolle über die Aufführungen, die Dichter, Choregen und Darsteller sowie das Ergebnis des Wettkampfs wurden im Staatsarchiv aufbewahrt.

Die Masken

Die Schauspieler trugen Masken. Auch die weiblichen Rollen wurden von Männern gespielt. Die Frage nach einer funktionalen Bedeutung der Maske ist müßig. Sie ist einfach als aus dem dionysischen Umzug der ekstatischen Festgemeinde in das Thea-

Tragischer Schauspieler.
Fragment eines Glockenkraters aus Tarent. Um 350 vor Chr.

ter übernommen worden, das ja den religiösen Charakter noch lange beibehielt. Das Rollenspiel in der Maske hatte wohl zur Folge, daß die Aufführung in hohem Maße stilisiert wurde, behinderte aber nicht den affektischen Ausdruck des Darstellers.

Masken als Ausdrucksmittel

Die von den Schauspielern mit höchster Kunst getragene und bewegte Maske konnte je nach Drehung und Wendung unter Ausnutzung des im Lauf des Tages wechselnden Lichteinfalls die ganze Skala der Gefühle – von Triumph und Freude über Wut und Enttäuschung bis hin zu Schmerz und Trauer – weithin sichtbar zum Ausdruck bringen. Die Abbildung (S. 33) zeigt einen Schauspieler mit einer bärtigen Maske in der einen Hand, mit einem Dolch in der anderen. Die Maske ist also zu den Requisiten zu rechnen. Wie die Maske die Rolle andeutet, die der Darsteller spielt, so der Dolch die Tat, die er in dieser Rolle zu verüben hat. Es ist interessant, daß die Maske fehlt, wenn die Szene aus einer bekannten Tragödie in der bildenden Kunst

Bindung der Maske an das Theater, nicht an die Figur

dargestellt wird, wie es auf dem Mischkrug (s. u.) mit dem zweiten Epeisodion der ‚Antigone' des Sophokles der Fall ist. Die Geschichte wird hier nicht dem Gott Dionysos zu ehren auf der Bühne des ihm geweihten Theaters gespielt, sondern – dem epischen Vortrag vergleichbar – vom Maler sozusagen ‚erzählt'. Die Vermittlung des Mythos geschieht außerhalb des dem Gotte geweihten Raumes.

Antigone mit zwei Wächtern vor Kreon.
Lukanischer Krater London etwa 380/70.

6. Vom kultischen Spiel zur Literatur

Ende der attischen Seeherrschaft und Verfall der Demokratie

Mit dem Verfall der attischen Demokratie und dem Verlust der Vorherrschaft in der Ägäis am Ende des 5. Jahrhunderts wird auch die Gattung der Tragödie in einen neuen Bedeutungszusammenhang versetzt. Die Tragödienproduktion läßt nach, es gibt immer mehr Wiederaufführungen bereits gespielter Tragödien, obwohl solche erst 386 offiziell zugelassen wurden. Ein Kanon bildete sich heraus, in dem Aischylos, Sophokles und Euripides als Klassiker der dramatischen Gattung galten. Dieser Wandel läßt sich in der Komödie des Aristophanes mit dem Titel ‚Die Frösche' fassen, die im Jahr 405 v. Chr. aufgeführt wurde, d. h. kurz vor dem Ende des Peloponnesischen Krieges, in dem Athen kapitulieren und seine Flotte an die Spartaner ausliefern mußte. In diesem Stück macht sich der Gott Dionysos in die Unterwelt auf, um seinen Lieblingsdichter, den im Jahr zuvor verstorbenen Euripides, nach Athen zurückzuholen. Bei seiner Ankunft findet Dionysos den Hades in heller Aufregung. Euripides versucht, Aischylos den tragischen Thron in der Unterwelt streitig zu machen, während Sophokles, der kurz nach Euripides gestorben ist, keinen Anspruch auf diese Ehre erhebt. In einem Wettstreit, in dem Dionysos das Amt des Schiedsrichters bekleidet, soll sich herausstellen, wem von beiden der tragische Ehrenplatz zukommt. Trotz seiner Vorliebe für Euripides will der Gott in der über mehrere Runden gehenden Auseinandersetzung, in der beide Tragiker Kostproben ihrer Kunst bieten, aufgrund ästhetischer Kategorien keine Entscheidung treffen. Als aber die Frage aufgeworfen wird, was der Polis Athen in der augenblicklichen Lage am meisten nütze, muß Dionysos Aischylos den größeren politischen Sachverstand zuerkennen und ihn zum Sieger erklären.

Streit um die ‚rechte' Tragödie in der Komödie ‚Die Frösche' von Aristophanes

In dem Stück sind die wichtigsten Merkmale gebündelt, durch welche die attische Tragödie in ihrem genuinen historischen Kontext gekennzeichnet war, die Einbindung in den Dionysos-Kult, das agonale Element der Aufführungspraxis, das sich hier in dem Wettkampf um den ersten Platz im Hades zeigt, schließlich die enge Verbindung zwischen Tragödie und Polis, wie sie sich in der Erwartung bekundet, daß der tragische Dichter etwas zu den aktuellen Problemen der Stadt zu sagen habe. Daß wir uns hier bereits am Ende der klassischen Zeit der Tragödie befinden, wird daran deutlich, daß der Kanon der drei großen Tragiker feststeht: Es sind Aischylos, Sophokles, dem jener den tragischen Thron in der Unterwelt überläßt, als er mit Dionysos nach Athen zurückkehrt, und Euripides, der hier von seinem Gott so sehr enttäuscht wird.

Ende der klassischen Epoche der Tragödie

Aristophanes zieht gleichsam den Schlußstrich unter die klassische Epoche der attischen Tragödie. Die Aufgabe, welche er ihr wie selbstverständlich zuschreibt, kann sie nun nicht mehr erfüllen. Die Rückkehr eines Aischylos in die Polis Athen zur Wiederherstellung der alten engen Verbindung zwischen dem tragischen Dichter und seinen Mitbürgern im Zuschauerhalbrund des Dionysos-Theaters ist ja nur der Wunschtraum eines Konservativen, der sich bewußt ist, daß eine Epoche zu Ende gegangen ist.

Doch die Tragödie lebt weiter, nun allerdings nicht mehr als eine öffentliche Einrichtung, sondern als Literatur. Der Dramentext, der bei einmaliger Festaufführung abgesehen von einigen Rollenexemplaren für die Inszenierung nur mündlich vermittelt worden war, konnte nun im Buchhandel erworben und gelesen werden. Damit ändert sich aber auch die Sinngebung und Zwecksetzung der Tragödie in der Theorie. Aristophanes hält denjenigen für einen guten Tragödiendichter, „der unserer Stadt einen guten Rat zu geben weiß", d. h. er gibt eine normative Definition der Gattung. Demgegenüber hat der berühmte ‚Tragödiensatz' in der Poetik des Aristoteles (384–322 vor Chr.) rein deskriptiven Charakter:

Der Tragödiensatz des Aristoteles

> Die Tragödie ist Nachahmung einer guten und in sich geschlossenen Handlung von bestimmter Größe, in anziehend geformter Sprache, wobei diese formenden Mittel in den einzelnen Abschnitten je verschieden angewandt werden – Nachahmung von Handelnden und nicht durch Bericht, die Jammer und Schaudern hervorruft und hierdurch eine Reinigung von derartigen Erregungszuständen bewirkt. (cap. 6; 1449b 23 ff.: 22,18)

„Furcht und Mitleid?"

Die beiden griechischen Begriffe, die hier mit „Jammer" (éleos) und „Schauder" (phóbos) übersetzt sind, sind in der christlichen Tradition später als „Mitleid" und „Furcht" verstanden worden (Lessing: Hamburgische Dramaturgie 74. Stück). Dadurch wurden die Gedanken des Aristoteles verdunkelt. Bei ihm geht es gar nicht um eine ethische Wirkung der Tragödie und eine Besserung des Zuschauers, sondern um so elementare Affektregungen wie Jammer und Gerührtsein, die den Menschen angesichts des Leidens eines anderen befallen, ihm das Herz weich machen und die Tränen in die Augen treiben:

> Auch heute noch erlebt der einfache, durch keine ästhetischen Theorien verbildete Mensch die Tragödie so. Kommt er aus dem Theater, wird er zu uns sagen: daß es „schrecklich schön" gewesen sei . . ., eiskalt sei es ihm den Rücken herunter gefahren, Gänsehaut habe er bekommen, und das Taschentuch sei ihm nicht trocken geblieben. Wirklich sind diese beiden lebhaft empfundenen

> Dinge, die Gänsehäute und die nassen Taschentücher, so ziemlich das, was jene ältere Tragödiendefinition ... im Auge hatte. (26,213)

Die ‚Katharsis'-Lehre (= antike Rezeptionsästhetik)

Auf die hier beschriebenen Affekte bezieht sich nun die Lehre von der „Reinigung" (kátharsis), welche die Tragödie beim Zuschauer bewirken solle. Aristoteles versteht diesen Begriff wie die gleichzeitige Medizin als „Purgierung, Entlastung" und geht dabei von der Erfahrung aus, daß Menschen, die besonders stark zur Verzückung (griech. enthūsiasmós) neigen, bei der Teilnahme an ekstatischen Kulten, wenn sie unter Anwendung heiliger, orgiastischer Gesänge in Verzückung geraten sind, hernach, wieder in den Normalzustand zurückgekehrt, gleichsam eine Kur, nämlich eine Purgation, erfahren haben. Sie fühlen sich auf höchst angenehme Weise wohl, entleert und erleichtert. Ähnliches erlebt der Zuschauer einer Tragödie, wenn er nach Anschauen von Vorgängen, bei dem sich ihm die Haare sträuben, das Herz bebt und die Tränen in die Augen treten, wieder in den Normalzustand zurückkehrt. Er wird sich entleert, entlastet und erleichtert finden; darin liegt das ‚Vergnügen', die ‚Lust' (griech. hēdonḗ) beim Anschauen einer Tragödie. Die Kunst des tragischen Dichters aber bestehe darin, das Drama so aufzubauen, die Figuren so zu zeichnen, die Handlung so zu führen und ihr Ende so zu bemessen, daß beides möglich wird, sowohl die affektische Erregung beim Zuschauen wie die Entlastung und Erleichterung nach dem Zuschauen. Beides zusammen erst macht bei der Tragödie den Kunstgenuß aus.

Soll Literatur belehren oder unterhalten?

Man kann die verschiedenen Poetik-Konzepte an dem antiken Spruch messen: Aut prodesse volunt aut delectare poetae ... (Entweder nützen oder erfreuen wollen die Dichter ... Horaz: Epist. ad. Pisones de arte poetica 333)

Dann fällt es auf, wie stark Aristophanes und später wieder Lessing das „Nützen" betonen und die Aufgabe der Dichtung in der Besserung der Menschen sehen, während Aristoteles nur das „Erfreuen" zu berücksichtigen scheint. Während das „Nützen", wie gerade das Beispiel Aristophanes zeigt, immer an einen bestimmten historischen Kontext gebunden ist, macht die Zweckbestimmung der Tragödie durch Aristoteles mit ihrem Akzent auf dem „Erfreuen" die Werke dieser Gattung auch für Menschen in anderen geschichtlichen Situationen zugänglich. Denn wenn die Grundbedingung erfüllt ist, den Zuschauer mit einem Stück fesseln und erregen und ihn dann aus dem Erregungszustand in sinnvoller Weise wieder befreien zu können, d. h. wenn das „Erfreuen" gelingt, kann neues Verständnis, neue Deutung, also ein „Nützen" in anderem historischen Zusammenhang möglich werden. Die Übertragbarkeit der attischen Tragödie aber in andere historische

Die Tragödie als Literatur

Zusammenhänge und die Möglichkeit, auch dort den Zuschauer zu enthusiasmieren, ihn zu „erfreuen", hat mit drei Eigentümlichkeiten dieser Gattung zu tun, die unter den konkreten Bedingungen des 5. Jahrhunderts zustande gekommen sind:

Voraussetzungen der Übertragbarkeit in andere historische Situationen

1) Die inhaltliche *Bindung an den Mythos* hat die Tragödie an der Übersetzbarkeit jener Sagenstoffe in immer neue Situationen und an deren vielfacher Deutbarkeit teilnehmen lassen. Die Geschichten, die im Mythos enthalten sind, lassen sich in unterschiedlichen Gattungen vermitteln und von einer Sprache in die andere übertragen. Im dramatischen Dialog wurden sie in attischem Dialekt gestaltet, in epischer Form auf Jonisch vorgetragen, in der Chorlyrik auf Dorisch gesungen. Sie konnten in bestimmten Werken der Dichtung, aber ebenso in den Resumées der mythologischen Handbücher überliefert werden. Die Folge der Ereignisse konnte ebenso verändert werden wie die Beziehungen zwischen den mythischen Figuren oder die Eigenschaften der Schauplätze, wenn nur das Grundmuster der jeweiligen Geschichte erhalten blieb. So erklärt sich die Allgegenwart des griechischen Mythos in der bildenden Kunst und den europäischen Literaturen von Homer bis heute.

2) Die schlichten technischen Voraussetzungen der Tragödienaufführung hat den Dichter gezwungen, auf ostentative Bezüge, die ein späterer Leser nicht mehr nachvollziehen könnte, zu verzichten und statt dessen alle Verständnisvoraussetzungen von den Figuren aussprechen zu lassen. Die Stücke haben daher ihren *eigenen Referenzrahmen* und bilden eine geschlossene Welt für sich.

3) Dadurch, daß sich das tragische Geschehen in Rede und Gegenrede, in Streit und Disput entfaltet, Aktion immer an das Wort gebunden ist, worin man einen Reflex der politischen Wirklichkeit Athens mit ihren Volksversammlungen, Ratssitzungen und Gerichtsverhandlungen sehen kann, besitzt die Tragödie eine *argumentative Struktur.* Sie läßt sich auch außerhalb der klassischen Polis leicht nachvollziehen, legt aber nahe, die Argumente der Figuren anders zu gewichten und das tragische Geschehen neu zu interpretieren.

Vielfache Interpretierbarkeit

Die Überlebensfähigkeit der attischen Tragödie geht daher auf die gleichen Merkmale zurück, die ihre vielfache Interpretierbarkeit bedingen.

Zweiter Teil: Die ‚Antigone' des Sophokles

1. Der inhaltliche Aufbau des Dramas

Exposition

Das Drama beginnt, wie viele griechische Tragödien, am frühen Morgen. Antigone und Ismene treten aus dem Haus. Aus ihrem Gespräch erfährt der Zuschauer zunächst die Vorgeschichte: Die Argiver, die unter der Führung des Polyneikes gegen Theben gezogen waren, um seine Beteiligung an der Herrschaft einzufordern, sind geschlagen. Polyneikes und sein Bruder Eteokles, der auf der Seite der Verteidiger kämpfte, haben sich im Zweikampf gegenseitig getötet. Kreon aber, der neue König, hat die Bestattung der Leiche des Polyneikes verboten. Antigone ist nun entschlossen, ihren Bruder trotzdem zu bestatten, und bittet ihre Schwester Ismene um Mithilfe. Doch diese erklärt sich für unfähig, „der Stadt zum Trotz zu handeln" (78/9). Antigone aber hat sich schon auf den Tod eingestellt, der ihr dafür droht, und geht, um ihren Entschluß auszuführen: „Ich begrab ihn, und wenn ich dafür sterbe, ist das schön" (71/2).

Einzugslied des Chors

Der Chor besingt in seinem Einzugslied den Sieg, den die Thebaner mit Hilfe der Götter erfochten haben, und kündigt den Auftritt des Königs an.

Kreons Staatsrede

Kreon legt in einer Rede seine Regierungsgrundsätze dar und begründet das erlassene Bestattungsverbot. Der Chor erkennt ihm die absolute Vollmacht zu:

> Nach jeglichem Gesetz steht dir wohl zu,
> Mit uns, ob tot, ob lebend, zu verfahren.
>
> (213/4)

Doch weicht er der königlichen Aufforderung, das Bestattungsverbot überwachen zu helfen, mit dem Hinweis auf sein Alter aus.

Ein Wächter meldet die vollzogene Bestattung

Da erscheint ein Wächter und meldet, daß der Tote bereits mit Staub bedeckt sei und den Weiheguß empfangen habe. Als der Chor den Gedanken äußert, „ob nicht gar ein Gott dies Werk betrieb" (278), wittert der König überall Subversion und Bestechung. In seinem Zorn läßt er sich zu der Äußerung hinreißen, daß der Gedanke unerträglich sei, „die Götter sorgen sich um diesen Toten" (283).

Erstes Standlied des Chors

Es folgt das erste Standlied, in dem der Chor die Fähigkeiten des Menschen zur Beherrschung der Natur, zur Gründung von Städten, zum Gebrauch der Sprache und des Denkens rühmt und warnend darauf hinweist, daß er sie sowohl zum Guten wie zum Bösen einzusetzen vermag (332–375).

Danach erscheint der Wächter wieder, führt Antigone herein und berichtet, wie sie im Schutze einer wunderbaren, doch wohl von den Göttern gesandten Windboe ein zweites Mal den Bestattungsritus ausgeführt habe. Antigone bekennt sich zu der Tat und beruft sich auf göttliches Gebot, das durch Herrscheredikt nicht aufgehoben werden könne (450 ff.). Kreon fühlt durch ihren Widerstand nicht nur seine Herrscherehre, sondern auch seine Männlichkeit angegriffen (484), so daß es zu heftigem Wortwechsel kommt, an dessen Ende beider Auffassungen unversöhnlich einander gegenüberstehen:

Auseinandersetzung zwischen Antigone und Kreon

> *Kreon:* Der Feind wird nie, auch nicht im Tod, zum Freund!
> *Antigone:* Aber nicht mithassen, mitlieben muß ich.
>
> (522/3)

Als nun Ismene erscheint, um Antigone auf ihrem Weg in den Tod zu begleiten, erhält die Selbstbehauptung und das Bestehen Kreons auf seinem Edikt schon die Form jenes Starrsinns, den die Griechen als die Wirkung der Göttin ‚Ātē‘ (Verblendung) verstanden haben. Antigone und Ismene werden abgeführt. Doch bleibt die letzte Entscheidung noch offen.

Zweites Standlied: Der Labdakidenfluch

In seinem zweiten Standlied weist der Chor auf die Leiden hin, welche das Labdakidenhaus seit Generationen treffen, und unterscheidet die alterslose und schicksalslose Existenz der Götter „in Olympos' lichtem Glanze“ (610) vom Leben der Menschen, das sich nicht „ohne Unheil“ vollzieht (583–625).

Vom Chor angekündigt, betritt nun Haimon, Kreons Sohn, die Szene, beteuert seine Sohnesliebe und versucht in schonender Weise, den Vater von seinem Vorhaben abzubringen. Im Unterschied zu der Auseinandersetzung Kreons mit Antigone (446–525) hat der Dialog zwischen Kreon und Haimon den Charakter einer Konfrontation zweier miteinander unvereinbarer politischer Konzepte. Kreon nimmt darin einen unreflektierten Autoritätsstandpunkt ein („Zuchtlosigkeit [griech. anarchía], das ist das Allerschlimmste“: 672), während Haimon unter Politik eine vernünftige Auseinandersetzung mit Argument und Gegenargument versteht:

Auseinandersetzung zwischen Haimon und Kreon

> Weitaus der höchste Rang gebührt dem Mann,
> Dem von Natur der Weisheit Fülle ward.
> Doch in der Regel fällt es anders aus,
> Dann ist von Klugen lernen auch ein Lob.
>
> (721–724)

Da Kreon zornig reagiert, kommt es auch hier zu einem heftigen Wortwechsel, an dessen Ende Haimon, mit Selbstmord drohend, davonstürzt.

Drittes Standlied: Hymnus an Eros

In seinem dritten Standlied preist der Chor, in der Ahnung, daß Haimon im Tod mit Antigone vereint sein will, die Macht des Liebesgottes Eros (781–800) und folgt Antigone in die Felskammer, in der sie, eingemauert, den Tod finden soll. Die Totenklage, der Kommos, beginnt mit einem Klagelied Antigones, während der Chor sie damit tröstet, daß sie im Ruhm weiterleben wird (806–822). Dann vergleicht sie sich mit Niobe, worauf der Chor sie darauf hinweist, daß jene eine Göttin war, so daß sie „gerühmt wie ein Gott" untergehen werde (823–838). Als Antigone weiter klagt, daß sie nunmehr „nicht lebendig bei Menschen noch bei Toten ein Toter" sei, spricht der Chor von ihrem „Trotz" und der „Väterschuld", welche sie zu büßen habe (839–856). Auch der letzte Wechselgesang des Kommos, in dem Antigone sich „unbeweint, ungeliebt, unvermählt" nennt, während der Chor sie auf eigenes Verschulden hinweist (857–882), macht die ungeheure Einsamkeit deutlich, welcher die Heldin der Tragödie ausgesetzt ist.

Antigones Totenklage

Letzte Auseinandersetzung zwischen Antigone und Kreon

In einer letzten Auseinandersetzung mit Kreon findet nun die Antigonehandlung ihren Höhepunkt. Zynisch befiehlt Kreon die Einmauerung, während Antigone nun den theologischen Sinn ihrer Einsamkeit zu begreifen sucht:

> Was soll ich Arme zu den Göttern noch
> Aufschauen? Welchen Helfer ruf ich an?
> Heiß ich doch, weil ich fromm war, Frevlerin!
> Ja, wenn es so den Göttern wohlgefällt,
> Dann seh ich ein: Ich leide, weil ich fehlte
> Doch fehlten diese, treffe sie nichts Ärgres,
> Als was sie wider Recht an mir getan!
>
> (922–928)

Wenn Antigone hier offen läßt, wer durch Verfehlung (Hamartía) in Verblendung (Ā́tē) geraten ist, sie selbst oder Kreon und die Thebaner, die sein Bestattungsverbot gebilligt haben, so folgt daraus nicht, daß sie ihrer Sache nun nicht mehr sicher sei. Denn sie hat ja Kreon gegenüber ihr Verhalten mit den Worten gerechtfertigt:

> Der das verkündete, war ja nicht Zeus,
> Auch Dike in der Totengötter Rat
> Gab solch Gesetz den Menschen nie...
>
> (450–452)

Sie ist vielmehr der Überzeugung, „fromm" gehandelt zu haben, aber gerade deshalb bei den Menschen „Frevlerin" zu „heißen".

Antigones Ende

Die Worte sind eine Vordeutung auf die weitere Handlung, in der die Frage, durch wessen Verfehlung das tragische Geschehen seinen Weg genommen hat, eine Antwort finden wird. Das Drama ist noch nicht zu Ende. Kreon steht im Unterschied zu Antigone die große Prüfung noch bevor.

Viertes Standlied:

Im vierten Standlied erzählt der Chor von mythischen Gestalten, welche schuldlos Ähnliches wie Antigone litten. Doch das Beispiel des Edonenfürsten, der gegen Dionysos frevelte, ist nicht auf Antigone, sondern auf Kreon gemünzt, der auf der Bühne geblieben ist (944–987).

Auseinandersetzung zwischen Kreon und dem Seher

Mit dem Seher Teiresias tritt ihm nun der stärkste und bedeutsamste Widerstand entgegen. Teiresias schildert, wie durch die Befleckung von dem unbestatteten Toten her nicht nur die Opferriten, sondern gleichsam die Welt in Unordnung geraten ist, und fordert Kreon auf, einsichtig zu sein und sie wieder in Ordnung zu bringen. Kreon aber reagiert eigensinnig und versteigt sich gar zur Gotteslästerung:

> Und packten ihn zum Fraße gar die Adler
> Des Zeus und schleppten ihn vor seinen Thron,
> mir graute vor Entweihung nicht, auch dann
> Laß ich ihn nicht bestatten...
>
> (1040–43)

Hiermit ist die Peripetie des Dramas erreicht und für Kreon die letzte Möglichkeit gegeben, alles noch zu wenden. Als er sie verstreichen läßt, prophezeit Teiresias ihm, daß er seine Verfehlung mit dem Tod seines eigenen Sohnes Haimon büßen werde.

Teiresias' Prophezeiung: Kreons Angst

Da er die lebende Antigone in die Grabkammer gestoßen, den toten Polyneikes aber den unterirdischen Göttern vorenthalten und so die Ordnung des Kosmos umgekehrt habe, seien die Erinnyen, die Rachegöttinnen, hinter ihm her (1064–1076). Jetzt erst gibt Kreon, durch das Seherwort erschüttert, seine starre Selbstbehauptung auf und stürzt davon, um Antigone aus ihrer Grabkammer zu befreien.

Fünftes Standlied

Der Chor preist in seinem fünften Standlied Dionysos als Schutzherrn von Theben und bittet ihn um Entsühnung der Stadt (1115–1152).

Die Katastrophe

Die Schlußszene beginnt mit einem Botenbericht, den auch Eurydike, die Königin, mit anhört. Der Zuschauer erfährt aus ihm, daß die Leiche des Polyneikes bestattet wurde, daß Kreon zu Antigones Grabkammer zu spät gekommen ist, wo er Haimon an der Leiche des Mädchens vorfand, der sich zunächst mit dem

Schwert auf den Vater stürzte, dann aber sich selbst den Tod gab. Als Eurydike die Szene verlassen hat, begibt sich der Bote, um die Frage des Chors nach ihrem Verbleib zu beantworten, ins Haus. Währenddessen wirft sich Kreon über die Leiche seines Sohnes, die man hereingebracht hat. Der Kommos, die Totenklage, beginnt (1257–1352). Während sich Kreon der todbringenden Fehler seines Denkens anklagt, meldet der Bote den Tod der Königin, die ihn sterbend als Schuldigen am Unglücks seines ganzen Hauses bezeichnet habe. Kreon muß zugeben, daß Hades über ihn gesiegt hat. Der Chor aber tadelt in seinem Schlußwort die Selbstüberhebung und preist die „Besonnenheit als das höchste Glück“ (1347–1352).

Schlußwort des Chors

Der weitere Verlauf der Handlung, nachdem Antigone in die Grabkammer geführt worden war, bestätigt also, daß ihr Widerstand gerechtfertigt war. Dabei muß bedacht werden, daß das Scheitern des Menschen im antiken Drama nicht – wie im modernen – auf einen Konflikt der Subjektivität in sich selbst zurückgeht. Es ist vielmehr vom Schicksal (Moira) verhängt. Der Mensch soll im Scheitern erfahren, daß er seines Weges nicht sicher sein kann und deshalb Selbstbescheidung und Besonnenheit üben muß. Doch löst die Schicksalsgöttin oft nur das aus, was der Charakter des Menschen vorgibt. Die Menschen versehen sich in ihrem Tun. Statt Selbstbescheidung zu üben, verfallen sie der Selbstüberschätzung (Hybris). Dann setzt das Schicksal an dieser Verfehlung (Hamartía) an und läßt den Menschen in Verblendung (Átē) geraten, griechisch gesprochen: das Schicksal oder die Götter senden die Göttin Ate zu ihm, damit er zu Fall komme. Denn Selbstbescheidung und Besonnenheit werden in der Tragödie nur durch Leiden (Páthos) gelernt. Dieses Leiden hat nicht den Sinn der verdienten Strafe oder der Sühne einer Schuld, sondern zeigt den Preis, um den der Mensch zur Einsicht gelangt – zu spät, wie Kreons Schicksal beweist.

Schicksal, Selbstüberschätzung, Verfehlung, Verblendung, Leiden

2. Zur Thematik der ‚Antigone‘

Fünf Grundkonflikte menschlichen Zusammenlebens, die für das antike Denken wesentlich waren und auch heute noch von Bedeutung sind, werden in der ‚Antigone‘ des Sophokles thematisiert. Mit ihrem Widerstand gegen Kreons Bestattungsverbot stellt sich Antigone als Einzelne, als *Individuum,* nicht nur gegen eine Anordnung des Königs, sondern auch gegen die Loyalität der *Gemeinschaft* der Thebaner mit ihm. Sie muß ihre abweichende

Fünf Grundkonflikte

1. Einzelner/ Gemeinschaft

Meinung ganz allein vertreten und hat zunächst nicht einmal an ihrer Schwester einen Halt. Eine zunehmende Einsamkeit ist der Preis für ihre unbeugsame Haltung.

2. Mann/ Frau

Antigone widersteht nicht nur als machtlose Einzelperson dem Inhaber der höchsten Macht im Staate, sondern auch als *Frau* dem *Mann* gegenüber. Ismene bringt das griechische Bewußtsein von der Frauenrolle zur Sprache, wenn sie ihre Schwester darauf hinweist, daß sie beide Frauen seien, „mit Männern uns zu messen nicht bestimmt" (61/62). Wenn Sophokles durch die Thematisierung dieses Gegensatzes die Frage nach dem Verhältnis der Geschlechter zueinander stellt, kann diese sicher nicht im Sinne moderner Frauenemanzipation verstanden werden. Es ist aber jedenfalls in Antigones Haltung den zeitgenössischen Athenern ein Beispiel dafür vor Augen gehalten, daß eine Frau gegenüber einem Mann recht behalten kann.

3. Jugend/ Alter

In ähnlicher Weise wird ja auch das Generationenverhältnis zur Debatte gestellt. In Antigone und Haimon auf der einen und Kreon auf der anderen Seite stehen sich *Jugend* und *Alter* gegenüber. Der König empfindet es als Zumutung, von seinem Sohn einen Rat entgegennehmen zu sollen:

> Von diesem Jungen soll ich also noch,
> So alt ich bin, Vernunft mich lehren lassen!
>
> (726/7)

Dadurch daß Haimon sich hinter Antigone stellt und ihr Standpunkt am Ende durch Kreons Katastrophe vor den Göttern gerechtfertigt wird, zeigt Sophokles den Athenern, daß die Jugend auch einmal gegen das Alter recht behalten kann.

4. Lebende/ Tote

5. Götter/ Menschen

Damit, daß die dramtischen Vorgänge, die zu den Auseinandersetzungen zwischen Kreon und Antigone, Kreon und Haimon, Kreon und Teiresias führen, alle um das Motiv des Bestattungsverbots herum angeordnet sind, kommt auch der Gegensatz zwischen den *Lebenden* und den *Toten* sowie der Gegensatz zwischen den *Menschen* und den *Göttern* ins Spiel. Sie hängen mit den drei gesellschaftlichen Gegensatzpaaren aufs engste zusammen.

Das Bestattungsverbot berührt nicht nur ein grundsätzliches, sondern auch ein Thema, das damals aktuell war.

Wie es im ersten Standlied heißt, kann der Mensch seine staunenswerten Fähigkeiten bald zum Guten, bald zum Bösen gebrauchen (366/7). Die Grenze dazwischen ist schmal und leicht zu überschreiten oder zu übersehen. Gerade an den geltenden Normen hinsichtlich der Bestattung von politisch unliebsamen Personen ist diese Grenze aber für das alte Griechenland genau zu bezeichnen.

Da gilt einmal das Gesetz, daß ein wegen Hochverrats Verbannter nicht in der heimatliche Erde beigesetzt werden durfte. Diese Bestimmung war kurz vor der Entstehung der ‚Antigone‘ im Falle des Themistokles, des Siegers von Salamis, wieder interessant geworden. Dieser war nach seiner Ausweisung durch das Scherbengericht (Ostrakismós) zunächst – wie Polyneikes – nach Argos ins Exil gegangen und hatte später als persischer Vasall in Magnesia (nördl. von Söke in der heutigen türkischen Provinz Aydın) gelebt, wo er ca. 459 vor Chr. gestorben war. Bei Thukydides lesen wir dazu:

Das Bestattungsverbot für Themistokles

> Seine Gebeine, heißt es, haben seine Angehörigen auf seinen Wunsch in die Heimat bringen und ohne Wissen der Athener in attischer Erde beisetzen lassen. Er durfte nämlich nicht begraben werden, weil er wegen Hochverrats verbannt war.
>
> (I 138,6)

Daß er nicht in heimatlicher Erde beigesetzt werden durfte, bedeutet aber nicht, daß man das Recht gehabt hätte, seine Bestattung überhaupt zu verbieten, ja durch Aufstellen von Wachen zu verhindern, wie es sich Kreon herausgenommen hat. Denn es galt ebenfalls das Gesetz, daß man keinen Toten unbestattet lassen dürfe. Denn der Grieche glaubte, daß dem Toten erst durch rituelle Bestattung und Grabbeigaben eine Existenz im Hades und damit die Ruhe des Todes ermöglicht werde. Der Zuschauer im Dionysostheater dachte sicher auch an den Fluch, den damals in Athen ein Priester aus dem Geschlecht der Buzygen, dem auch Perikles angehörte, über jeden aussprach, der einen Toten unbestattet liegen ließ.

Bestattungsgebot

Neben dem aktuellen Bezug hat das Bestattungsthema aber auch eine tiefere Bedeutung, weil die schmale Grenze zwischen Bestattungs*verbot* in heimatlicher Erde für Verräter und allgemeinem Bestattungs*gebot* aufs engste mit dem politischen Thema der ‚Antigone‘ zusammenhängt. Um diese Grenze geht es nämlich bei der Frage nach der „echten Begründung der Polis und damit zugleich ... nach der echten Begründung menschlichen Gemeinschaftslebens überhaupt“ (R. Bultmann). Das Verhältnis zwischen dem Tod und dem Leben der Menschen in ihrer Gemeinschaft, der Polis, läßt sich folgendermaßen charakterisieren:

Tod und Leben in der Polis

> Kreon schreibt den Urteilen und Gesetzen der Polis absolute Gültigkeit zu; und indem er dem im Kampfe gegen die Stadt gefallenen Polyneikes die Totenehren abspricht, die er dem für die Stadt gefallenen Eteokles zubilligt, schreibt er faktisch dem Hades die in der menschlichen Polis geltenden Urteile zu (194 ff., 512 ff.).

Eben dies Verfahren bestreitet Antigone: mag sein, daß *hier* das Urteil über die feindlichen Brüder zu Recht besteht,

„doch spricht für Beide gleiches Recht der Hades an.“
Kreon: „Nur soll der Edle nicht empfah'n dem Bösen gleich.“
Antigone: „Wer weiß, ob so es auch dort drunten gilt?“

(519 ff.)

In gleichem Sinne mahnt aber auch Teiresias:

„Gib also nach dem Toten, stich nach Leichen nicht!
Den Toten nochmals töten, welch ein Heldenmut!“

(1029 f.)

d. h. der Tod ist die Grenze für menschliche Feindschaft, während Kreon beharrt:

„Nie wird der Feind zum Freunde, selbst im Tode nicht.“

(522)

Wie die Rechtsordnungen, so sind gewissermaßen auch die natürlichen Ordnungen verkehrt, wo die jenseitige Macht des Hades vernehmlich wird. Dem Manne tritt das Weib entgegen (484 f., 525, 746), dem Vater der Sohn (635 ff., 703 ff., 755), dem Alten der Jüngling (726 ff.).
Vor der Übermacht des Hades wird die Kunst und Geschicklichkeit (349, 365) des Menschen zunichte:

„Überall weiß er Rat;
ratlos trifft ihn nichts
Zukünftiges; vor dem Tode nur
späht er kein Entrinnen aus.“

(359 ff.)

Aber die Macht des Hades wird nicht durch stumme Resignation anerkannt, sondern ihr sich beugen heißt, *im konkreten Augenblick richtig handeln.* Der Blick auf das Jenseits macht die Fragen des Diesseits durchsichtig und lehrt, den rechten Entschluß zu ergreifen.
(...)
Eines geschieht im anderen: wer die unteren Götter ehrt, der handelt eben damit für die Polis und ihren Herrscher; denn so handelt er in echtem Sinne für die Dike, die „Genossin der Götter drunten“. Und eben daher gewinnt auch Antigone die Richtung ihres Handelns. Denn ihr berühmtes Wort

„Nicht mitzuhassen, mitzulieben bin ich da“

(523)

ist nicht eine allgemeine moralische Sentenz, sondern entspringt ihrem Wissen darum, daß sie von der Macht des Hades umfangen ist. (Rudolf Bultmann: Polis und Hades in der Antigone des Sophokles (1936), in: Glauben und Verstehen II, Tübingen 1952, [5]1968: Mohr/Siebeck, S. 29 f. Zit. nach 14,321 f.)

Wie schnell dieses Thema wieder erneute Aktualität gewinnen kann, haben die Vorgänge um die Bestattung der in Stuttgart-Stammheim 1977 aus dem Leben geschiedenen RAF-Terroristen gezeigt. Der Stuttgarter Oberbürgermeister Manfred Rommel hat damals Forderungen, ihnen den Begräbnisplatz zu verweigern, mit den Worten zurückgewiesen: „Man kann nicht über den Tod eines Menschen hinaus Erwägungen anstellen“ und damit auf die Grenzen hingewiesen, welche der Macht der Politik gesetzt sind. (77,221)

Erneute Aktualität des Themas

3. Handlungsstruktur

Zweifigurenstück

Die ‚Antigone‘ ist ein Zweifigurenstück. Die Gegenspieler Kreon und Antigone vertreten verschiedene Welten, die durch die Handlung in einen nur in der Katastrophe lösbaren Konflikt gebracht werden, die Welt der Staatsräson und die Welt der familiären Bindung. Die Schicksale der beiden Gegenspieler bedingen sich von der Setzung und Übertretung des Bestattungsverbots an gegenseitig: Antigone muß ihr richtiges Handeln in einer Einsamkeit, die immer größer wird und am Ende, als ihr die Konsequenzen voll bewußt sind, kaum mehr zu ertragen ist, gegenüber der Welt vertreten. Kreons Weg führt aus der Anfangssituation, in der er die Folgen seines Erlasses nicht abzuschätzen vermag und überall Unbotmäßigkeit und Bestechlichkeit wittert, Stufe um Stufe, da er die eindeutigen Auskünfte Haimons und des Sehers über die Einstellung der Thebaner und den Willen der Götter in den Wind schlägt, in die Verblendung, danach in die Vernichtung. Die Einheit des Stückes liegt in der Kontrastierung dieser beiden Wege. Zeitlich sind diese Wege in der Weise in Entsprechung gesetzt, daß der Zuschauer, während Kreon seine Thronrede hält und den Erlaß begründet, weiß, daß Antigone ihn längst übertreten hat. Deshalb ist der Prolog vorgeschaltet, in dem Antigone von ihrem Vorhaben spricht. Die Weigerung Ismenes, daran mitzuwirken, ist bereits Antigones erster Schritt in die Einsamkeit. Im Unterschied zum Zuschauer, der den Täter bereits kennt, fahnden Mitspieler und Chor auf der Bühne noch nach dem Unbekannten, der Polyneikes entgegen dem königlichen Verbot die letzte Ehre erwiesen hat. Erst in dem Bericht des zurückkehrenden Wächters erleben sie dann das Hervortreten der Heldin, das mit allen Zeichen des Unerwarteten und Unbegreiflichen umgeben ist: Antigone tritt aus der Staubwolke, die der Wirbelwind zur Mittagszeit um den Leichnam des Polyneikes erzeugt hat (415 ff.), hervor.

Funktion des Prologs

Einsatzpunkt

Der Dichter hat den Punkt, an dem seine Darstellung der Geschichte einsetzt (point of attack), so gewählt, daß die Zuwiderhandlung in der Abfolge der einzelnen Bühnenauftritte früher thematisiert wird als die offizielle Bekanntmachung des königlichen Verbots, gegen das diese Zuwiderhandlung erfolgt. Dadurch wird erreicht, daß das Zweifigurenstück eine ‚Antigone' ist, nicht aber ein Kreon-Drama. Allerdings ist dadurch auch die Gefahr gegeben, daß die Kreonfigur leicht in der Würdigung des Dramas hinter der Antigonefigur zurücktreten kann.

Offene und verdeckte Schauplätze

Es ist für diese Handlungsführung kennzeichnend, daß die Szene vor dem Bühnenhaus, das nach altem Brauch den Königspalast darstellt, mit zwei anderen, aber verdeckten Schauplätzen verbunden ist, die nur sprachlich vergegenwärtigt werden. Aus dem Palast kommen am Anfang des Stückes Antigone und Ismene, später Kreon, noch später dessen Sohn Haimon, schließlich Kreons Frau Eurydike. Der Chor, der – auch das eine alte Tradition – aus den Ältesten und Würdenträgern der Stadt besteht, tritt von der Seite her auf. Eine der beiden verdeckten Örtlichkeiten ist das freie Feld vor der Stadt, wo der Leichnam des Polyneikes den Hunden und Vögeln preisgegeben ist. Dorthin geht Antigone am Ende des Prologs, um ihn zu bestatten. Von dort her kommt der Wächter, um seine Meldung zu machen, dorthin schickt ihn Kreon zurück. Von dort kommt er dann zum zweiten Mal mit Antigone, nachdem er sie auf frischer Tat ertappt hat. Die andere verdeckte Örtlichkeit ist die Grabkammer, in die der König Antigone bringen läßt (773–780). Dorthin geht sie ihren letzten Gang, dorthin geht auch Kreon nach der Teiresias-Szene, um sie zurückzuholen. Von dort kommt der Bote, um Antigones und Haimons Tod zu melden. Von dort kommt schließlich Kreon, die Leiche des Sohnes in den Armen, zurück. Durch das Kommen und Gehen der verschiedenen Personen bleiben die verdeckten Schauplätze ständig mit dem Spielfeld vor dem Bühnenhaus in Verbindung, das sich auf diese Weise für den Zuschauer räumlich ausweitet.

Handlungsausschnitte

Weil man nur einige Schwerpunkte einer Handlungsfolge szenisch darstellen kann, erfolgt die Auswahl der Ausschnitte nach einem bestimmten Konzept. Dabei spielen bestimmte Konventionen eine Rolle, in der ‚Antigone' z. B. die Regel, daß eine Bluttat, Mord oder Selbstmord nicht auf der Bühne gezeigt, sondern nur berichtet wird. Die Handlung der ‚Antigone' besteht aus sieben Szenen, zwischen denen jeweils eine Chorpartie steht:

1) <u>Prolog (1–99)</u>: Antigone führt in die Situation ein und versucht, Ismene an ihrem Vorhaben zu beteiligen. (Exposition)
Parodos des Chors

2) 1. Auftritt (162–331): Kreon hält seine Staatsrede, der Wächter meldet die Übertretung des Bestattungsverbots. (Erregendes Moment: Steigende Handlung)
Erstes Standlied des Chors

3) 2. Auftritt (384–581): Der Wächter bringt Antigone, berichtet von der Bestattung, Kreon und Antigone setzen sich darüber auseinander. Ismene möchte nun auf Antigones Seite sein. (Höhepunkt: Klimax)
Zweites Standlied des Chors

4) 3. Auftritt (631–780): Haimon versucht Kreon zur Umkehr zu bewegen und stürzt nach heftigem Streit davon. (Tragisches Moment)
Drittes Standlied des Chors

5) 4. Auftritt (806–943): Antigones Klage (Kommos) und Schlußrede über die einzigartige Beziehung unter Geschwistern. (Fallende Handlung)
Viertes Standlied des Chors

6) 5. Auftritt (988–1114): Der Seher mahnt vergeblich zur Einsicht, sagt Kreon den Tod seines Sohnes voraus. Kreon schwenkt um. (Umkehr: Peripetie)
Fünftes Standlied des Chors

7) Schlußszene (Exodos: 1153–1352): Ein Bote berichtet von Antigones und Haimons Tod, Eurydike geht daraufhin in den Tod, Kreon bleibt klagend zurück. (Katastrophe)
Schlußwort des Chors: Besonnenheit ist das Beste, Göttliches darf nicht entweiht werden, große Worte muß man büßen.

Prinzip der Steigerung

Die Anordnung dieser Handlungsausschnitte ist nach dem Prinzip der dramatischen Steigerung angelegt. Das zeigen vor allem die Wiederholungsauftritte Ismenes und des Wächters. Während Ismene im Prolog – als Kontrast zur Antigones Entschiedenheit – sich ängstlich zurückhält, steht sie nach deren Verhaftung zu ihrer Schwester. Nachdem beim ersten Wächterbericht die Bestattung noch von einem Geheimnis umgeben war, stellt sich beim zweiten Mal heraus, daß es sich um die Tat der Heldin des Dramas handelt. Auch die drei großen Auseinandersetzungen mit dem König bilden eine Klimax: Zunächst stellt Antigone die alte Vorschrift, daß Tote zu bestatten seien, gegen Kreons auf der Staatsräson beruhendes Edikt. Haimon macht aus dem Streit eine Grundsatzfrage der Politik, während Kreons Tat in der Rede des Teiresias in kosmische Dimensionen gerückt wird.

4. Personenkonstellation

Kontrastfiguren

Da die Handlungsstruktur auf durchgängige Steigerung des Konflikts und der Uneinsichtigkeit Kreons bis zur Peripetie angelegt ist, müssen die Träger des Gegensatzes in den Personen des Dramas geschaffen werden. Es müssen Kontrastgestalten sein. Dafür bot sich zunächst von der Sage her das Schwesternpaar Antigone und Ismene an, aus dem Sophokles den Gegensatz zwischen der leidenschaftlich und konsequent ihren als richtig erkannten Weg gehenden Antigone und der vor der Tat zurückschreckenden, kompromißbereiten Ismene gestaltet hat. Einen zweiten Gegensatz hat der Dramatiker aus dem starr auf seinem Autoritätsstandpunkt beharrenden Kreon und seinem Sohn Haimon gemacht, der nicht nur Antigone liebt, sondern sich aus Überzeugung auf ihre Seite stellt. Denn dem Prinzip des Vaters, daß es kein größeres Übel gebe als Unbotmäßigkeit (672), setzt er den Grundsatz entgegen, daß es richtig sei, von denen zu lernen, die klugen Rat geben (723). Im Kontrast stehen auch der König und der Seher Teiresias, welcher der Selbstverblendung Kreons den Hinweis auf den göttlichen Willen und sein Wissen von zukünftigem Geschehen entgegenstellt, wodurch Kreons Irrtum und Halsstarrigkeit eine theologische Dimension erhält und vom Zuschauer als Einwirkung der ‚Ắtē', der Göttin der Verblendung, verstanden werden kann. Als Gegensatz sind schließlich die beiden sozialen Bereiche der hochgestellten Angehörigen des thebanischen Königshauses und

Die Wächter

der Wächter als Vertreter des gemeinen Mannes gezeichnet. Die subalterne und verschmitzte Rede- und Verhaltensweise des einen Wächters, der im Namen seiner Gruppe, der Wachmannschaft, auf der Bühne erscheint (259 ff.), ist deutlich gegen Kreons autoritäre Haltung abgesetzt. Das Motiv der Frechheit des Untergebenen hat Sophokles aus der Komödie in seine ‚Antigone' übernommen, wo die Vorbilder für die Stichomythie 315–331 zu finden sind. Der Typus des Wächters bringt den von keiner Tragik berührten Alltagsmenschen in die Welt der Tragödie, deren Schicksale sich von diesem Hintergrund abheben.

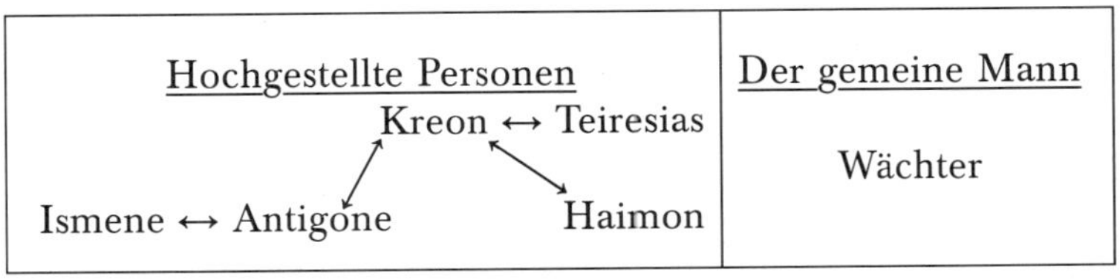

Den Hauptgegensatz aber bilden die beiden Gegenspieler der Tragödie, Antigone und Kreon. Diese beiden treten in ihrer Gegensätzlichkeit so deutlich hervor, daß sie das ganze Drama tragen. Während im Einfigurendrama, z. B. dem ‚König Ödipus' von Sophokles, eine einzige große Gestalt im Mittelpunkt steht, so daß das Geschehen von ihr ausgeht und wieder zu ihr zurückkehrt, hat das Zweifigurendrama gewissermaßen ein doppeltes Zentrum: die Handlung entwickelt sich zwischen den beiden Hauptgestalten in der grundlegenden Form des *Streits.*

Dramatische Grundform des Streits

Damit aber ergibt sich die Frage nach der Tragik der beiden Figuren in anderer Weise als im Ödipus-Drama. Tragisch ist ein Geschehen dann zu nennen, wenn die darin agierenden Figuren mit einer gewissen Zwangsläufigkeit, d. h. aufgrund eines über sie verhängten Schicksals, durch ihr Handeln in die Katastrophe geführt werden. Dabei bedient sich die Schicksalsgottheit (Moira) oft der menschlichen Selbstüberschätzung (Hybris), die in der Illusion besteht, als Sterblicher göttlichen Willen brechen, den Gang des Schicksals aufhalten zu können. Diese Selbstüberschätzung steigert sich bis zur Verblendung (Ā́tē), so daß der Mensch für alle Zeichen, die ihn zu einer Änderung seiner Haltung bringen müßten, blind wird und in die Katastrophe gerät. So deutet Ödipus, je mehr sich die Suche nach dem Laiosmörder in die Frage nach der eigenen Herkunft verwandelt, die Worte des Sehers Teiresias und seines Schwagers Kreon als Hinweise auf eine Verschwörung, will diesen sogar hinrichten lassen statt nachdenklich zu werden. Ödipus beschleunigt also durch sein Verhalten das eigene Verderben. Das tragische Geschehen muß offensichtlich dialektisch aufgefaßt werden, insofern es sowohl durch verantwortliches Handeln wie durch schicksalhaftes Verhängnis bestimmt wird, für das der Handelnde nicht verantwortlich ist. Das tragische Geschehen spielt sich an der Grenze zwischen Freiheit und Notwendigkeit, zwischen Sinn und Sinnlosigkeit, zwischen menschlicher Autonomie und göttlicher Autorität ab.

Tragik der Figuren

Das Wirken der ‚Ā́tē' (Verblendung

Eigenschaften tragischen Geschehens

Die Tragik des Geschehens ist nun in der ‚Antigone' auf zwei Figuren verteilt. Kreon ist zwar das ganze Stück hindurch auf der Bühne, während Antigone ihren letzten Auftritt vor der Peripetie hat. Und doch ist nicht Kreon der ‚Held' der Tragödie, sondern Antigone. Das ganze Stück besteht aus dem Kampf dieser beiden Verwandten, Oheim und Nichte, wobei jener das Staatsprinzip vertritt oder zu vertreten glaubt, während diese für die ungeschriebenen Gesetze der Religion eintritt. Kreon ist in dem Streit der Überlegene, der aufgrund seiner Macht Antigone in den Tod schickt. Antigone bleibt jedoch die Überlegene, während der überlebende Kreon geschlagen und zerbrochen ist. Es sind also

Antigone-Handlung und Kreon-Handlung

zwei sich überkreuzende Geschehenslinien dramatisch miteinander verflochten, von denen die scheinbar aufsteigende in Wahrheit die absteigende und die absteigende die aufsteigende ist. Beide Figuren sind Opfer des von der Moira verhängten Schicksals, an dem das Labdakidengeschlecht zugrunde geht. Sie sind aber als Handelnde unterschiedlich an seiner Erfüllung beteiligt: Antigone, lediglich familiär, nicht politisch an die gefallenen Brüder gebunden, tut das, was sie aufgrund dieser Bindung zu tun hat, und führt dadurch auf tragische Weise ihren Untergang herbei, der wiederum durch Kreon erfüllt wird. Auch Kreon tut das, was er aufgrund seiner Rolle zu tun hat, und führt dadurch, daß er sich dabei in den Mitteln vergreift, sowohl Antigones als auch seinen eigenen Untergang herbei. Seine Tragik liegt darin, daß er durch ein Verfehlen (Hamartía) des rechten politischen Sinnes zu einer falschen Selbsteinschätzung (Hybris) kommt, welche sich zur Verblendung (Ate) steigert und ihn in die Katastrophe führt. Daß er kein Bösewicht ist, zeigt Kreon dadurch, daß er sich zur Umkehr und Einsicht fähig erweist. Doch erfolgt die Umkehr zu spät, vermag den Vollzug des verhängten Schicksals (Moira) nicht aufzuhalten.

Kreons Verfehlung

Der Fehler, den Kreon in seinem politischen Verhalten macht, ist unter Politikern auch heute noch gar nicht so selten. Es ist die – oft als ‚Lagerdenken' bezeichnete – Haltung, die nicht auf Verständigung mit dem politischen Gegner, sondern auf Abgrenzung von allen nicht zum eigenen ‚Lager' gehörigen Mitmenschen aus ist. Sie zeigt sich ganz kraß in der ungleichen Behandlung der gefallenen Brüder (191–210), aber auch in der Begründung, die Kreon dafür gibt. Daß der Lenker der Polis eine konsequente Politik ohne falsche Rücksichtnahme treiben soll, zeugt von einer glaubwürdigen Haltung (175–181). Doch Kreon fährt fort:

Kreons politische Denkweise

> Wem aber höher als sein Vaterland
> Die Freunde stehn, der ist für mich nichts wert.
>
> (182/3)

Als Freundschaft erkennt er also nur die Beziehung zwischen politisch Gleichgesinnten an, der sich jede andere mitmenschliche Beziehung unterzuordnen habe. Nur die Menschen aus dem eigenen ‚Lager' hält er für gut und gerecht. Wer anderer Meinung ist, wird zu den Gegnern gerechnet:

> Und zu keiner Zeit
> Werd ich den Schlechten vorziehn dem Gerechten.
> Wer aber einsteht für sein Volk, der wird
> Von mir geehrt im Leben und im Tod.
>
> (207–210)

Der große Monolog Kreons über die Geldgier der Menschen (295–314), mit dem er der Opposition ein Motiv unterschiebt, das schon durch Antigones Tat widerlegt wird, zeigt die Unfähigkeit des Königs, in politischen Alternativen zu denken und die wahre Dimension des Konflikts zu erkennen.

Haimons Denkweise

Die mit diesem ‚Lagerdenken' kontrastierende Auffassung von Politik formuliert Haimon dem Vater gegenüber so:

> Drum laß nicht nur die eine Denkart gelten,
> Die du für richtig hältst, und keine andre!
> Denn wer nur selber einsichtsvoll sich dünkt,
> Begabt mit Geist und Rede wie kein zweiter,
> Enthüllt bei Licht besehen sich als leer.
>
> (705–709)

Im Grunde erweist sich Kreon als führungsschwach, überfordert durch die Aufgabe, den Staat aus der kritischen Nachkriegssituation in eine geordnete Zukunft zu leiten. So wird Antigone das erste Opfer von Kreons Zwangsvorstellung, wer eine abweichende Auffassung vertrete, sei sein Gegner und seine Opposition beruhe auf materiellen Interessen.

5. Die Rolle des Chors

Doppelte Funktion des Chors

Nach seinem Einzugslied stellt sich der Chor selbst vor und zeigt dabei sogleich seine doppelte Funktion:

> Doch siehe, des Landes König
> Kreon naht, des Menoikeus Sohn,
> Durch jüngste Fügung der Götter
> Zum neuen Fürsten bestellt.
> Was bewog seinen Sinn,
> Uns hier zum Ältestenrat
> Durch Heroldsruf zu versammeln?
>
> (155–161)

Ankündigung auftretender Personen

Die Aufgabe, dem Zuschauer neu auftretende Personen anzukündigen und ihm etwas über deren Zustand mitzuteilen, übernimmt der Chor mehrmals. Er dient dadurch, daß er hier aus der gespielten Welt für Augenblicke heraustritt, einer epischen Dramentechnik. So bereitet er 376–383 die Ankunft der verhafteten Antigone vor, schildert 526–530 Ismenes Seelenzustand, äußert sich 628–630 über Haimons Motive, weist 800–805 auf Antigones Weg zur Grabkammer hin, deutet 1257–1260 das Bild des Vaters, der seinen toten Sohn auf Händen trägt, und meldet 1293, daß nun alle tot sind („Du kannst es schaun, das Innre birgt's nicht mehr"), das Königshaus leer ist. Diese Funktion übt der Chor aber zugleich mit seiner Rolle als dramatische Person aus, die er als „Ältestenrat, durch Heroldsruf versammelt", bezeichnet hat. Diese Rolle ist von Sophokles in der Weise ausgestaltet, daß der Chor das Verhalten von Angehörigen der Oberschicht unter einem autoritären Herrscher zeigt:

Chor als dramatische Person

> Was Haimon über die Bürger Thebens sagt: daß sie allein „im Dunkeln" (692), also in für den Tyrannen nicht faßlicher Weise ihre eigentlichen Gedanken kundtun, eben das hat der Dichter, nur in anderer Form, im Sprechen und Agieren des Chors als eines Teils dieser Bürger auf der Bühne selbst, also direkt vorgeführt.
>
> (36,320 f.)

Gleich zu Anfang, als Kreon die Ältesten auffordert, ihm bei der Überwachung des Bestattungsverbots zu helfen, verrät er die wahren Motive seiner Zustimmung, die er 211–214 formuliert hatte: „Wo ist der Tor, den es zu sterben reizt?" (220)
Bei aller Vorsicht, die der Chor dem König gegenüber walten läßt, kommt es zwischen den beiden auch bisweilen zum Streit. Als der Chor bei der Meldung des Wächters von der Übertretung einen ersten Anlauf nimmt, um den König zur Sinnesänderung zu bewegen, erfolgt die erste, gotteslästerliche Überreaktion Kreons:

Spannung zwischen Kreon und dem Chor

> *Chor:* Herr! Ob nicht gar ein Gott dies Werk betrieb,
> Darüber denke ich schon lange nach.
> *Kreon:* Hör auf, eh' meines Zornes Maß sich füllt,
> Sonst heißt's von dir: So alt und doch ein Tor!
> Nicht zu ertragen ist es, wenn du meinst,
> Die Götter sorgen sich um diesen Toten.
>
> (278–283)

Es besteht also von Anfang an eine Spannung zwischen dem König und seinem Ältestenrat. Doch hat die taktische Haltung des Chors gegenüber dem Tyrannen auch Folgen für Antigones Verhältnis zu dem Ältestenrat. Mit den folgenden Worten erkennt der Chor Antigones Berufung auf die „ungeschriebnen Gottgebote" (454) an:

> Dein Trotz drang bis zum Letzten vor,
> Doch an dem hohen Thron des Rechts

Kamst du tief zu Fall, o Kind.
Väterschuld büßt wohl deine Drangsal.

(853–856)

Taktisches Verhalten

Um seine Aussage auch in anderem Sinn verstehbar werden zu lassen, fügt der Chor hier der Anerkennung von Antigones Recht noch die Interpretation hinzu, die ihr Schicksal mit dem Fluch des Labdakidengeschlechts erklärt. Die Taktik besteht darin, die Anerkennung von Antigones Eintreten für das Recht in einem Widerspruch zu verstecken. Denn vom Mythos des Labdakidenfluchs her müßte ja Antigones Tat aus Verblendung herrühren, könnte also diese Anerkennung nicht mehr verdienen. In ihrer Todesangst hat Antigone für solche Feinheiten der Absicherung gegenüber der Zensur kein Gefühl mehr. Sie versteht nur die Anspielung auf den Fluch ihres Hauses und klagt über dieses Unheil (858 ff.), ohne die wahre Einstellung der Ältesten ihr gegenüber zu erkennen.
Nach der Peripetie, als er die Vorsicht endlich beiseite lassen kann, beantwortet der Chor auch sogleich offen die Frage des hilflosen Kreon. Die Verhältnisse haben sich umgekehrt:

Kreon: Was soll ich tun? Ich will dir folgen, sprich!
Chor: Geh hin, befrei die Jungfrau aus der Gruft
Und gib dem Unbestatteten sein Grab!

(1099–1101)

Deutungselemente in den Chorgesängen

Auch in den lyrischen Partien, den Liedern, deutet der Chor vorsichtig seine wahre Einstellung an. Im ersten Stasimon versucht er zu begreifen, wie eine in seinen Augen menschenunmögliche Tat (278/9) möglicherweise doch von einem Menschen vollbracht worden ist, d. h. wie ein Mensch ein königliches Verbot unter sicherer Gefahr seines Lebens übertreten konnte. Daher rührt die Betrachtung über die staunenswerten Fähigkeiten des Menschen. Wo er auf die ethische Ambivalenz der Anwendung dieser Fähigkeiten kommt, ist mit Sicherheit unter dem Begriff „groß im Volk“ (hypsípolis: 369) der (ihm ja noch unbekannte) Täter gemeint, der die Bestattung gewagt hat, mit dem Gegenbegriff „nichts im Volk“ (ápolis: 370) aber derjenige, welcher „der Götter beschworenes Recht“ mißachtet hat. Mit seinem Hymnus auf Érōs, den Liebesgott, bestätigt der Chor zwar nicht die politische Position, die Haimon seinem Vater gegenüber vertritt, kommt aber dadurch, daß er Haimons Eintreten für Antigones Sache auf die Macht der Liebe zurückführt, um eine Zustimmung zu Kreons Position herum. Im vierten Standlied nimmt der Chor zu Antigones Schicksal Stellung, das sich nun in der Grabkammer vollendet. Dabei berichtet er von drei Menschen, ebenfalls hoher Abkunft, die das gleiche Schicksal der Einkerkerung erlitten haben wie Antigone. Angesichts der Tatsache, daß die beiden Frauen (944–954 und 968–987) unschuldig, der Edonenkönig (955–965) jedoch der Gotteslästerung schuldig, eingekerkert wurde, ist es unwahrscheinlich, daß bloß drei Parallelfälle gemeint sind. Vielmehr liegt die Vermutung nahe, daß nur die beiden Frauen Entsprechungen zu Antigone bieten, das Beispiel des Mannes jedoch auf Kreon verweist und eine Vorausdeutung auf dessen notwendig irgendwann eintretendes Schicksal darstellt, das einen Gotteslästerer treffen muß. Diese Vorausdeutung hat der Chor in seiner Beispielreihe sozusagen versteckt.

6. Zu Sprache und Stil

Zwei Sprachformen

Die auffälligste sprachliche Eigenart der griechischen Tragödie besteht in der Verbindung zwischen den lyrischen Chorpartien (in dorischem) und den dramatischen Dialogpartien (in attischem Dialekt). Den beiden Sprachformen entsprechen unterschiedliche Haltungen. Der Chor dankt der Siegesgöttin für die Bewahrung der Stadt, die als lebendiges Wesen angesprochen wird, und ruft Dionysos als göttlichen Schutzpatron an:

> Strahl der Sonne! So herrlich leuchtete
> Nimmer zuvor dem siebentorigen
> Theben ein Morgen!, Ja, du kamst,
> Goldenen Tages Auge,
> Ob der strömenden Dirke aufgegangen!
> Und den waffenmächtigen Feind,
> Der gleißenden Schildes aus Argos kam,
> Den scheuchtest du auf, und er jagte dahin
> Und floh mit verhängtem Zügel.
> (...)
>
> Aber es kam ja die hochgepriesene Nike:
> Freue dich wieder, wagenprangendes Theben!
> Vergessen sei vergangener Krieg!
> Göttertempeln laßt uns nahn
> Mit Reigentänzen die ganze Nacht,
> Und, dem Theben erbebt,
> Bakchos führe den Chor!
>
> (100–108, 148–154)

Hymnus und Thronrede

Was hier in der Sprache religiöser Feier gesungen wird, die Botschaft vom Ende des Krieges, hört sich in absichtsvoller Rede aus dem Munde des neuen Königs so an:

Ihr Männer, schwer erschütterten den Staat
Die Götter und errichteten ihn neu,
Euch aber, auserwählt aus allem Volk,
Entbot ich zu mir, weil ich weiß, wie redlich
Ihr stets dem Thron des Laios gedient...

(162–165)

Was Hauptthema der Parodos des Chors ist, den Göttern für den Sieg zu danken, wird hier zur nüchternen Feststellung: Die Götter hatten den Staat in eine Krise geführt, doch auch aus ihr errettet. Die Feststellung ist Ausgangspunkt der Ansprache an den Ältestenrat, dessen Loyalität sich Kreon sichern will. Deshalb errinnert er die Senatoren an die Kontinuität ihres Dienstes für das Labdakidenhaus, welches nach dem Tod des Laios, dann des Ödipus und schließlich der Brüder Eteokles und Polyneikes nun in seiner Person wieder den Herrscher stellt. Mit dem Lob ihrer bisherigen Treue fordert Kreon diese Treue nun für sich ein.

In der zweckfreien Sprache des Hymnus reihen sich die Imperative und die Anrufe der Götter und der personifizierten Vaterstadt additiv aneinander. In der Thronrede folgen die Feststellungen („erschütterten“, „errichteten“, „entbot ich“) nach einem Plan aufeinander, hinter dem eine klare politische Absicht steht. Im ganzen Drama gibt es diese Spannung zwischen ekstatisch-lyrischem und rational diskursivem Sprechen.

Rhesis und Stichomythie

Eine weitere Spannung im sprachlichen Gefüge der Tragödie ist durch die Aufeinanderfolge von längeren, zusammenhängenden Ausführungen einer dramatischen Person (Rhēsis) und dem heftigen Wortwechsel zwischen zwei Personen (Stichomythie) gegeben. So legen Antigone und Kreon zunächst ihre Positionen ausführlich dar. Antigone rechtfertigt ihre Übertretung des Bestattungsverbots:

Der das verkündete, war ja nicht Zeus,
Auch Dike in der Totengötter Rat
Gab solch Gesetz den Menschen nie. So groß
Schien dein Befehl mir nicht, der sterbliche,
Daß er die ungeschriebnen Gottgebote,
Die wandellosen, konnte übertreffen...

(450 ff.)

Kreon dagegen hält eine Anklagerede:

(...)
Die war im Frevelmut schon Meisterin,
Als sie erlassene Gesetze brach.
Und ihrem ersten Frevel folgt der zweite:
Hohnlachend prahlt sie noch mit ihrer Tat.
Wenn sie sich ungestraft das leisten darf,
Bin ich kein Mann mehr, dann ist sie der Mann!

(480–485)

Streitgespräch

Im Streitgespräch verhärten sich nun diese Positionen und führen zu einem Wortwechsel antithetisch gebauter Kurzsätze:

(...)
Kreon: Der schirmte Theben, der verheerte es.
Antigone: Und dennoch fordert Hades gleiches Recht.
Kreon: Man ehrt nicht gleich den Edlen und den Schlechten.
Antigone: Wer weiß, ob drunten das geheiligt ist?
Kreon: Nie, auch nicht wenn er starb, lieb ich den Feind.
Antigone: Mitlieben, nicht mithassen ist mein Teil.
(...)

(518–523)

Die Stichomythie akzentuiert den Gegensatz der beiden Positionen schärfer, als dies in zusammenhängender Rede möglich wäre: Kreon bleibt bei seiner Einteilung in Freund und Feind, während Antigone ihm klarmachen will, daß diese Einteilung im Angesicht des Todes nicht mehr gilt. Der Vers vom ‚Mitlieben' und ‚nicht Mithassen' darf nicht als Sentenz angesehen und aus dem Zusammenhang gelöst werden. Er erhält vielmehr seinen Sinn erst als Antwort auf den vorigen Vers und als Gegenposition gegen Kreons Unterscheidung von „Edlen" und „Schlechten".

Sprache als Mittel der Personencharakterisierung

Natürlich benutzt der Dramatiker die Sprache auch zur Charakterisierung der Personen der Handlung. Das ist besonders auffällig bei Kreon, welcher alle Leute, mit denen er es zu tun bekommt, der Vorteilsannahme und Gewinnsucht verdächtigt. Sogar den Mitgliedern seines Ältestenrats gegenüber äußert er drohend: „Manchem schon hat Hoffnung auf Gewinn den Tod gebracht." (221/2)
Die Wächter hält er für bestochen, und so müssen sich die Senatoren eine Moralpredigt anhören in der er sein Lieblingsthema so abhandelt:

Kreons Vorurteil

Kein ärgrer Brauch erwuchs den Menschen als
Das Geld! Es äschert ganze Städte ein,
Es treibt die Männer weg von Haus und Hof,
Ja, es verführt auch unverdorbne Herzen,
Sich schändlichen Geschäften hinzugeben,

Es weist den Sterblichen zur Schurkerei
Den Weg, zu jeder gottvergeßnen Tat.

(295–301)

Statt nach den Ursachen der Unruhe zu fragen, die er unter den Bürgern bemerkt hat (289 ff.), geht er mit einer fertigen Theorie an die politischen Probleme heran. Auch in der Auseinandersetzung mit dem Seher läßt er keine Kritik an seinem Verhalten zu, sondern greift auf seine übliche Verdächtigung zurück:

Kreon: Ich möchte nicht den Seher wiederschmähn.
Teiresias: Und wirfst mir vor, mein Wahrwort sei erlogen!
Kreon: Die ganze Seherzunft liebt doch das Geld!
Teiresias: Und die Tyrannen den gemeinen Raub!
Kreon: Du weißt, es ist ein Fürst, zu dem du sprichst?
Teiresias: Ich weiß, durch mich hast du die Stadt gerettet.
Kreon: Ein kluger Seher bist du, aber falsch.
Teiresias: Du drängst mich noch, Verschwiegnes zu enthüllen.
(...)

(1053–1060)

Nachdem der Streit diesen Höhepunkt erreicht hat, verkündet der Seher dem erzürnten König den bevorstehenden Tod seines Sohnes Haimon und bewirkt damit, trotz anfänglicher Rückkehr zur Unnachgiebigkeit (1096/7), seinen Sinneswandel, der die Katastrophe jedoch nicht mehr verhindern kann.

Charakterisierung der sozialen Gruppe

Es gibt bei Sophokles auch die sprachliche Kennzeichnung der Zugehörigkeit einer Figur zu einer sozialen Gruppe. So wird im Sprachverhalten des Wächters die Geschwätzigkeit und naive Ichbezogenheit eines Angehörigen der Unterschicht karikierend charakterisiert:

Herr, ich behaupte nicht, ich sei vor Eile
In Atemnot, weil mir die Füße flogen.
Nein, Sorgenaufenthalte hatt' ich viel
Und drehte oft mich schon zum Rückweg um,
Weil immerfort die Seele zu mir sagte:
Was rennst du, Armer, in dein Strafgericht?
Was bleibst du stehn, du Tropf? Erfährt es Kreon
Von einem andern, kriegst du sicher Hiebe!
(...)

(223–230)

Der Wächter spricht nur von sich selbst und versucht, statt seine Meldung zu erstatten, zunächst einmal, seine Haut zu retten. Die Staatsräson, die Kreon bedroht sieht, ist ihm egal.

7. Interpretationsansätze

Prinzipienkonflikt oder Alleinrecht Antigones?

Die moderne Kategorie der Schuld

In der Neuzeit geschieht die Interpretation der ‚Antigone‘ des Sophokles in einem anderen Bezugsrahmen als in der Antike. Für den Griechen des 5. Jahrhunderts vor Chr. war das Schicksal ein Verhängnis, das den Menschen von außen trifft. Es trifft ihn unverschuldet, wenn es sich auch für den Ablauf der von der Moira verhängten Ereignisse der Schwächen der Menschen und ihrer Anfälligkeit für Irrtum, Verfehlung und Selbstüberschätzung bedient. Für den modernen Menschen der europäischen Kulturen ist dagegen Schicksal immer mit den in der Subjektivität angelegten individuellen Charaktereigenschaften, die dem Handelnden mehr oder weniger bewußt sind, verbunden, ja ergeben sich fast zwanghaft aus ihnen und führen zu einem eigenen Beitrag zum schicksalhaften Geschehen, der vom Handelnden als persönliche Schuld erlebt wird. Diese wird im Sinne der christlichen Lehre als Verstoß gegen die Gebote Gottes verstanden, dessen Gnadenangebot der schuldige Mensch im sündigen Handeln von sich weist. Aus seiner Schuld vermag der gefallene Mensch aus eigener Kraft nicht herauszukommen und bedarf deshalb der Erlösung. Auch in den säkularen Ethiken sind diese religiösen Vorstellungen von Schuld mehr oder weniger noch vorhanden. Von da aus wird die Frage nach der ‚Schuld‘ der im Antigone-Drama handelnden Personen ganz anders gestellt, als sie der Zeitgenosse des Sophokles gestellt hatte. In der Diskussion, die sich seit Anfang des vorigen Jahrhunderts mit dem tragischen Konflikt der ‚Antigone‘ und der ‚Schuld‘ der tragischen Figuren beschäftigt hat, stehen sich zwei Meinungen gegenüber. Für eine dieser Meinungen, in der Antigone von jeder Schuld freigesprochen wird, ist die Auffassung des Schriftstellers, Gelehrten und Diplomaten Friedrich Schlegel (1772–1829) repräsentativ:

Die ‚göttliche‘ Antigone

> Die höchste Anmut weiblicher Unschuld und Sanftheit hat der Dichter in der Ismene erreicht; sie dient ihrer Schwester Antigone wie zum Gegensatz. Ismene leidet im Stillen bei dem Unglück ihrer Familie, bei der Beschimpfung eines unglücklichen erschlagenen Bruders. Antigone handelt. Sie will das reine Gute; und vollbringt es ohne Anstrengung; mit Leichtigkeit geht sie selbst in den Tod. Alle Kräfte sind in ihr vollendet und unter sich eins; ihr Charakter ist die Göttlichkeit; und wenn das Göttliche dem Menschen sichtbar wird, so erscheint die höchste Schönheit.
>
> (47,22 f.)

,Kollision der beiden höchsten sittlichen Mächte'

Der Philosoph Georg Wilhelm Friedrich Hegel (1770–1831) erörtert die Schuldfrage auf einer abstrakteren Ebene und kommt zu dem Ergebnis, daß sowohl Kreon wie Antigone unrecht haben, aber beide wiederum auch im Recht sind, wenn man die beiden Prinzipien, die sie vertreten, im Zusammenhang miteinander betrachtet:

> Auf eine plastische Weise wird die Kollision der beiden höchsten sittlichen Mächte gegeneinander dargestellt in dem absoluten Exempel der Tragödie, ,Antigone'; da kommt die Familienliebe, das Heilige, Innere, der Empfindung Angehörige, weshalb es auch das Gesetz der unteren Götter heißt, mit dem Recht des Staates in Kollision. Kreon ist nicht ein Tyrann, sondern ebenso eine sittliche Macht, Kreon hat nicht unrecht: er behauptet, daß das Gesetz des Staats, die Autorität der Regierung geachtet werde und Strafe aus der Verletzung folgt. Jede dieser beiden Seiten verwirklicht nur die eine der sittlichen Mächte, hat nur die eine derselben zum Inhalt, das ist die Einseitigkeit, und der Sinn der ewigen Gerechtigkeit ist, daß Beide Unrecht erlangen, weil sie einseitig sind, aber damit auch beide Recht; Beide werden hier als geltend anerkannt im ungetrübten Gang der Sittlichkeit; hier haben sie Beide ihr Gelten, aber ihr *ausgeglichenes Gelten*. Es ist nur die Einseitigkeit, gegen die die Gerechtigkeit auftritt.
>
> (41,133)

Die vielen unterschiedlichen Deutungen, welche der tragische Konflikt in der ,Antigone' des Sophokles inzwischen erfahren hat, enthalten zwar oft Elemente beider Auffassungen, lassen sich aber jeweils der einen oder der anderen dieser beiden Auffassungen zuordnen. Man kann es an der Richtung ersehen, welche die Argumentation jeweils einschlägt. Davon geben die Ausführungen einen guten Eindruck, die Goethe am 27. 3. 1827 gegenüber Eckermann gemacht hat:

Goethes Auffassung

> „Das sind Behauptungen", erwiderte Goethe mit einigem Lächeln, „an die wohl niemand glauben wird. Kreon handelt auch keineswegs aus Staatstugend, sondern aus Haß gegen den Toten. Wenn Polyneikes sein väterliches Erbteil, woraus man ihn gewaltsam vertrieben, wiederzuerobern suchte, so lag darin keineswegs ein so unerhörtes Vergehen gegen den Staat, daß sein Tod nicht genug gewesen wäre und daß es noch der Bestrafung des unschuldigen Leichnams bedurft hätte.
>
> Man sollte überhaupt nie eine Handlungsweise eine Staatstugend nennen, die gegen die Tugend im allgemeinen geht. Wenn Kreon den Polyneikes zu beerdigen verbietet und durch den verwesenden Leichnam nicht bloß die Luft verpestet, sondern auch Ursache ist, daß Hunde und Raubvögel die abgerissenen

Stücke des Toten umherschleppen und damit sogar die Altäre besudeln, so ist eine solche Menschen und Götter beleidigende Handlungsweise keinesweges eine Staatstugend, sondern vielmehr ein Staatsverbrechen. Auch hat er das ganze Stück gegen sich. Er hat die Ältesten des Staats, welche den Chor bilden, gegen sich; er hat das Volk im allgemeinen gegen sich; er hat den Teiresias gegen sich; er hat seine eigene Familie gegen sich. Er aber hört nicht, sondern frevelt eigensinnig fort, bis er alle die Seinigen zugrunde gerichtet hat und er selber am Ende nur noch ein Schatten ist."

„Und doch", sage ich, „wenn man ihn reden hört, so sollte man glauben, daß er einiges Recht habe."

„Das ist's eben", erwiderte Goethe, „worin Sophokles ein Meister ist und worin überhaupt das Leben des Dramatischen besteht. Seine Charaktere besitzen alle eine solche Redegabe und wissen die Motive ihrer Handlungsweise so überzeugend darzulegen, daß der Zuhörer fast immer auf der Seite dessen ist, der zuletzt gesprochen hat.

Gründe für Kreons Position

Die Bemerkung von der überzeugenden Art, mit der die Figuren des Dramas die „Motive ihrer Handlungsweise" darzulegen wissen, ist ein Anlaß, genauer über die Gründe nachzudenken, welche für Kreons Position sprechen könnten. Das hat Erich Eberlein in einem Aufsatz getan, in dem er zeigt, daß beide Interpretationen, sowohl diejenige von Hegel und seinen Anhängern wie auch die von Schlegel und seinen Nachfolgern, im Text selbst fest begründet sind und deshalb zu Recht bestehen.

Zunächst erscheint ja Antigones Entschluß in der Bewertung durch Ismene durchaus als Störung der Ordnung:

Ich füge mich der Obrigkeit:
Maßlos zu handeln hat ja keinen Sinn.

(67/8)

Bald aber erfährt der Zuschauer, daß auch Kreon das Maß überschreitet, das ihm gesetzt ist, indem er in seiner ersten Amtshandlung als neuer König über Polyneikes verfügt:

„Dem wird kein Grab zuteil und keine Totenklage."

(203/4)

Perspektivenwechsel

Gegenüber dem Bericht Antigones vom Bestattungsverbot (26–30) wird Kreons Haß gegenüber dem gefallenen Neffen erst aus seinen eigenen Worten so recht deutlich. Je nachdem, welche Perspektive der Zuschauer dem Geschehen gegenüber einnimmt, wird er auf die eine oder die andere Deutung verwiesen.

Wenn die Interpretation vom Anfang der Tragödie ausgeht, wird sie auf den Prinzipienkonflikt verwiesen, blickt man jedoch auf ihren Ausgang, so kommt Schlegels These von der göttlichen Antigone und der Bestrafung des gottlosen Kreon in Frage. Das läßt darauf schließen, daß „beide Tendenzen sich neben- und gegeneinander“ im Stück selbst „entwickeln“. Zuerst liegt der Akzent auf dem Zusammenstoß zwischen Staatsräson und Familienliebe. Da der Staat doch als höhere Einheit die Familien schützt, erhält Antigones Ungehorsam auch eine negative Note, wenn sie sich im Eintreten für einen Familienangehörigen gegenüber dem Staat vergeht. Wenn es aber nur auf den Prinzipienkonflikt abgesehen wäre, hätte mit dem Tode der Heldin das Prinzip des Staats gesiegt, und die Geschichte könnte zuende sein. Unter dem moralischen Aspekt sieht der Konflikt aber anders aus. Denn jetzt lautet die Frage, wer sich in seinem Handeln wirklich auf die Götter berufen darf, wer – abgesehen von dem Prinzip, das er verficht – wirklich fromm ist, d. h. auf wessen Seite die Götter stehen. So wird im Verlauf der Handlung der Kampf zwischen den Prinzipien des Staats und der Familie zum Kampf zwischen den Personen Antigone und Kreon, der Frommen und des Unfrommen. Denn nun verfällt Kreon immer mehr der Verblendung und ahnt nicht, daß er, wenn er in Blutsbande eingreift, auch die Grundfesten seines Prinzips, des Staats, untergräbt. Sophokles verzichtet darauf, den im Grunde unlösbaren Konflikt der überindividuellen Prinzipien zu entscheiden. Er läßt die Götter vielmehr über die ethische Leistung von Personen und die Motive ihres Handelns entscheiden. Daher unterliegt die Gottlosigkeit, indem Kreon seine Anmaßung büßt:

Veränderung der Frage im Handlungsverlauf

> Da Sophokles glücklich Maß und Mitte wahrt, hat er ein Werk geschaffen, dem metaphysische Wucht im Konflikt der Prinzipien und menschliche Nähe in der Entwicklung des Ethos in gleicher Weise eignen. (...) Und je nach dem Punkte, wo die Interpretation einsetzt, ergibt sich für die Deutung ein verschiedenes Bild im Sinne Hegels oder der (Brüder) Schlegel.
>
> (32,31)

Die Götter entscheiden

Wenn man nun die Hegelsche Deutung mit ihrer Dialektik von Recht-und-Unrecht-haben aus dem Zusammenhang löst, innerhalb dessen sie ihre Berechtigung hat, kann es leicht zu Mißverständnissen kommen. Es liegt nahe, daß man in einem Lande, in dem das Prinzip der Staatsräson über Gebühr Hochachtung erfährt, bei der Schullektüre der ‚Antigone‘ dazu neigt, Kreon eher Recht zu geben als Antigone. So scheint es in der wilhelmi-

Mißverständnisse der Interpretation Hegels

nischen Epoche in den Gründerjahren üblich gewesen zu sein, die Hegelsche Deutung zu einer Rechtfertigung des autoritären Staatswesens zu mißbrauchen. Jedenfalls hat uns der bekannte Philologe Karl Lehrs aus seiner Gymnasialzeit berichtet: „Wir mußten beweisen, daß der armen Antigone ganz recht geschehe."

Ein literarischer Niederschlag dieses Antigone-Verständnisses findet sich in dem mehrbändigen Roman ‚November 1918' von Alfred Döblin (1878–1957), der Deutschland in der Zeit vorführt, als das Kaiserreich zerbrach. Der junge Dr. Becker kehrt schwerverwundet als Griechischlehrer an das Gymnasium zurück, das er 1914 verlassen hatte, um an die Front zu gehen. Im Unterricht wird Sophokles' Antigone gelesen. Abgesehen von einigen Schülern, die revolutionäre Gedanken hegen, ist die Mehrheit der Klasse auf Seiten von Kreon. Die Schüler sind nun von ihrem Lehrer, den sie zunächst als soldatisches Vorbild begrüßt hatten, enttäuscht, weil er ihre kritiklose Loyalität gegenüber dem Staat nicht teilen will. In diesem Zusammenhang kehrt die Formulierung von Lehrs in Schülermund wieder: „(Antigone) verstieße gegen die Gesetze des Staates, und noch dazu während eines Krieges, und zwar aus einem privaten Motiv, und demnach geschehe ihr ganz recht." (3,97)

Antigone geschieht recht

Vergeblich versucht der Lehrer, seinen Schülern ein anderes Antigone-Verständnis näherzubringen:

Die Frage nach dem Tod

> „Hinter der Frage ‚Staat oder Individuum' oder ‚Pflicht gegen Staat und ein ungeschriebenes Gesetz' versteckt sich die Frage nach dem Tod. Und da sind wir eigentlich auf den Kernpunkt der Tragödie ‚Antigone' gestoßen. Einige von Ihnen haben Anstoß daran genommen, daß sich eine ganze Tragödie auf dem Streit aufbauen soll: soll ein Toter beerdigt werden oder nicht? Ihnen schien solch Streit wegen einer Bestattung und seine ungeheuerlichen Konsequenzen absurd. Aber, um es Ihnen exakt zu formulieren: das Thema der ‚Antigone' ist weder ‚Gefühl gegen Pflicht' noch ‚Pflicht gegen den Staat gegenüber Pflicht gegen die Himmlischen', sondern: ‚wie hat sich die Welt der Lebenden zur Welt der Toten zu verhalten?' "
>
> (3,17 f.)

Dieses Verständnis ist offensichtlich durch die Todeserfahrung bedingt, die der Schwerverwundete aus dem Krieg mitgebracht hat. Diese Erfahrung ist den Schülern aber nicht zugänglich. Bei ihnen geht es noch um abstrakte Auseinandersetzungen und Parteinahme.

‚Antigone' als politisches Modell?

Christian Meier hat in seinem Buch ‚Die politische Kunst der griechischen Tragödie' die ‚Antigone' des Sophokles unter der Fragestellung interpretiert, wie sich in ihr die politischen Probleme der Polis Athen spiegeln. Kreon ist der rechtmäßige König. Er hat seinerzeit die Stadt gerettet, indem er auf Teiresias hörte (993/4, 1058, 1162). Es ist also die Frage, wie ein politisch Verantwortlicher auf eine solche Bahn geraten kann, wie er sie im Drama bis zum bitteren Ende durchläuft. Auffällig ist von Anfang an seine Eigenschaft, eine in der Sache abweichende Auffassung (wie sie der Chor 278/9 äußert) als Widerstand gegen seine Person zu interpretieren (289 ff.) und dabei den vermeintlichen Gegnern unlautere Motive zu unterstellen (Vorteilsannahme: 293 ff.). Das erklärt, wieso er in seinen Maßnahmen zum Schutz der ihm anvertrauten Stadt den Bogen überspannt. Darin liegt sein erster Fehler. Doch ist dieser noch nicht entscheidend. Denn Fehlermachen gehört zum Menschsein (wie Teiresias 1023/24 sagt). Schlimm wird es erst, wenn der Mensch sich nicht eines Besseren belehren läßt. Dafür ist Kreon ein Beispiel: Er läßt niemanden an sich heran, der seinen Beschluß, Polyneikes unbestattet zu lassen, in Frage stellt, nicht einmal seinen Sohn Haimon, der seine Liebe zu ihm beteuert (701 ff.) und ihn beschwört, seine Einstellung zu ändern (705–723). Doch nun zeigt sich, wie ein Herrscher, der sich einmal falsch entschieden hat, es nicht fertigbringt, seinen Fehler einzugestehen und rechtzeitig den Kurs wieder zu ändern (726 ff.):

Kreon als Politiker

Kreons Unbelehrbarkeit

> Das Gespräch zwischen Vater und Sohn ist eines der bedeutendsten Monumente des politischen Denkens. Haimon bringt gerade dadurch, daß ihm die griechischen Vorstellungen der Bürger-Stadt ganz selbstverständlich sind, schrittweise das Gegenbild des Tyrannen heraus: Herrschaft in diesem Sinn kann nur über ein menschenleeres Land geübt werden (739). In einer Stadt dagegen kann nicht nur geredet und verfügt und gehorcht, sondern muß auch gehört, gelernt, muß Rücksicht genommen werden: Man kann sie nicht gegen die Bürgerschaft regieren.
>
> (23,218)

Tyrann und Bürger

Antigone befindet sich von Anfang an in einer schwachen Position. Sie ist durchaus nicht darauf aus, Kreons Herrschaft zu untergraben. Sie verweigert ihm nur in einem Punkt den Gehorsam. Und selbst da ist sie am Ende nicht ganz sicher, ob sie im Recht ist (925 ff.). Doch als Kreon seine Anordnungen als Gesetze (‚Nómoi') bezeichnet, stellt sie ihm eine andere Rechtsquelle entgegen:

> Es gibt uralte ‚Gebräuchlichkeiten' (‚nómima') – denn so sagt sie, statt daß sie von Gesetzen gesprochen hätte – ungeschriebene und unwandelbare, seit unvordenklichen Zeiten von den Göttern her. Sie stehen über allem menschlichen Recht (450 ff.)
>
> (23,219)

‚Nómos', der Ausdruck, mit dem Kreon sein Bestattungsverbot bezeichnet, ist der alte griechische Begriff für „Sitte", „Herkommen", „Recht". Er umfaßt also sowohl überkommene, selbstverständliche Regeln und Vorschriften wie auch das ausdrücklich ‚gesetzte' Recht. Zwischen diesen beiden Bedeutungen des Begriffs gibt es im 5. Jh. v. Chr. in Athen eine Spannung:

Sitte und positives Recht

> Je mehr das Recht aus Gesetzen besteht, um so mehr wandert der Schwerpunkt des Begriffs vom Ungeschriebenen zum Gesetzten. Hier in der ‚Antigone' finden wir dann zum ersten Mal, daß er so sehr das gesetzte, durch Beschlüsse der Volksversammlung erlassene Recht bezeichnet, daß man das ungeschriebene Recht dagegen eigens als solches charakterisieren muß.
>
> (23,219)

Wer bürgt für die Vernunft politischer Entscheidungen?

Kreons Bestattungsverbot soll den athenischen Zuschauern zum Nachdenken darüber verhelfen, in welchem Maß Recht in ihrer Demokratie inzwischen zur Sache willkürlicher Beschlüsse geworden ist, welche die Volksversammlung faßt. Deshalb sagt Antigone, daß sie das Verbot „den Bürgern zum Trotz" (907) übertreten hat. Denn nun ist das Problem akut geworden, wer denn für die Vernunft der jeweiligen Entscheidung bürgt, die in der Volksversammlung zustande gekommen ist. Wie Kreons Beispiel zeigt, können sich führende Politiker in ihren Irrtum immer weiter hineinsteigern, indem sie sich gegen Einwände abschirmen. Sophokles beantwortet die Frage, wie die Vernunft politischer Entscheidungen verbürgt werden könne, mit der Forderung, daß man die im Lande erlassenen Gesetze und die als göttliches Gebot geltenden Gesetze, d. h. die geschriebenen und die ungeschriebenen Gesetze, achten müsse. Das hat Kreon am Ende gelernt, wenn er einsieht, daß man immer „die bestehenden Gesetze" wahren müsse (1113/4).

Politische Auseinandersetzung nötig

Kreon hat diese Einsicht aber zu spät gewonnen. Er hätte wissen müssen, daß es mehr als eine Ansicht gibt und daß erst aus der Auseinandersetzung zwischen den verschiedenen Ansichten eine Entscheidung hervorgehen darf. Antigone wiederum bildet für den athenischen Bürger das Beispiel für jene Selbständigkeit des Denkens, mit welcher – abweichend von der Ansicht der übrigen Mitbürger – bestimmte Gesichtspunkte, die für die

Beschlußfassung entscheidend sind, überhaupt erst zur Geltung gebracht werden können:

> Ist eine Stadt vielleicht auf solche Bürger angewiesen – bei allem Risiko, das sie laufen müssen, bei aller Einseitigkeit, aller Starrheit, die gerade auch ihnen eigen sein muß? Nicht unbedingt, weil sie recht haben, denn Antigone hat ja nicht bloß recht. Aber weil es ohne sie nicht ginge. Es können nicht alle wie Ismene denken. Und die große Bewunderung, die sowohl das Volk von Theben (733) wie am Ende der Chor der Alten Antigone entgegenbringen (817 ff.) – könnte darin nicht auch etwas von dem Bewußtsein mitschwingen, daß man solche Bürger braucht?
>
> (23,223)

Neuer Begriff von bürgerlicher Verantwortung

Damit wäre ein neuer Begriff von bürgerlicher Verantwortung angedeutet, wobei es interessant sei, daß Sophokles ihn gerade in der Figur einer Frau verkörpern läßt, die doch in der damaligen griechischen Männergesellschaft politisch keine Rolle spielt und die denn auch Kreon durch ihre konsequente Haltung des Widerstands verunsichert. Dadurch, daß diese Probleme und Verhältnisse der Polis in die mythische Vergangenheit projiziert wurden, entstand jene Distanz, die es den Zuschauern ermöglichte, den eigenen Fragen im vertrauten und zugleich weit genug entrückten Medium der Tragödie zu begegnen und sich auf sie einzulassen.

Vergleichbarkeit der Charaktere Kreon und Antigone?

Welcher Charakter eignet sich als tragische Figur?

Hans Wagner geht in seinem Buch ‚Ästhetik der Tragödie' von der Frage aus, die Aristoteles im 13. Kapitel der ‚Poetik' aufwirft, welcher Charakter sich als tragische Figur eigne:

> Das ist bei jemandem der Fall, der nicht trotz seiner sittlichen Größe und seines hervorragenden Gerechtigkeitsstrebens, aber auch nicht wegen seiner Schlechtigkeit und Gemeinheit einen Umschlag ins Unglück erlebt, sondern wegen eines Fehlers (griech. ‚hamartía', etwa „Mangel an Einsicht")...
>
> (22,39)

Von dieser gattungspoetischen These ausgehend beschreibt Wagner zunächst die positiven Züge der sophokleischen Gestalten des Kreon und der Antigone:

Positive Züge von Kreon und Antigone

Kreon ist zweifellos vom Bewußtsein der Verantwortung für den ihm anvertrauten Staat geprägt, wenn er es als seine Pflicht ansieht, gegen einen Rechtsbruch vorzugehen und den Schuldigen ‚ohne Ansehen der Person' zu verfolgen, d.h. auch dann, wenn es sich um einen Familienangehörigen handeln sollte (655 ff.). Antigone erscheint wiederum durch ihre Geschwistertreue als ein moralisches und religiöses Vorbild. Die Sorge um das Schicksal ihres Bruders im Jenseits, ihre Bindung an die Verstorbenen überhaupt, ihre Weigerung, sich vom Oheim ein Feindbild aufdrängen zu lassen, ihre Bereitschaft, dafür auch das eigene Leben zu opfern, sichern ihr die Sympathie der Zuschauer.

‚Fehler' von Kreon und Antigone

Nun sollen aber diese Figuren auch Fehler zeigen, etwas falsch machen (Hamartía), um der These des Theoretikers zu entsprechen, damit sich der Zuschauer mit ihnen identifizieren kann, statt sie als unerreichbares positives Vorbild oder als verabscheuungswürdiges Scheusal ansehen zu müssen. Dieser Erwartung entspricht die Figur des Kreon in jeder Weise. Denn er verfehlt in seinem Verantwortungsbewußtsein für den ihm anvertrauten Staat jedes Maß, indem er jede abweichende Meinung als Aufruhr ansieht und ihr Motiv in materieller Gewinnsucht vermutet. Man sieht auch, daß sein Bestattungsverbot mit Rachsucht verbunden ist, daß sein unfreundliches Verhältnis zu seinen Nichten Antigone und Ismene damit zu tun hat, daß er meint, sie würden ihm nun, da sie ohne Eltern und Brüder an seinem Hof leben, auf der Tasche liegen, daß er unbeherrscht reagiert und sich sogar zur Gotteslästerung hinreißen läßt. So geht er schließlich an seiner Selbstgefälligkeit, die ihm der Seher vorhält (1028), zugrunde.

Bei Antigone, welche die Sympathie der Zuschauer genießt, fällt es schwer, solche Fehler zu finden, die sie als einen nicht völlig makellosen Charakter erscheinen lassen, wie ihn Aristoteles bei einer tragischen Figur erwartet.

Antigones Charakter

Dem oben gekennzeichneten Naturell steht nach Wagners Auffassung in Antigone ein Charakter von vergleichbarer Leidenschaftlichkeit und Unbeugsamkeit gegenüber. Der Chor hat also recht, wenn er ihren Untergang mit diesem Charakter erklärt. Antigone provoziert mit ihrem Verhalten geradezu den Vorwurf, den ihr Kreon macht, als die Wächter sie ergriffen haben:

> Die war im Frevelmut schon Meisterin,
> Als sie erlassene Gesetze brach.
> Und ihrem ersten Frevel folgt der zweite:
> Hohnlachend prahlt sie noch mit ihrer Tat.
>
> (480–483)

Mit erschreckender Härte reagiert sie auf ihre Schwester, deren ängstliche Natur im Kontrast zu ihrem eigenen Charakter steht

(41–92). Im Kommos (806–881) wird der Zusammenhang zwischen ihrer ruhmvollen Tat, dem Fluch, der auf ihrer Sippe lastet, und dem eigenen Charakter deutlich gemacht:

> Frommes Dienen ist Gottesdienst,
> Unüberschreitbar aber bleibt
> Der Machtbefugten Machtgebot.
> Eigner Drang trieb dich ins Verderben.
>
> (872–875)

Antigones Konflikt

Die religiöse Forderung, einen Toten zu bestatten, ihm nicht vorzuenthalten, was er für seine Existenz im Hades nötig hat, stand der Vernunftregel entgegen, sich mit den Mächtigen im Staat nicht anzulegen. Auf welche Weise Antigone diesen Konflikt für sich gelöst hat, ergab sich aus ihrem Charakter. (28,37-40)

Warnung vor dem Schwarz-Weiß-Schema

Wagners Versuch, das aristotelische Theorem über den Charakter tragischer Figuren auf Antigone anzuwenden, kann als Aufforderung aufgefaßt werden, über den eigenen Rezeptionsakt nachzudenken, in dem die beiden Figuren Kreon und Antigone meist ohne Zögern nach dem Schwarz-Weiß-Schema in Beziehung gesetzt werden. Ein solches Schema würde aber der in Kreons Verhalten gezeigten Denkweise entsprechen, für die es nur Gute und Böse, Gerechte und Ungerechte, Freunde und Feinde gibt und die ihn daran hindert, fremden Rat anzunehmen und die eigene Meinung zu ändern. Antigone überläßt das Urteil über ihr Handeln den Göttern:

> Ja, wenn es so den Göttern wohlgefällt,
> Dann seh ich ein: Ich leide, weil ich fehlte.
> Doch fehlten diese, treffe sie nichts Ärgres,
> Als was sie wider Recht an mir getan.
>
> (925–928)

Sie jedenfalls denkt nicht im Schwarz-Weiß-Schema.

8. Das Problem der Übersetzung

Unersetzbarkeit des Originals

Die weitaus überwiegende Zahl der heutigen Leser der ‚Antigone‘ des Sophokles hat nicht den altgriechischen Urtext des Dramas vor sich, sondern eine der vielen Übersetzungen, die es von ihr gibt. Das Problem, das hier vorliegt, hat zwei Seiten.

Einerseits kann auch die beste Übersetzung nicht das Original ersetzen. Denn für viele Eigenarten des Satzbaus der Ausgangssprache gibt es in der Zielsprache keine identischen, sondern nur annähernd äquivalente Strukturmuster. Und auch im Bereich der Wortbedeutungen gilt die Feststellung, daß eine semantische Übereinstimmung zweier Begriffe unterschiedlicher Sprachen nicht existiert. Dazu kommen noch die Klangdifferenzen und Unterschiede in der Intonation zwischen Ausgangs- und Zielsprache. Auf der anderen Seite können wir uns auch heute noch auf das Urteil verlassen, das Goethe am 10. 1. 1825 Eckermann gegenüber so formuliert hat:

Übersetzungen machen das Original lesbar

> Was aber das Griechische, Lateinische, Italienische und Spanische betrifft, so können wir die vorzüglichsten Werke dieser Nationen in so guten deutschen Übersetzungen lesen, daß wir ohne ganz besondere Zwecke nicht Ursache haben, auf die mühsame Erlernung jener Sprachen viele Zeit zu verwenden. Es liegt in der deutschen Natur, alles Ausländische in seiner Art zu würdigen und sich fremder Eigentümlichkeit zu bequemen. Dieses und die große Fügsamkeit unserer Sprache macht denn die deutschen Übersetzungen durchaus treu und vollkommen.

Eine Kernstelle

Da es gerade von der ‚Antigone' des Sophokles viele Übersetzungen gibt, lohnt es sich, einmal einen Vergleich durchzuführen. Dann kann man in Erfahrung bringen, auf welch unterschiedliche Weise die Übersetzer „sich fremder Eigentümlichkeit zu bequemen" bemühen. Wir wählen eine Stelle, die in ihrer Bildverwendung und in der Form des Gedankens besonders charakteristisch für den Ausgangstext ist, den Beginn der Rede, in der Teiresias dem König den Tod seines Sohnes Haimon prophezeit (1064–1071):

1 Du aber merke dir: Nicht viele Kreise
Vollendet schnellen Laufs der Sonne Rad,
Da gibst du einen deines eignen Bluts
Als Sühne für die Toten in den Tod,
Weil du der Obern eins hinabgestoßen,
Ein Leben ehrfurchtslos ins Grab verbannt,
Und einen vorenthältst den Göttern drunten,
Entweiht, entheiligt, ohne Grab, den Toten!

(Wilhelm Kuchenmüller: 34,47)

Das Bild vom Umlauf des Sonnenwagens für die Zeiteinheit eines Tages ist ohne wesentliche Änderungen aus dem Griechischen ins Deutsche gebracht. Auch der Gedanke, daß Haimon als ‚Entgelt' für den dem Hades vorenthaltenen Polyneikes sterben muß, bleibt erhalten. In den nächsten vier Versen ist nun die Deutung der Handlungsweise Kreons durch den Seher als eine Verkehrung der kosmischen Ordnung ausgesagt. Das geschieht dadurch, daß im griechischen Original die Begriffe in den Versen 1068 und 70 in Form eines Chiasmus angeordnet sind:

Syntaktische und semantische Merkmale der Stelle

> dafür, daß du einen von denen hier oben geworfen nach unten
>
> und einen, der den Göttern unten gehört, hier oben festhältst.

Kreon hat also nach den Worten des Teiresias die kosmische Ordnung umgeworfen, die einst von den Göttern durch die Aufteilung ihrer Herrschaft in die oberirdische Sphäre des Zeus, die unterirdische des Pluto und das Weltmeer des Poseidon geschaffen worden war. Der Gegensatz zwischen ‚Oben' und ‚Unten' wird in den Versen 1069 und 71 nocheinmal stilistisch markiert, diesmal durch ein Hyperbaton, nämlich die Eckstellung der gegensätzlichen Begriffe ‚Lebender' und ‚Toter':

> Eine Lebende unwürdig in einer Grabkammer einschließend
>
> und seinen Göttern vorenthalten, unbestattet, ungeweiht einen Toten

Die oben zitierte Übersetzung ahmt zwar den Chiasmus nicht nach, setzt aber die Begriffe ‚Obern,', ‚hinab-' und ‚drunten' an betonte Versstellen. Die Eckstellung der antithetischen Begriffe ‚ein Leben' und ‚den Toten' bleibt im Deutschen erhalten.

Wir können nun anhand der aufgezeigten Textmerkmale:

Vier Merkmale

1. Bild vom Umlauf des Sonnenwagens
2. Gedanke von Haimons Tod als Sühne für das Bestattungsverbot
3. Chiasmus der Begriffe ‚Oben' und ‚Unten' (1068–1070)
4. Eckstellung der Begriffe ‚Leben' und ‚Toter' (1069–1071)

weitere Übersetzungen unter der Fragestellung vergleichen, ob und ggf. wie diese Textmerkmale im Deutschen wiedergegeben werden:

2 So wisse wohl: der Sonnenwagen dreht
Die schnellen Räder nur noch kurze Zeit,
Dann gibst du einen deines eignen Bluts,
Für jenen Toten einen Toten, hin,
Weil Oben du und Unten ganz vertauschst,
Ein Lebewesen schnöd ins Grab versenkst
Und einen Toten seinem untern Reich
Hier unbegraben, ungeweiht entziehst.

(Ernst Buschor: 31,56 f.)

Vergleich der Übersetzungen **1** *und* **2**

Die Zeitangabe ist etwas ungenauer geworden. Während man in Übersetzung **1** den Ausdruck ‚nicht viele Kreise..' leicht durch ‚nicht viele Tage..' ersetzen konnte, ist das in **2** nicht mehr möglich. In den nächsten beiden Versen fehlt der Begriff der Sühne, des Entgelts, ohne daß dadurch das Verständnis erschwert ist. Die Figur des Chiasmus von ‚Oben' und ‚Unten' ist durch den Begriff des ‚Vertauschens' ersetzt, d.h. statt der stilistischen eine semantische Lösung gewählt. Die Eckstellung von ‚Lebewesen' (Antigone) und ‚Toter' (Polyneikes) ist aufgegeben. Dafür steht der Begriff des ‚Entziehens' an betonter Stelle.

Eine Prosaübersetzung

Während die ersten beiden Übersetzungsbeispiele statt der griechischen jambischen Trimeter Blankverse, also fünfhebige Jambenverse, wählen, wählt der folgende Übersetzer Prosa, um die Struktur des griechischen Originals nachzuzeichnen:

3 So wisse denn, daß du nicht mehr viele
rasch rollende Kreise der Sonne erleben wirst,
innerhalb deren du selbst von deinen Blutsverwandten einen
Toten den Toten zum Entgelt dagegen geben mußt,
dafür, daß du von den Oberen hinabstürztest
ein Leben und ihm ehrlos ein Grab als Zuhause gabst
und daß du hier festhältst der unterirdischen Götter
unteilhaftig, unbestattet, ungeweiht einen Toten.

(Norbert Zink: 39,85)

Die Zeitangabe mit dem Bild des Sonnenwagens ist korrekt wiedergegeben. Der Begriff des ‚Entgelts' wurde beibehalten. Der Chiasmus der ‚Oben'–‚Unten'-Figur ist im Deutschen in einen stilistisch markierten Parallelismus verwandelt:

daß du von den Oberen hinabstürztest
und daß du hier festhältst der unterirdischen Götter...

Schließlich wurde die Eckstellung der Gegenbegriffe ‚ein Leben' und ‚einen Toten' bewahrt.

Die Übersetzung von Schadewaldt

Der folgende Übersetzer gebraucht zwar wieder Verse, fünf- und sechshebige Jamben, in denen zuweilen eine Spannung zwischen Vers- und Sinnakzent auftritt, verteilt den Text aber auf zehn statt acht Verse, um der Struktur des Ausgangstextes folgen zu können:

4 So wisse gut denn: daß du nicht mehr viele
Eilende Umläufe der Sonne wirst vollenden,
Bevor du nicht aus deinen Eingeweiden einen
Toten für Tote darbringst zum Entgelt,

Darum daß du der Oberen Einen hast hinunter
Gestoßen und ein Leben, ohne Ehre,
Im Grab zu wohnen hast bestimmt, und weil
Du festhältst wiederum hier oben einen Toten,
Welcher den unteren Göttern zugehört,
Entrechtet, unbestattet, ungeweiht –

(Wolfgang Schadewaldt: 13,49 f.)

Die Übersetzung von Emil Staiger

In strengem Versmaß (Blankverse mit Wechsel von männlichem und weiblichem Schluß) und kompakter als **4** übersetzt ein Germanist die Stelle folgendermaßen

5 Du aber wisse wohl, der Sonnenwagen
Wird nicht mehr allzu oft die Räder drehn,
Bis du aus deinen Lenden einen Toten
Den Toten zum Entgelt erstatten mußt,
Weil du, die oben wandeln, in die Tiefe
Versenkst und ruchlos Leben birgst im Grab,
Den Leichnam aber ohne Grab und Weihe
Zurückhältst und den obern Göttern weigerst.

(Emil Staiger: 37,262)

Ein Übersetzungsfehler

Die Übersetzung spricht eine einfache und klare Sprache und eignet sich gut dazu, auf der Bühne rezitiert zu werden, d. h. wer sie laut liest, eckt nirgends an. Beim Vergleich mit den anderen Übersetzungen fällt jedoch auf, daß Polyneikes hier nicht dem Hades, den „unteren" oder „unterirdischen Göttern", sondern „den obern Göttern" vorenthalten wird. An diesem Fehler – denn um einen solchen handelt es sich – läßt sich erkennen, wie sich Ausgangs- und Zielsprache im Satzbau unterscheiden. Im griechischen Original ist die genitivische Attributgruppe „der unteren Götter" durch ein Adverb unterbrochen, das zum Hauptverb gehört: „Du hältst ... *hier* ... fest". Dadurch, daß die Leiche des Polyneikes unbestattet ist, wird sie auf der Erde festgehalten und dem Platz, auf den sie nach der Ordnung der Dinge gehört, dem Hades, vorenthalten. Der Fehler betrifft also einen zentralen Gedanken des Originals.

Vergleich mit dem griechischen Original

Eine solche Figur, das Hyperbaton eines Genitivattributs, läßt sich im Deutschen nicht nachmachen. Daher ist der falsche Bezug des Adverbs ‚hier' auf die ‚Götter' entstanden, den Staiger mit „den obern Göttern" wiedergegeben hat:

Verlauf des griech. Textes ↓

	Subj./Präd./Obj.	Appo-sition	Gen.-Attr. dazu
écheis de	Du hältst aber		
tōn kátōthen			der unter(en)
énthad' au	hier wiederum (fest)		
theṓn			Götter
ámoiron ...		unteil-haftig	
nékyn	einen Leichnam		

Eine Übersetzung in Trimetern

Im Hinblick auf die Sprechbarkeit erscheint die folgende Übersetzung als besonders gelungen, übrigens die einzige, in der das originale Versmaß, der jambische Trimeter, nachgeahmt ist:

6 So laß dir denn gesagt sein: knapp bemessen ist
Die Zeit, die du den Sonnenwagen rollen siehst,
Bis du bezahlst! Dein Same dient als Lösegeld:
Ein Leichnam für die Leichen – so nur wirst du quitt!
Denn obre Wesen hast du tief hinabgestürzt,
Lebendiges ins unverdiente Grab verpflanzt;
Was aber oben untern Göttern angehört,
Entehrst, entblößt, entheiligst du im Tod.

(Rudolf Schottlaender: 35,276)

Trotz der sehr freien Nachgestaltung sind die Textmerkmale, die wir für die Überprüfung ausgewählt haben, erhalten geblieben:

1. Das Bild vom Sonnenwagen („den Sonnenwagen rollen")
2. Der Sühnegedanke („dient als Lösegeld")
3. Verschränkung der Begriffe ‚Oben' und ‚Unten' („*obre* Wesen tief *hinab*gestürzt ... was aber *oben untern* Göttern angehört...")
4. Eckstellung der Begriffe ‚Leben' und ‚Tod' („Lebendiges ... im Tod")

Übersetzungsvergleich anhand eines einzelnen Wortes

Im Hinblick auf die Bedeutung des Einzelwortes läßt sich das Vorgehen der Übersetzer am Beispiel der Wiedergabe des griechischen Wortes ‚ta splánchna' erkennen, das die inneren, edleren Teile, Herz, Lunge, Leber, des Brandopfers bezeichnet, die zur Eingeweideschau benutzt werden. Eine solche hat Teiresias gerade durchgeführt (1005 ff.), und er weist mit diesem Wort auf den ersten Teil seiner Rede zurück. Es geht um den Willen der Götter. Gleichzeitig hat das Wort hier die Funktion, Hämon, den Sohn des vom Seher angesprochenen Königs, zu bezeichnen. Es ist das Verhältnis der Blutsverwandtschaft gemeint. Die Übersetzer bleiben entweder bei der direkten oder der übertragenen Bedeutung:

‚Wörtliche' und übertragene Bedeutung

1 „einen deines eignen Bluts"
2 „einen deines eignen Bluts"
3 „von deinen Blutsverwandten einen"
4 „aus deinen Eingeweiden einen"
5 „aus deinen Lenden einen"
6 „dein Same"

Der Bezug zur Eingeweideschau aufgrund des gemeinsamen Bedeutungsmerkmals des Innersten und Edelsten ist im Deutschen nicht herzustellen. Insofern ist die Übersetzung **4** für den deutschen Leser keine Verständnishilfe. Alle übrigen bleiben bei der übertragenen Bedeutung ‚Blutsverwandter', auch wenn sie jetzt ein Bild verwenden („Lenden", „Same"). Viele Konnotationen, welche der zeitgenössische Zuschauer oder Leser im antiken Griechenland mit dem Einzelwort verband, gehen in der Übersetzung notwendigerweise verloren und müssen auf dem Wege der Textinterpretation ermittelt werden.

Grenzen der Übersetzbarkeit

9. Hölderlins Sophokles-Übertragung

Eine besondere Bewandtnis hat es mit der Übersetzung der ‚Antigone' des Sophokles durch den Dichter Friedrich Hölderlin (1770–1843), die in unserem Jahrhundert Grundlage zahlreicher Wiederaufführungen und Neugestaltungen geworden ist. Martin Walser hat sie z. B. für die Bad Hersfelder Festspiele1989 bearbeitet. Bei ihm lautet unsere Beispielstelle folgendermaßen:

Eine beliebte Übersetzung

7 Wiss aber du, die Sonne hat es eilig
mir dir, sie läßt dir keine Zeit,
denn bald aus deinem Eingeweide zahlst
du selber einen Toten für die Toten.
Für eine, die du hinabgeworfen hast,
lebend im Grab zu wohnen, und oben
hältst du einen fest, den unbegrabenen
ungeweihten Toten ...

(38,69)

Das Bild vom Sonnenwagen ist gleichsam geschrumpft. Doch spielt die Sonne immer noch eine Rolle bei der Zeitangabe, jetzt als Personifikation: Sie „läßt" Kreon „keine Zeit". Der Gedanke

Walser vereinfacht Hölderlin

des Entgelts ist im Verb noch erhalten („zahlst du ... für"). Die Verschränkung der Begriffe ‚Oben' und ‚Unten' ist der knappen Ausdrucksweise zum Opfer gefallen, während die Herausstellung der Begriffe „lebend" und „den ... Toten" dem griechischen Text entspricht.

Doch jetzt ist Hölderlins ‚Antigonae' der Ausgangstext, den wir zum Vergleich heranziehen müssen. Bei ihm lautet die Stelle so:

> **8** Wiß aber du, nicht lange Zeit mehr brütest
> In eifersüchtger Sonne du, von nun an;
> Denn bald aus deinem Eingeweide zahlst
> Du selber einen Toten für die Toten,
> Für die, die du von oben warfst hinunter,
> Und deren Seele schmählich du im Grabe
> Zu wohnen hast gesandt. Von unten hast
> Auch oben einen du, den schicksallosen,
> Den unbegrabenen, unheiligen Toten
> Des Todesgotts ...
>
> (1064–1073)

Hölderlins Eingriffe in das Original des Sophokles

Hier ist statt von „nur noch wenigen schnellen Sonnenumläufen" von einer „eifersüchtigen Sonne" die Rede. Das Wort, welches von den anderen Übersetzern mit „eilig", „eilend" oder „rasch rollend" wiedergegeben wird, kann in anderem Kontext durchaus „eifersüchtig" heißen. Hier ist jedoch der Zusammenhang eine ins Bild gefaßte Zeitangabe, die diese Bedeutung eigentlich ausschließt. Dennoch erscheint sie nicht unsinnig, weshalb Walser sie auch in Form der Personifikation übernimmt. Für das „brüten" gibt es keine Entsprechung im Ausgangstext. Auch das griechische Wort ‚psychē', ist in einer kontextfremden Bedeutung („Seele") wiedergegeben. Dadurch ist die Entgegensetzung von ‚Leben' und ‚Tod' verloren gegangen. Der Ausdruck, daß der tote Polyneikes nicht an dem ihm zukommenden Ort weilt („unteilhaftig der unteren Götter"), ist nicht verstanden. Das Adjektiv wird isoliert („schicksallosen"), das Genitivattribut in den Singular gesetzt und einem anderen Beziehungswort zugeteilt („Toten des Totengotts"). Diese semantischen und

Walser korrigiert Hölderlin

syntaktischen Mißverständnisse übernimmt Walser nicht. Er korrigiert vielmehr seine Vorlage. Damit paßt er sich dem Erkenntnisstand an, der heute in der Erforschung des Altertums und in der Herstellung eines philologisch durchgearbeiteten und

Hölderlins Arbeitsbedingungen

zuverlässigen Sophokles-Textes erreicht ist. Als Hölderlin die ‚Antigone' übertrug (1804), befand er sich in einer völlig anderen Situation. Er übersetzte aus einer schlechten Schulausgabe und verfügte nicht über hinreichende Kenntnisse der altgriechischen

Sprache. Die Humboldtsche Schulreform, die zu einer Aufwertung und Verbesserung des Griechischunterrichts an den Gymnasien führte, stand erst bevor (1809). Die großen Leistungen der klassischen Philologie und Altertumswissenschaft des 19. Jahrhunderts waren noch nicht erbracht. Auch war Hölderlin bei der Arbeit sehr allein. Die Freunde aus der gemeinsamen Zeit des Tübinger Stifts, Hegel und Schelling, waren weit fort. Aus dieser Situation erklären sich die vielen Seltsamkeiten der Übersetzung, von denen einige schon in den acht Versen des Textbeispiels **8** zu finden sind. Hölderlin findet oft nicht die passende Kontextbedeutung eines Ausdrucks, oder er verwechselt ähnlich lautende Wörter. Häufig kann er auch die Formen der Wörter nicht auseinanderhalten und bezieht Satzglieder falsch aufeinander. Daher kann man bei Hölderlin kaum Auskunft darüber bekommen, was Sophokles genau an einer bestimmten Stelle gesagt hat. Aber damit ist über seine Übersetzungsleistung nicht das letzte Wort gesagt. Denn trotz seiner Behinderungen ist Hölderlin mit ahnungsvoller Treffsicherheit zum Wesen der griechischen Tragödie vorgedrungen, das er in den ‚Anmerkungen zur Antigonae' zu erläutern unternimmt. Dabei steht seine Deutung der Auffassung seines Schulfreundes Hegel nahe, mit dem Unterschied, daß die Dimensionen des Rechtlichen, Moralischen und Politischen bei Hölderlin in einem religiösen Horizont aufgehoben sind. Die Tragödie, heißt es bei ihm, stelle „das Ungeheure dar, wie der Gott und der Mensch sich paart und wie die Naturmacht (das ist der Gott) und des Menschen Innerstes grenzenlos im Zorn (das ist der Streit) eins werden; nur daß das grenzenlose Einswerden sich wieder durch grenzenloses Scheiden reinigen muß und der Gott dann schließlich in der Gestalt des Todes gegenwärtig wird". Der tragische Mensch dränge also in edlem Überschwang zu dem Gotte hin, erfahre dann aber den Rückstoß des Göttlichen.

Übersetzungsfehler

Hölderlins Deutung der griechischen Tragödie

Im Unterschied zu den anderen Interpreten seiner Zeit, die nach der Schuld der tragischen Figuren fragen, betrachtet Hölderlin die Tragödie in seinen ‚Anmerkungen zur Antigonae' nicht unter dem Gesichtspunkt der Schuld. Wenn man es als ‚Schuld' bezeichnen wollte, daß sich ein Mensch allzusehr auf den Gott einläßt und von diesem in die Katastrophe geführt wird, so läge sie ebenso auf der Seite des Gottes, der den Menschen ergreift. Hölderlins Wortprägung von der „göttlichen Untreue" meint, daß der anfängliche Erfolg des tragischen Helden von der gleichen göttlichen Macht bewirkt werde wie sein nachheriges Scheitern. Es ist die Lebenssituation des Menschen überhaupt (die ‚conditio humana'), die Hölderlin in der Tragödie des Sophokles dichterisch gestaltet sieht (44,287 ff.). Er kommt mit

Hölderlin fragt nicht nach ‚Schuld'

Griechischer Pessimismus

seiner Deutung näher als die anderen Interpreten an den antiken Pessimismus heran, wie er sich etwa in den Versen des Theognis (6. Jh. vor Chr.) ausdrückt:

> Das Allerbeste ist für den Menschen, nicht geboren zu sein,
> doch einmal geboren, bald wieder zu sterben...
>
> (Eleg. I 425 ff. Diehl)

Von hier führt der Weg zu der Auffassung, die Nietzsche in seiner Schrift ‚Die Geburt der Tragödie oder Griechentum und Pessimismus‘ dargelegt und mit der folgenden Geschichte illustriert hat:

> Es geht die alte Sage, daß König Midas lange Zeit nach dem weisen Silen, dem Begleiter des Dionysus, im Walde gejagt habe, ohne ihn zu fangen. Als er ihm endlich in die Hände gefallen ist, fragt der König, was für den Menschen das Allerbeste und Allervorzüglichste sei. Starr und unbeweglich schweigt der Dämon; bis er, durch den König gezwungen, endlich unter grellem Lachen in diese Worte ausbricht:
> „Elendes Eintagsgeschlecht, des Zufalls Kinder und der Mühsal, was zwingst du mich dir zu sagen, was nicht zu hören für dich das Ersprießlichste ist? Das Allerbeste ist für dich gänzlich unerreichbar: nicht geboren zu sein, nicht zu *sein*, *nichts* zu sein. Das Zweitbeste aber ist für dich – bald zu sterben.“ (3. Kap.)

II. Die ‚Antigone' von Jean Anouilh

1. Der inhaltliche Aufbau des Stücks

Der Sprecher informiert das Publikum

Ein Sprecher (Le prologue) stellt den Zuschauern die Personen des Stücks vor, die sich bereits, übrigens modern gekleidet, auf der Bühne befinden und „plaudern, stricken oder Karten spielen". Er erläutert die Rollen, welche sie zu spielen haben, beschreibt die Beziehungen, die zwischen ihnen bestehen, und berichtet ausführlich über die Vorgeschichte, gibt also die Exposition der Handlung (7–9). Diese setzt mit einer häuslichen Szene ein, die im Intimraum der Königsfamilie spielt.

Die erste Szene spielt im Kinderzimmer

Antigone kommt, die Schuhe in der Hand, im Morgengrauen vom Spaziergang heim. Im Unterschied zu ihrer Amme, welche sie mit Vorwürfen empfängt, ahnt der Zuschauer, daß sie bei ihrem toten Bruder Polyneikes gewesen ist. Denn der Ton, in den Antigone bei einigen Antworten fällt und den die Amme nicht bemerkt, macht ihn darauf aufmerksam. Die Amme glaubt an einen heimlichen Liebhaber, worauf Antigone erwidert: „Ja, Amme ... Der Ärmste ... Ich habe einen Liebhaber". Und als die Amme droht, dem Onkel Kreon etwas zu sagen, heißt die Antwort: „Ja, liebe Amme, Onkel Kreon wird es erfahren..." Der Auftritt endet mit den bedeutungsvollen Worten: „Spar deine Tränen – vielleicht brauchst du sie noch. Wenn du so weinst, komme ich mir wieder vor wie ein kleines Kind – und das darf ich nicht sein – heute nicht" (10–13).

Ismene und Antigone

Ismene erscheint, die Amme wird zum Kaffeekochen weggeschickt. Ismene versucht nun, ihre Schwester davon abzubringen, daß sie Kreons Verbot übertritt und Polyneikes doch bestattet. Sie bittet sie, den Onkel doch „ein wenig zu verstehen", worauf Antigone sich über ihre Erziehung zum Wohlverhalten beklagt, bei der man eben dies immer von ihr verlangt habe. Auf die Frage Ismenes, ob sie „denn keine Freude mehr am Leben" habe, wird Antigone nachdenklich. Ismene läßt sich vorläufig beruhigen und legt sich wieder hin. Doch hat sich beim Zuschauer der Eindruck verstärkt, daß Antigones Entscheidung längst gefallen und die Tat ausgeführt ist.

Antigone vertraut der Amme ihren Hund an

Die Amme kommt mit dem Kaffee (13–17). Antigone bittet sie, zu ihrem Hund gut zu sein. Auf ihre Frage, warum sie so rede, erwidert Antigone: „Weil ich vielleicht bald nicht mehr mit ihm sprechen kann." Das Gespräch endet, als Hämon erscheint (18–20).

Streit zwischen den Liebenden

Gegenstand des Dialogs zwischen Hämon und Antigone ist ein Streit vom Vortag. Er war dadurch entstanden, daß Antigone Kleid, Lippenstift und Parfüm von Ismene benutzt hatte, um Hämon zu verführen, dabei seine Stärke zu erfahren und nicht als Jungfrau in den Tod zu gehen. Doch Hämon, der sie immer „meine kleine Närrin" nennt, hatte sie ausgelacht. So waren sie im Streit auseinandergegangen. Denn Antigone wirft Hämon vor, sie im Grunde wie die anderen Leute für „verrückt" zu halten: „Du sagst es auch, weil du trotz deines Mutes Angst hast vor allem, was dich von ihnen unterscheidet." So bittet sie ihn jetzt nur noch darum, sich zweierlei von ihr schweigend anzuhören und dann hinauszugehen. Er verspricht es, Antigone aber sagt: „Ich wollte schon vorher deine Frau sein, weil ich dich sehr, sehr lieb habe und weil ... jetzt werde ich dir sehr weh tun,

Antigone schickt Hämon weg

Liebster – weil ich dich niemals heiraten werde – niemals." Als Hämon stumm ist vor Staunen, drängt sie ihn mit den Worten: „Morgen wirst du mehr wissen" hinaus und sagt dann, seltsam beruhigt: „So, Hämon hat es hinter sich" (20–24).

Als nun Ismene erscheint, um ihren Versuch, die Schwester von ihrem Vorhaben abzubringen, zu wiederholen, sagt diese: „Es ist zu spät. Als du mich heute morgen sahst, kam ich davon zurück" (24). Der erste Teil des Stücks endet mit der Szene, welche zum ersten Mal aus der Intimsphäre des Hauses hinausführt, dem

Ein Wächter meldet den Vollzug der Bestattung

Gespräch zwischen Kreon und dem Wächter, der, umständlich und sich gegen den erwarteten Vorwurf der Pflichtvernachlässigung absichernd, von der Übertretung des Bestattungsverbots Meldung macht (25–28).

Die Figur des Kreon wird also – anders als Antigone – nicht in der privaten Sphäre eingeführt, sondern anläßlich einer Amtshandlung. Kreon reagiert auf den Bericht zunächst abwiegelnd: „Bist du sicher, daß es nicht irgendein Tier war?" Dann fällt das Stichwort der Szene, als der Wächter von einer „ganz alten, kleinen verrosteten Kinderschaufel" erzählt, woraus die Mannschaft geschlossen habe, „daß nur ein Kind so etwas getan haben konnte". Kreon macht sofort eine Theorie über die verwerfliche Vorgehensweise der Opposition daraus: „Ein Kind! Sie dachten wohl, das würde am rührendsten wirken." Kreon ordnet an, über den Vorfall strengstes Stillschweigen zu bewahren.

Von diesen einleitenden Szenen ist der Hauptteil des Stücks durch längere Ausführungen des Sprechers (Le chœur) getrennt (28/29), die an den Zuschauer gerichtet sind. Sie sind auf dem

Hintergrund des Prologs zu verstehen, in dem es über Antigone hieß: „Sie denkt daran, daß sie sterben muß und – weil sie ja noch so jung ist – daß auch sie gerne noch leben möchte. Aber man kann ihr nicht helfen. Sie heißt Antigone und muß ihre Rolle durchhalten bis zum Ende" (7). Der Sprecher kontrastiert nun die Handlungsführung der Tragödie mit der des Dramas. Während die Handlung der Tragödie wie ein „Uhrwerk" aufgezogen wird und dann „von allein abschnurrt", bleibt der Ausgang beim Drama offen. Da könnte es noch anders kommen, der Zuschauer bleibt auf Unvorhergesehenes gespannt und hofft mit den Figuren auf der Bühne, „man könne sich noch aus der Affäre ziehen. Das ist ein ganz widerwärtiger Zweckstandpunkt". Bei der Tragödie aber ist das anders: „Alle Versuche, jemand zu retten, bleiben vergeblich." Der Zuschauer wird angehalten, eine andere Erwartungshaltung einzunehmen, als er sie sonst im Theater gewohnt ist. Die Gestalt der Antigone ist in der mythologisch-literarischen Tradition in ihrem Schicksal festgelegt. Auf der modernen Bühne kann sie dieses Schicksal nur wiederholen, sonst wäre sie nicht Antigone. Der Zuschauer soll vielmehr dafür aufmerksam sein, worauf es der Stückeschreiber mit dieser seiner Wiederholung der alten Geschichte abgesehen hat. Das wird er in der großen Begegnung zwischen Kreon und Antigone erfahren, welche das Zentrum des Stücks bildet.

Kommentar des Sprechers

Zu ihr führt der nächste Auftritt hin, in dem die Wächter die am Tatort ergriffene Antigone in Handschellen zum Palast bringen (30–32). Sie befindet sich nun in der Hand der „Schergen ... mit ihren großen, roten, geschrubbten Händen und ihrem Ochsenblick ... die alles peinlich ausführen, was man ihnen sagt, ohne zu wissen, ob es gut oder schlecht ist", wie es Ismene befürchtet hatte (16). Als Kreon hinzukommt, erstattet der rangälteste Wächter Bericht. Auf Kreons Frage, ob sie es beim erstenmal auch gewesen sei, bejaht Antigone: „Mit der kleinen Eisenschaufel, mit der wir in den Ferien am Strand unsere Sandburgen bauten. Die Schaufel gehörte Polyneikes" (32–34).

Die Wächter bringen die ertappte Antigone

Die Wächter werden weggeschickt, weil Kreon am liebsten alles vertuschen würde. Doch Antigone versichert, daß sie „es dann morgen nochmals versuchen werde". Damit ist das große Gespräch (34–52) eingeleitet, das Kreon mit der Frage beginnt: „Warum wolltest du deinen Bruder beerdigen?" Die Frage wird zunächst (35–37) auf der Ebene des Mythos abgehandelt. Kreon spricht vom Hochmut des Ödipus, der immer gleich dem Schicksal oder dem Tod gegenüberstehen wollte, sich selbst ordnet er unter die Realpolitiker ein, und deshalb will er seine Nichte, den „mageren Spatz", unbedingt retten. Als Antigone auf seine Ausführungen nicht eingeht („Du weißt genau ..."),

Kreon will Antigone retten

Auseinandersetzung zwischen Kreon und Antigone

beginnt eine zweite Phase des Gesprächs, in der es um die persönlichen Motive beider geht (37–43). Von Kreon in die Enge gedrängt, muß Antigone zugeben, daß sie über kein vernünftiges Motiv verfügt: „Für niemand. Für mich.“ Aber sie kann Kreon unter Druck setzen: „Mich töten lassen, ist das einzige, was du

Kreon hat die ‚böse‘, Antigone die ‚gute‘ Rolle

kannst.“ Dieser sieht ein: „Ich bin in die böse Rolle gedrängt, während du die gute spielst.“ Deshalb versucht er, sein politisches Handeln nach der „schiefgegangenen Revolution“ des Polyneikes zu rechtfertigen. Aber Antigone will nichts davon hören. Mit ihrer Beharrlichkeit flößt sie Kreon Angst ein. In der dritten Phase ihres Gesprächs (43/44) bittet Kreon Antigone um Verständnis für seine Situation: „Mein Gott, versuche doch endlich zu begreifen. Ich gebe mir ja auch Mühe, dich zu verstehen.“ Antigone aber erwidert: „Erfülle du deine Aufgabe und hindere mich nicht an der meinen!“ In einem vierten Abschnitt (45–48) setzt Kreon zu einem neuen Versuch an, indem er Antigone alle Illusionen über ihre Brüder Polyneikes und Eteokles nimmt. Doch diese bleibt unbeeindruckt: „Warum hast du mir das alles erzählt?“ Damit beginnt die fünfte und letzte

Kreons Glücksangebot

Phase des Gesprächs (48–52), in der Kreon Antigone für das „bißchen Glück“ erwärmen will, aus dem das Leben seiner Meinung nach besteht, sie aber an die „Niedrigkeiten“ denkt, die sie täglich wird begehen müssen, „um dem Leben mit den Zähnen ein kleines Fetzchen Glück zu entreißen“. Ihr Bekenntnis lautet: „Ich, ich will alles, sofort und vollkommen – oder ich will nichts.“ Als sie immer lauter wird, hält Kreon ihr den Mund zu, Antigone wehrt sich, Ismene erscheint und stellt sich auf ihre Seite: „Hörst du sie, Kreon? Sie ist schon angesteckt!“ Kreon ruft nach der Wache und läßt Antigone abführen. Sie schreit erleichtert auf: „Endlich, Kreon!“ Ismene läuft klagend hinter ihr her.

Struktur des Streitgesprächs

Welche sachlichen Positionen in diesem großen Gespräch aufeinander stoßen, macht ein Überblick über den Wechsel von Argument und Gegenargument deutlich:

ANT Ich war es meinem Bruder schuldig. (Familienpflicht)

KR Der königliche Erlaß gilt für alle. (Staatsordnung)

ANT Polyneikes hat ein Recht auf Grabesruhe. (Religiöses Argument)

KR Er war aber ein Verräter. (Politisches Argument)

ANT Aber er war mein Bruder. (Humanitäres Argument)

KR Die Mitglieder der königlichen Familie müssen mit gutem Beispiel vorangehen. (Moralisches Argument)

ANT Ich hätte es auch getan, wenn ich ein Dienstmädchen wäre. (Familienpflicht fällt mit Menschenpflicht zusammen)

KR Du meinst, als Prinzessin würdest du der Strafe entgehen. (Unterstellung)

ANT Ich war vielmehr sicher, daß du mich hinrichten läßt. (Zurückweisung der Unterstellung)

KR Das ist der Hochmut des Ödipus: euch genügt das durchschnittliche Menschenunglück nicht – Ich bin ein König ohne Vorgeschichte und will die Welt etwas weniger absurd gestalten. (Distanzierung von der unter dem Schicksal leidenden Sippe, Betonung der politischen Gestaltungsaufgabe)

ANT Ich muß meinen Bruder bestatten. (Wiederaufnahme des Gesprächsanfangs)

KR Das ist doch absurd, alles, nur Pfaffentrug. (Religionskritik)

ANT Ich weiß, doch tue ich es trotzdem.

KR Das ist doch absurd!

ANT Ja, es ist absurd.

KR Für wen tust du es dann?

ANT Für niemand, für mich! (Betonung der absoluten Freiheit)

KR Ich will dich retten. (Suche nach Kompromiß)

ANT Du kannst mich nicht retten, du bist nicht frei.

KR Mir ist der Leichengeruch ja auch zuwider. Aber ich bin nun einmal König geworden, und die Thebaner sollen meine Macht spüren. (Pragmatisches Argument)

ANT Du hättest eben NEIN sagen müssen.

KR Einer muß doch JA sagen und die Aufgabe übernehmen.

ANT Ich habe nicht JA gesagt, ich bin mein eigener Richter. (Betonung der absoluten Freiheit)

KR Es ist leicht, NEIN zu sagen.

ANT Jetzt wirst du mich töten lassen, ohne es zu wollen. Das heißt König sein! (Spott)

KR Versteh doch: wer JA sagt, muß das Steuer in die Hand nehmen, auch wenn er in die Menge schießen muß. (Menschenverachtung des ‚Realpolitikers')

ANT Im Vergleich zu dir, bin ich die wahre Königin. (Spott)

KR Ich werde euer Glück schaffen, auch gegen euren Willen. (Programm des menschenverachtenden ‚Realpolitikers')

ANT Erfülle du deine Aufgabe, und laß mich meine Aufgabe tun. (Verweigerung)

KR Deine Brüder waren nichts wert, wollten sogar deinen Vater beseitigen. (Desillusionierung)

ANT Gut, ich gehe auf mein Zimmer. (Scheinbares Einlenken)

KR Nimm dein Leben in die Hand und werde glücklich. Das ganze Leben ist vielleicht nur ein bißchen Glück. (Er meint, gewonnen zu haben)

Peripetie

ANT Was für armselige Handlungen muß man begehen, um dem Leben ein Fetzchen Glück zu entreißen! – Ich will alles, sofort und vollkommen – oder ich will nichts. (Kompromißlosigkeit)

KR Du redest wie dein Vater Ödipus!

ANT Ja, ich bin wie mein Vater. Wir gehen jeder Frage auf den Grund, bis keine falsche Hoffnung mehr bleibt. Ich verachte euer Glück!

Selbstdarstellung der beiden Figuren im Streit

Zunächst stehen sich in den Figuren die Vertreterin der Familienbande und der Repräsentant der Staatsordnung gegenüber. Bald jedoch steht Antigone für einen Freiheitsanspruch, den

Kreon nicht zu verstehen vermag. Deshalb interpretiert er ihn als „Hochmut des Ödipus". So rückt die Antigone-Figur in den Bereich der großen Schicksale des Mythos, während Kreon den Typ des zynischen Pragmatikers darstellt, der Politik treibt, damit er Gehorsam findet und kein Aufruhr geschieht, und bedenkenlos Menschenleben opfert, um seine Ziele zu erreichen. Zugleich wird Antigone dadurch zu einem Vorbild der Wahrheitssuche, während in Kreons politischem Verhalten das Vertuschen der wahren Umstände ein wichtiges Mittel zur Sicherung der Herrschaft bildet. Schließlich kontrastiert die Unfreiheit dessen, der immer taktieren muß, in Kreon mit der Freiheit der Antigone, die durch ihr NEIN zwar ihr Leben aufs Spiel setzt, aber keine Kompromisse schließen muß.

Die Peripetie

Das Auftreten des Sprechers (Le chœur) markiert einen Einschnitt, mit dem die fallende Handlung einsetzt. Der Sprecher tritt in die gespielte Welt ein und versucht, Kreon zur Revision seiner Entscheidung zu bringen. Doch dieser erklärt sich unfähig dazu: „Sie selbst wollte sterben ... Polyneikes war nur ein Vorwand." Hämon kommt dazu und unterstützt den Sprecher bei seinem Bemühen, stürzt schließlich mit dem Ruf: „Antigone! Antigone! Hilf mir!" davon (53–56). In der vorletzten Szene (56–61) ist Antigone mit dem Wachmann allein, der sie festgenommen hatte. Sie diktiert ihm einen Brief an Hämon: „Ich weiß nicht mehr, wofür ich sterbe. Ich habe Angst."

Die Banalität des Endes

Der letzte Auftritt beginnt mit der Feststellung des Sprechers: „So – Antigone hat es überstanden. Nun kommt Kreon an die Reihe. Denn keinem bleibt etwas erspart" (61–64). Ein Bote kommt und berichtet von Antigones und Hämons Tod, der Sprecher meldet den Tod der Königin und stellt fest: „Du bist jetzt allein, Kreon", worauf Kreon wie ein Echo erwidert: „Ja. Allein – ganz allein." Dann geht er zum Ministerrat, während der Sprecher das Schlußwort spricht, das angesichts der Karten spielenden Wächter mit den Worten endet: „Nur die Wächter haben es gut überstanden. Ihnen ist alles gleich, denn es geht sie nichts an. Sie spielen lieber Karten."

2. Zur Thematik der ‚Antigone' von Anouilh

Probleme des Erwachsenwerdens

Wenn man einmal von den Erwartungen absieht, die der Sprecher im Prolog durch seine Paraphrase der antiken Antigone-Geschichte (7–9) im Zuschauer geweckt hat, vielmehr nur darauf achtet, was die Figuren des Stücks zueinander sagen, wird man mit dem Thema ‚Kindsein und Erwachsenwerden' konfrontiert: In der ersten Ammenszene (10–13) wird eine kleine, ungezogene, widerspenstige Antigone vorgeführt, der mit den herkömmlichen Erziehungsgrundsätzen schwer beizukommen ist. Auch im Gespräch mit Ismene (13–17) geht es um Erziehung, diesmal aus der Sicht des Kindes: „Seit ich klein bin, höre ich von euch nichts als dieses Wort. Ich mußte verstehen, daß ... man sich gerade halten und ‚Guten Tag, gnädige Frau' sagen muß und daß man sich stets ordentlich zu kämmen hat." In der zweiten Ammenszene sucht Antigone bei der Amme Schutz (18–20): „Ich bin nur noch ein wenig zu klein für alles. Aber das darfst nur du wissen." Im Dialog mit Hämon (20–24) geht es um den Streit, der deshalb zwischen den Liebenden entstanden ist, weil Antigone sich mit Ismenes Kleid, Puder, Parfüm usw. gleichsam als Erwachsene verkleidet hat, um Hämon zu verführen. Sonst benutzt sie als Versteck das Bild, das die anderen von ihr haben („die kleine, böse, dickköpfige, schlechte Antigone": 15) und das auch Hämon teilt („meine kleine Närrin", „mein kleiner Dummkopf": 20–22). Deshalb greift sie auch darauf zurück, um ihren Entschluß Hämon mitzuteilen: „Es ist die letzte Verrücktheit, die du mir noch erlauben sollst" (23). Bei der Entdeckung der Tat (25–28) findet man „eine ganz alte, kleine, verrostete Kinderschaufel" (27), auf die immer wieder verwiesen wird („Hat man dir die Schaufel weggenommen?": 31; „Die Schaufel gehörte Polyneikes": 34). Mehrfach ruft Kreon, der über diesen Umstand entsetzt ist, aus: „Ein Kind!" Und er versucht auch, das Problem auf die Weise zu lösen, wie ein Erwachsener mit einem ungezogenen Kind umgeht:

Der kleine Dickkopf

Der autoritäre Onkel

- „Du gehst jetzt auf dein Zimmer, tust, was ich dir gesagt habe, und erzählst niemandem ein Wort" (37).
- „Ich glaube, ich sollte dir ganz einfach ein wenig die Gelenke verdrehen und dich wie ein kleines Mädchen an den Haaren ziehen" (40).
- „Ich verstehe dich; mit zwanzig Jahren hätte ich genauso gehandelt wie du" (49).
- „Ich befehle dir zu schweigen, verstehst du?" (52)

Rahmenthema

Am Schluß des Stücks wird das Thema wieder aufgegriffen und im Dialog des nun allein gebliebenen Kreon mit dem Pagen in einer Art Sentenz zusammengefaßt:

Kreon: Möchtest du gern schon erwachsen sein?
Page: O ja, Herr.
Kreon: Du bist verrückt, mein Kleiner. Man sollte immer ein Kind bleiben können.

(63)

Nach diesem Gespräch begibt sich Kreon in den Ministerrat, dessen Termin der Page, eine Art von persönlichem Referenten, angibt. Diese Wendung macht auf die Verbindung aufmerksam, in der das Thema vom Kindsein und Erwachsenwerden mit dem Thema des politischen Handelns und seiner Problematik zusammenhängt. Der kurze Wortwechsel mit dem Pagen hat ein Pendant am Ende der ersten Wächterszene, in der allerdings der Page stumm bleibt:

> *Kreon:* Komm, mein Kleiner. Das müssen wir uns alles gut überlegen. Das gibt eine feine Geschichte. Würdest auch du dich mit deiner kleinen Schaufel aufmachen? (Der Kleine sieht ihn an.)
> *Kreon:* (streichelt ihm die Haare und geht mit ihm) Sicher, du tätest es auch. Du bestimmt. (Geht seufzend ab) Ein Kind.
>
> (28)

Politisches Handeln

Mit diesem Thema des politischen Handelns ist Kreon ganz allein, denn Antigone distanziert sich von allem, was damit zusammenhängt: „Was gehen mich deine Politik, deine Notwendigkeiten und die ganzen armseligen Geschichten an? Ich kann noch nein sagen zu allem, was mir mißfällt. Ich bin mein eigener Richter" (42). Mit ihrem Widerstand bringt sie Kreon dazu, sich als Politiker selbst zu demaskieren. Um sie zu retten, versucht dieser, ihr klarzumachen, daß der Einsatz des eigenen Lebens für eine politisch bedeutsame Sache, wie es die Bestattung des Polyneikes ist, sich nicht lohnt. Zu diesem Zweck bemüht er sich, ihr alle Illusionen über diesen Bereich menschlichen Handelns und Entscheidens zu nehmen. Zuerst erweist er sich als religiöser Zweifler:

Desillusionierung

> Glaubst du denn wirklich an den ganzen Ritus der Beerdigung? Glaubst du wirklich an das Märchen von der irrenden Seele deines Bruders, wenn der Priester nicht ein paar Hände voll Erde auf seine Leiche wirft und einige Worte dazu leiert?
>
> (38)

Kreons Zynismus

Dann zeigt er in der Einschätzung seiner Untertanen eine zynische Menschenverachtung, als er Antigone den politischen Zweck seines Bestattungsverbots erläutert: „Diese Dickköpfe, die ich jetzt regieren soll, müssen zu einer besseren Einsicht gebracht werden. Und deswegen muß es in der ganzen Stadt einen Monat lang nach Polyneikes stinken!" (41) Und in dem Monolog, in dem er unter Verwendung des uralten Topos vom ‚Staatsschiff' sein politisches Bekenntnis ablegt, heißt es noch deutlicher:

> Man nimmt das Rad in die Hand, sieht den sich türmenden Wellenbergen entgegen, man brüllt einen Befehl, und man schießt blindlings in die Menge, auf den erstbesten, der aus ihr hervortritt. Die Menge! Das ist etwas Namenloses...
>
> (43)

Schließlich zerstört er auch das Bild der eigenen Familie, als er Antigone vom Treiben ihrer beiden Brüder, den Intrigen gegen den Vater Ödipus, ihren Ausschweifungen erzählt. (45–48) Als Kreon dann all diesen Scheußlichkeiten als positiven Wert das Glück gegenüberstellt („Vielleicht ist das ganze Leben nur ein bißchen Glück": 49), fordert er Antigones Verachtung heraus:

Kreons Ideal: „Ein bißchen Glück"

> Was wird mein Glück sein? Was für eine glückliche Frau soll aus der kleinen Antigone werden? Welche Niedrigkeiten werde ich Tag für Tag begehen müssen, um dem Leben mit den Zähnen ein kleines Fetzchen Glück zu entreißen?
>
> (49)

Die Sinnfrage

In der Auseinandersetzung geht es also um mehr als die Spannung zwischen Kindsein und Erwachsenwerden, es handelt sich vielmehr um die grundsätzliche Frage nach dem Sinn des Lebens, die von den beiden Kontrahenten in gegensätzlicher Weise beantwortet wird. Dabei gehen beide von der Voraussetzung aus, daß es keine verbürgte Weltordnung gebe, daß die Welt vielmehr ‚absurd' (ein Schlüsselwort des Dramas) sei. Aber sie ziehen unterschiedliche Konsequenzen aus dieser Vorraussetzung. Kreon will durch seine Politik die Welt „etwas vernünftiger gestalten" (36: ‚rendre l'ordre de ce monde un peu moins absurde') und den Menschen inmitten der Absurdität ein kleines Glück verschaffen (44; ‚bonheur', ein weiteres Schlüsselwort). Antigone hält an ihrem Ideal eines sinnvollen Daseins fest, wie sie es als Kind erlebt hat:

> Ich will die Gewißheit haben, daß es so schön wird, wie meine Kindheit war – oder ich will lieber sterben.
>
> (51)

Sie schlägt das ihr angebotene ‚Glück' aus, weil sie schlimme Dinge tun müßte, um es zu erlangen:

> Sag doch, wen werde ich belügen, wem falsch ins Gesicht lächeln und an wen mich verkaufen müssen? Bei wem muß ich mich abwenden und ihn sterben lassen?
>
> (49 f.)

Für solch ein Leben, in dem sie sich mit solchen Handlungen beschmutzen und ihre Reinheit und Unschuld verlieren würde, soll Kreon sie nicht „retten" (39; ‚sauver'). Wenn ihre Tat auch angesichts der Absurdität der Welt sinnlos, ‚absurd', erscheinen muß (38), so ist für sie doch ein Kompromiß mit Kreons Welt des kleinen Glücks, das so viel kostet, unmöglich.

Der zeitgeschichtliche Bezugsrahmen

Diese thematische Verschränkung der Frage nach dem Sinn des Lebens mit der Kritik politischen Handelns, dargestellt an einem bekannten Stoff aus der griechischen Tragödie, konnte in den Jahren, in denen das Stück entstand (1942) und aufgeführt wurde (1944), nicht ohne Beziehung auf die historischen Ereignisse bleiben. Die Deutschen hatten am 10. 5. 1940 ihren Angriff auf Frankreich begonnen, am 14. 6. Paris kampflos besetzt und am 22. 6. im Wald von Compiègne Waffenstillstand geschlossen. Die Franzosen mußten abrüsten, eine französische Regierung durfte im unbesetzten Südfrankreich in Vichy amtieren. Am 10. 7. wurde Marschall Pétain (1856–1951), der schon vorher als stellvertr. Ministerpräsident gegen eine Fortsetzung des Krieges mit Deutschland gestimmt hatte, zum Staatspräsidenten gewählt und mit besonderen Vollmachten ausgestattet. Er war antiparlamentarisch eingestellt und regierte in autoritärem Stil. Es gab eine enge Zusammenarbeit mit den Deutschen (‚collaboration') und sogar ein Treffen Hitler-Pétain am 24. 10. 1940 in Montoire. Für die Franzosen war die Niederlage und Besetzung ein ‚débâcle', an dessen Bewertung sich die Geister schieden. Nach der Landung der Briten und Amerikaner in Marokko und Algerien unter Eisenhower wurde am 11. 11. 1942 auch Südfrankreich von den Deutschen besetzt. Die französische Flotte vernichtete sich am 27. 11. 1942 in Toulon selbst. In diesem ereignisreichen Jahr hatte ein deutscher Offizier, der vermutlich Anouilhs ‚Antigone' für eine langweilige Sophokles-Bearbeitung hielt und sich eine intensivere Lektüre ersparte, dem Stück ein Unbedenklichkeitszeugnis ausgestellt. Es ist die Frage, ob er bei genauerem Lesen die Anspielungen erfaßt hätte, mit denen Anouilh auf den historischen Kontext eingegangen war. Die Franzosen, welche das ‚débâcle' als ein Problem ihres Landes und ihrer Geschichte erlebten, besetzten den Text mit Konnotationen, die Anouilh seinerseits vorsichtig zu provozieren verstand. Wenn Kreon die Weltordnung ein wenig vernünftiger, weniger absurd, gestalten möchte, wenn er seine Volksbeglückungsideologie entwirft, wenn er um Verständnis wirbt, wenn er einräumt, als junger Mensch ein Idealist gewesen, nun aber ein Pragmatiker und Realpolitiker zu sein, so gibt Anouilh mit dieser Figur der ‚Neuen Ordnung', wie sie von Vichy aus als Erziehung zu formalen Tugenden propagiert wird, Ausdruck, zeichnet in ihr

Zwischen Anpassung und Widerstand

Anspielungen des Autors und Konnotationen des Publikums

die Realismus-Ideologie und den Autoritätsglauben des Petain-Regimes nach, spiegelt in Kreons Verhalten gegenüber Antigone die Vorgehensweise des französischen Establishments gegenüber dem aufkommenden Jugendprotest.

Insofern ist das Stück als Zeugnis des abbröckelnden Konsenses über Pétain als Garanten der Ordnung anzusehen. Wenn Kreon zum ‚Ja zum Leben' aufruft, so muß der zeitgenössische Franzose an die in vielen Zeitungen veröffentlichten Aufforderungen denken, zur Neuen Ordnung des besetzten Frankreich ‚Oui' zu sagen. Wenn die Erziehungspersonen und auch die eigene Schwester Antigone darum bitten, doch zu „verstehen", daß Wohlverhalten nötig sei, wird er an Artikel erinnert, in denen über ‚Collaboration' diskutiert wird, von denen einer den Titel trägt: „Français, il faut comprendre" („Franzose, du mußt verstehen"). Für sich genommen, sind diese Anspielungen auf gängige Schlagwörter vielfältig deutbar, erscheinen harmlos, erregen die Aufmerksamkeit des deutschen Zensors nicht. Je nach der politischen Einstellung des französischen Zuschauers können sie jedoch durchaus dazu führen, daß Anouilhs Stück in der einen oder anderen Weise als politisches Signal verstanden wird. Es gibt eine Briefstelle, in der Anouilh selbst erklärt, daß die Frage Kreons an Antigone: „Hast du die Anschläge an allen Mauern der Stadt nicht gelesen?" (35) als Anspielung auf die vielen Bekanntmachungen (Avis) der Besatzungsmacht an den Pariser Mauern über vorgenommene Geiselerschießungen gedacht war.

Ein Schlüsselwort: ‚Du mußt verstehen!'

Vielfältige Interpretierbarkeit

Anouilh, der Dichter dieses Widerstandsstücks, war kein Mitglied der Widerstandsbewegung (‚résistance'), hatte sogar Gegner in ihr. In seinen ‚Erinnerungen' erzählt er von der Uraufführung am 4. 2. 1944 im Théâtre de l'Atelier, welche von der deutschen Zensur beanstandet wurde, wegen des vorliegenden Unbedenklichkeitszeugnisses von 1942 aber straflos durchging. Es wurde im ungeheizten Theater bei Tageslicht gespielt, das durch ein zu diesem Anlaß frisch geputztes Glasdach einfiel. Denn es herrschte Stromsperre. Die Zuschauer waren in Wolldecken gehüllt. Während der Vorstellung und auch eine Weile, nachdem der Vorhang gefallen war, blieb es beängstigend still. Doch plötzlich brach eine nicht endenwollende Ovation aus. Von diesem Tag an wurde die ‚Antigone' Anouilhs meistgespieltes Stück. Es ist eigenartig, wie kontrovers die Öffentlichkeit das Stück beurteilte. Eine Untergrund-Zeitung bezeichnete die ‚Antigone' in Paris als ein schändliches Stück, das jemand von der Waffen-SS geschrieben habe. In Berlin wurden die Behörden darauf aufmerksam gemacht, daß man in Paris ein Stück spiele, das eine demoralisierende Wirkung auf die in dieses Theater strömenden Wehrmachtsangehörigen haben könne. Auch bei

Umstände der Uraufführung

Wiederaufführungen nach der Befreiung der Hauptstadt, als nur die Farbe der Uniformen im vollen Zuschauerraum eine andere war, gab es diese unterschiedliche Reaktion auf das Stück. Entscheidend war es damals, daß der Militärgouverneur von Paris, der französische General Koenig, das Stück „wunderbar" fand (48, 177–182). Die politischen Zwänge der Besatzungszeit, unter denen Anouilhs ‚Antigone' entstanden ist, und die dramatische Kunst, mit der ihr Autor auf diese Bedingungen zu reagieren verstand, haben das Entstehen eines Tendenzstücks verhindert. Vielmehr hat Anouilh seine Themen so behandelt, daß sein Stück von ganz unterschiedlichen Voraussetzungen her erfaßt werden und in vielfältiger Weise gedeutet werden kann.

Unterschiedliche Reaktionen auf das Stück

3. Handlungsstruktur

Dreiteilung des Handlungsablaufs

Durch das Auftreten des Sprechers (als Prologue 7–9; als Chor 28–30; als Mitspieler und Chor ab 53) ergibt sich eine Dreiteilung des Handlungsablaufs. Obwohl Antigones Übertretung des Bestattungsverbots bereits vor ihrem ersten Auftreten erfolgt ist, wird die Zuwiderhandlung zunächst nicht thematisiert. Das geschieht erst am Ende des ersten Handlungsteils, als Kreon Meldung davon bekommt. Bevor Antigone selbst auf den König trifft, tritt sie den vertrauten Personen ihrer nächsten Umgebung entgegen, der Amme, ihrer Schwester Ismene und Hämon, dem Sohn des Königs, ihrem Verlobten. Es sind eigentlich alles Abschiedsszenen vor der großen Auseinandersetzung, die ihr bevorsteht. Daß es Abschiedsszenen sind, weiß jedoch nur Antigone. Ihre Dialogpartner verstehen sie nicht. In den einzelnen Szenen wird das Charakterbild von Antigone entworfen, indem ihr Selbstverständnis mit dem Bild konfrontiert wird, das die anderen von ihr haben. Antigones Zuwiderhandlung erfolgt an einem Wendepunkt ihrer Biographie, an der Schwelle zum Erwachsenwerden, ist also Ausdruck einer Identitätskrise. Ihr Weg vom ungezogenen Kind zur Verlobten, die selbst von einem Kind träumt, spiegelt sich in den Dialogen. Erst die letzte Szene, in welcher der Gegenspieler vorgestellt wird, führt aus dem privaten in den politischen Raum, in den Antigone längst mit ihrer Tat hineingewirkt hat.

Im ersten Drittel nur Abschiedsszenen

Im Mittelpunkt des zweiten, umfangreichsten Handlungsteils steht die Auseinandersetzung zwischen Antigone und Kreon. Sie beruht auf dem Zusammentreffen von Antigones persönlicher Lebenskrise und einer Krise des Staates, die durch Zwist in der Herrscherfamilie entstanden war und die der neue König nun

Die Auseinandersetzung zwischen Kreon und Antigone bildet das Zentrum

dadurch meistern will, daß er eine neue Ordnung durchsetzt. Die politische Situation ist im Grunde für beide, Antigone wie Kreon, nur ein Vorwand, ihre eigenen Zwecke zu verfolgen:

> *Kreon:* Dein Polyneikes, sein Körper, der unter Bewachung verwest ..., ist ja schließlich nur eine politische Angelegenheit... (41)
> *Kreon:* Sie selbst wollte sterben ... Vielleicht wußte sie es selbst nicht ... aber Polyneikes war nur ein Vorwand...
>
> (53)

Zusammenstoß mit der vulgären Welt

Vor der entscheidenden Unterredung jedoch muß Antigone mit der vulgären Welt der Wächter zusammenstoßen, die sie verhaften, und die Szene am eigenen Leibe erfahren, die Ismene ihr, um sie von ihrem Vorhaben abzubringen, so anschaulich geschildert hat (15 f.). Aber die Unterredung bringt eigentlich gar keine Entscheidung. Diese hat Antigone in ihrem Starrsinn längst für sich getroffen. Die Handlung der großen Szene mit Kreon besteht eigentlich nur in dessen vergeblichen Versuchen, Antigone zu retten. Die einzelnen Stufen dieses Unternehmens markieren die Gliederung des Gesprächs, das durch ein kurzes Vorspiel eingeleitet und durch das Erscheinen Ismenes, die sich nun auf die Seite ihrer Schwester stellt, beendet wird.

Kreons vergebliches Bemühen um Antigones Rettung

Am Beginn des Schlußteils tritt der Sprecher in die gespielte Welt ein und fordert Kreon auf, Antigone zu retten, „schnell irgend etwas zu erfinden“ (54). Währenddessen kommt Hämon und bittet den Vater mit denselben Worten wie der Sprecher („Du bist wahnsinnig...“) um Zurücknahme des Todesurteils. Kreon bekennt seine Handlungsunfähigkeit:

Kreons Handlungsunfähigkeit

> Sie selbst wollte sterben. Keiner von uns war stark genug, sie daran zu hindern. Jetzt begreife ich. Antigone war dieser Tod vorbestimmt. Vielleicht wußte sie es selbst nicht ... aber Polyneikes war nur ein Vorwand. Und als sie nicht mehr für ihn sterben konnte, fand sie sofort einen anderen Grund. Ihr war die Hauptsache, daß sie nein sagen und sterben durfte.
>
> (53)

Als der Sprecher einwendet, daß Antigone ja noch ein Kind sei, erwidert Kreon hilflos: „Was soll ich denn für sie tun? Sie zum Leben verurteilen?“ Hämon kann sein Vaterbild in Kreon nicht mehr wiedererkennen und stürzt davon. Wieder fordert der Sprecher, daß Kreon etwas unternehmen soll. Wieder beteuert Kreon, es ginge nicht. Die Wächter erscheinen mit Antigone wieder im Palast, weil dieser von der aufgebrachten Menge bestürmt wird. Dann tritt Ruhe ein. Antigone bleibt mit einem

Hämons Vaterbild zerstört

der Wächter zurück, hört sich sein Gerede über den Dienstbetrieb an und versucht, ihm einen Brief an Hämon zu diktieren. In der Schlußszene wird nacheinander vom Tode Antigones, Hämons und Eurydikes berichtet. Kreon bleibt allein zurück und begibt sich zum Ministerrat. Der Sprecher zeigt in seinem Schlußwort auf die kartenspielenden Wächter als diejenige gesellschaftliche Gruppe, die alles überlebt.

Kreons Einsamkeit

Die Handlungsstruktur ist also dadurch gekennzeichnet, daß alle Szenen um ein großes Zentrum herum angeordnet sind. Die darauf zulaufenden Szenen entfalten das Persönlichkeitsbild Antigones, während die Figur des Kreon in der zentralen Szene im Lauf der Auseinandersetzung mit Antigone Gestalt gewinnt. Die Unvereinbarkeit der Positionen, aber auch der Charaktere der beiden Gegenspieler wird in dieser Auseinandersetzung deutlich. Die fallende Handlung besteht in der Darstellung der Folgen, welche diese Unvereinbarkeit für alle Personen der Handlung mit sich bringt.

Anordnung um ein Zentrum

1. Erster Handlungsteil: Antigones Person und Werdegang:

1.1 Die Amme empfängt Antigone frühmorgens mit Vorwürfen (10–13).
1.2 Ismene versucht, ihre Schwester Antigone von ihrem Weg abzubringen (13–17).
1.3 Antigone vertraut der Amme ihren Hund an (18–20).
1.4 Antigone schickt ihren Verlobten Hämon weg (20–24).
1.5 Antigone erklärt Ismene, daß es schon zu spät sei, sie habe es bereits gemacht (24).
1.6 Kreon erhält Meldung, daß ein Kind den Toten mit Erde bedeckt habe (24–28).

2. Zweiter Handlungsteil: Antigone ertrotzt von Kreon ihre Hinrichtung:

2.1 Die Wächter bringen Antigone herbei (30–32).
2.2 Kreon nimmt ihre Meldung entgegen und hört Antigones Geständnis an (32–34).
2.3 Unterredung zwischen Antigone und Kreon (34–53).
Vorspiel: Antigone versichert, daß sie es noch einmal tun würde (34 f.).
1. Phase: Kreon fragt nach Antigones Motiv, das auf mythologischer Ebene erörtert wird (35–37).
2. Phase: Nun geht es um die persönlichen Motive der beiden. Kreon erklärt, warum er sie retten will, während Antigone ihm erklärt, daß er dazu nicht in der Lage sei, wenn sie nicht wolle (37–43).
3. Phase: Kreon bittet Antigone um ihre Mitarbeit bei seinem politischen Programm („Doch ich werde euer Glück schaffen, trotz eures Hasses ...“: 44) (43–44).
4. Phase: Kreon macht Antigone klar, wer ihre Brüder waren und daß es sich nicht lohne, dafür das Leben zu riskieren (45–48).
5. Phase: Antigone setzt nun ihr Programm dagegen („Ich will alles, sofort und vollkommen“: 51) und lehnt Kreons Ideal eines glücklichen Lebens ab (48–52).
Nachspiel: Ismene erscheint und verspricht Antigone, am nächsten Tag selbst zur Leiche zu gehen. Antigone wird abgeführt (52/53).

3. Dritter Handlungsteil: Die Katastrophe:
3.1 Der Sprecher und Hämon versuchen Kreon zu einer Revision seiner Entscheidung zu bewegen (53–56).
3.2 Die Wächter kommen mit Antigone zurück, weil der Palast bestürmt wird (56).
3.3 Antigone bleibt mit dem Wächter in der Todeszelle zurück (59–61).
3.4 Sprecher und Bote melden Kreon den Tod seiner Angehörigen. Kreon geht mit dem Pagen zum Ministerrat (61–63).
3.5 Schlußwort des Sprechers in Anwesenheit der Wächter (63/64).

4. Personenkonstellation

Antigones Außenseitertum

Schon in den Worten des Sprechers im Prolog wird Antigone als Außenseiterin, als Fremde, als widerspenstig und verschlossen charakterisiert. Alle Szenen des ersten Handlungsteils – abgesehen von der ersten Wächterszene – dienen der Entfaltung dieses Persönlichkeitsbildes auf dem Hintergrund der Andersartigkeit der Rollenpartner. In den Dialogen mit der erziehungsbeflissenen Amme wird ihr Außenseitertum unterstrichen („Aber du mußt ja immer etwas Besonderes haben“: 11), ihre Widerspenstigkeit betont („Trotz deines schlechten Charakters habe ich dich der anderen vorgezogen“: 12; so auch Kreon später: „Aber trotz deines schlechten Charakters habe ich dich sehr gern“: 37). Ismene, die ‚andere‘, ist als Ältere auch „die Vernünftigere“ von den beiden, ist „abwägender und überlegter“ (14) und bildet so einen Kontrast zu Antigone. Schließlich ist auch Hämon mit seiner „Angst“ vor allem, was ihn von den gewöhnlichen Leuten „unterscheidet“ (21) eine Gegenfigur zu seiner Verlobten, welche die von den Erziehungspersonen geforderte Anpassung verweigert:

Antigones Attraktivität

> Verstehen! Immer verstehen. Ich will nicht verstehen. Vielleicht später, wenn ich alt bin – (ruhig) wenn ich alt werde. Jetzt nicht.
>
> (15)

Erst nachdem sie so als ein Wesen vorgestellt worden ist, das die Integration in die gesellschaftlichen Verhältnisse ablehnt, wird Kreon als Gegenfigur eingeführt, in der diese gesellschaftlichen Verhältnisse repräsentiert werden. Er ist kein Tyrann, persönlich kein Bösewicht und politisch kein Gewaltherrscher, sondern ein Realpolitiker mit künstlerischen und literarischen Neigungen (8 u. 55), der am „Glück“ seiner Untertanen „arbeiten“ will (44). Zur Wiederherstellung der Ordnung nach dem tödlichen Zwist in der Herrscherfamilie plant er eine Erneuerung des Staates.

Kreon als Gegenfigur

Problematischer Ordnungsbegriff

Dazu sind seine erzieherischen Maßnahmen gedacht. So will er mit dem Bestattungsverbot die Probe aufs Exempel machen, ob die in ihm verkörperte staatliche Autorität noch funktioniert (47 f.).

In der großen Zentralszene zwischen Kreon und Antigone erfolgt die Charakterisierung der Gegenfigur. Kreon wird in seinem Bedürfnis, Antigone zu retten (39), in seinem Bemühen, sie „vom Sterben abzuhalten" (40), durch den Widerstand seiner Nichte („Du kannst mich nicht retten": 39) dazu gebracht, seine Gedanken und Motive, seinen Zynismus und seine Schwäche immer mehr offenzulegen. Obwohl sie ihre Beweggründe nicht nennen kann, bleibt sie bei ihrem Nein:

Die Entlarvung im Gespräch

> *Kreon:* Warum willst du es dann trotzdem tun? Für die anderen, die daran glauben? Um sie gegen mich aufzubringen?
> *Antigone:* Nein.
> *Kreon:* Also weder für die anderen noch für deinen Bruder? Für wenn denn dann?
> *Antigone:* Für niemand. Für mich.
>
> (38)

Offenbar will sie gegen Kreon recht behalten, ihn seine Schwäche erfahren lassen. Sie erpreßt ihn mit seinem Bestattungsverbot, um den Sieg in der Auseinandersetzung davonzutragen, um den Preis ihres Lebens. Mit der Erzählung vom Tod ihrer Brüder setzt Kreon ihr dann so zu, daß sie nachdenklich wird und sich („wie schlafend": 48) erhebt, um auf ihr Zimmer zu gehen. Da glaubt Kreon, er habe gesiegt:

Antigone erpreßt Kreon

> Dein ganzes Leben liegt noch vor dir. Glaub mir, unsere Auseinandersetzung war sehr müßig. So viel Schönes wartet auf dich.
>
> (49)

Retardierendes Moment

Doch er freut sich zu früh. Antigone schleudert ihm ihre Verachtung entgegen:

> Sie sind zäh, deine niedrigen Hoffnungen, aber sie werden dir doch nichts nützen.
>
> (51)

Kreon bekommt Angst („Das Vorzimmer ist voller Leute – sie hören dich doch!": 52). Er ist zum Handeln gezwungen, wie Antigone es ihm vorausgesagt hatte: „Mich töten lassen ist das einzige, was du kannst" (40). Als nun noch Ismene erscheint, die jetzt die Funktion hat, die Seite des Widerstands zu stärken, ist Kreon am Ende und ruft nach der Wache (52/3).

Kreons Zwangslage

Die Katastrophe beginnt damit, daß nun auch Hämon, sein Sohn, sich vom Vater distanziert, weil er seinen Vater nicht wiederzuerkennen vermag:

> Das alles soll keinen anderen Sinn gehabt haben, als daß man sich eines Tages mit dem Erwachsensein abfinden und sich glücklich schätzen muß, wenn man überhaupt leben darf?
>
> (55)

Jugend contra Alter

Auch in der fallenden Handlung finden wir also – wie in den einleitenden Szenen – die jungen Leute beisammen auf einer Seite, während Kreon als Repräsentant der Erwachsenenwelt ihnen allein gegenübersteht.

Fortschritt und Verweigerung

Im geschichtlichen Zusammenhang gesehen, repräsentiert Kreon die Gesellschaft mit ihrer Fortschrittsideologie (er will ja „die Weltordnung etwas weniger absurd machen": 36), während Antigone in die Reihe der Verweigerer gehört, die seit der ‚Entdeckung des Kindes' (Philippe Ariès) im 18. Jahrhundert immer wieder zu dieser Gesellschaft und ihrer Kultur NEIN gesagt haben. Sie stammen, geistesgeschichtlich gesehen, alle von Jean Jacques Rousseau (1712–1778) ab, dessen Erziehungsroman ‚Emile' (1762) mit dem Satz beginnt: „Alles ist gut, wie es aus den Händen des Schöpfers der Dinge hervorgeht; alles entartet unter den Händen des Menschen."

Tradition der Verweigerung

Schon 1750 hatte Rousseau in einer Preisschrift die Frage, ob Kunst und Wissenschaft, Technik und Zivilisation „zur Veredlung der Sitten beigetragen" hätten (si le rétablissement des sciences et des arts a contribué à épurer les mœurs), mit NEIN beantwortet. Seither wird dieses NEIN ständig wiederholt: romantisch zu Anfang (z. B. Novalis) und lebensphilosophisch am Ende des 19. Jahrhunderts (z. B. Nietzsche), durch die Jugendkultur am Beginn, die Hippie-Bewegung um die Mitte und die Grünen gegen Ende des 20. Jahrhunderts:

> Erwachsenwerden ist Sündenfall. Ihm entgehen – scheint es – nur die, die das Erwachsenwerden verweigern. Das sind – meinen einige – die Künstler; es sind – meinen andere – die Randgruppen und Aussteiger...; es sind – so wollen es die modernen Jugendbewegungen – vor allem die Kinder, die Jugendlichen selbst. Nicht zufällig tragen sie heute Savage-Look, die Uniform des guten Wilden; was da bärtig und zottig einhertrottet, sind keine ungepflegten Menschen, sondern gepflegte Zitate: Rousseau-Zitate.
> (...)
> Aus der modernen Überaufwertung des Kindseins und Jungseins – ermuntert durch die Deutung des Fortschritts als Verfall – folgt schließlich, daß – unter Beifall der Erwachsenen – die Jugend

> den Aufstand probt: als Widerstandsbewegung gegen das Erwachsenwerden. All das kennzeichnet heute weithin unsere Lage.
>
> (59,80 f.)

Übertragung des Problems auf die Antigone-Figur

Dadurch, daß Anouilh die Figuren des Stücks in einfache moderne Kleidung steckt, sie in moderner Umgangssprache (langage familier) reden läßt und die Handlung in das Innere einer modernen Familie verlegt, deren Angehörige die Rollen des antiken Dramas spielen, wird der Antigone-Stoff zum Träger dieser modernen Problematik, mit der die Generationen untereinander zu tun haben. Der Familie mit ihren im Charakter so unterschiedlichen Angehörigen steht in den Wächtern die Gesellschaft als Kollektiv gegenüber, in dem keine Differenzierung nach individueller Eigenart vorgenommen wird, obwohl sie Individualnamen tragen: Wachmann Jonas (Jonas), Wachmann Bauch (Durand) und Oberwachmann Schattenfraß (Boudousse) (25). Ihre Welt repräsentiert gleichsam die historische Kontinuität. Sie werden durch ihre banalen Interessen charakterisiert, Laufbahnprobleme (25 ff.; 57 ff.), Vergnügungen (31 f.), Kartenspielen (64). Nur sie „haben es gut überstanden. Ihnen ist alles gleich, denn es geht sie nichts an“ (64).

Das Wächter-Kollektiv

5. Zur Rolle des Chors

Der Sprecher als allwissender Erzähler

Mit seinen ersten beiden Monologen steht der Sprecher (Le prologue: 7–9; Le chœur: 28/29) außerhalb der gespielten Welt und entspricht mit seinen Informationen über die Vorgeschichte sowie die Figuren der Handlung und ihre Beziehungen, aber auch mit den Reflexionen über den Unterschied zwischen einer Tragödie und einem Drama dem allwissenden Erzähler in einem Roman. Er bildet also im Unterschied zum antiken Chor (dessen Namen er übernimmt) ein episches, kein lyrisches Element. Doch tritt er auch in die Handlung ein und wird selber zur mitspielenden Person. Als er sich im Schlußteil noch um die Rettung Antigones bemüht (55/56), also nicht zu den Zuschauern, sondern einer Figur des Spiels spricht, kommt er mit seiner epischen Funktion in Konflikt. Denn dort hatte er ja gesagt:

Der Sprecher als Mitspieler

> „Bei der Tragödie ist das vollkommen anders. Sie ist etwas für Könige. Und alle Versuche, jemand zu retten, bleiben vergeblich.“
>
> (29)

Als Bote fungiert der Sprecher, als er nach dem Botenbericht über Hämons Tod die Aufgabe übernimmt, Kreon den Tod seiner Frau Eurydike zu melden (62).

Gebrauch von Theatermetaphern

Wenn der Sprecher den Zuschauer auf die Tragödie einstimmt, in der es nicht – wie beim Drama – für das Schicksal der Figuren noch etwas zu hoffen gibt, sondern der tragische Ausgang bereits festliegt (28/29), dann tut er es mit Hilfe von Theatermetaphern:

> Bei der Tragödie kann man beruhigt sein. Da gibt es keinen Ausweg. Außerdem befindet man sich in bester Gesellschaft, denn im Grunde sind alle gleich unschuldig. Wenn da einer jemanden umbringt und ein anderer umgebracht wird, dann ist das lediglich eine Frage der Rollenverteilung.
>
> (29)

Im Prolog heißt es schon:

> Man kann ihr nicht helfen. Sie heißt Antigone und muß ihre Rolle durchhalten bis zum Ende.
>
> (7)

Und über Hämon weiß der Prolog folgendes zu sagen:

> Er weiß ja nicht, daß es nie einen Gemahl Antigones geben kann auf dieser Welt und daß sein fürstlicher Stand ihm nur das Sterben erlaubt.
>
> (8)

Die Figuren sprechen auch von sich selbst in Theatermetaphern. So sagt Antigone zu Ismene:

> Jeder tut, was er muß. Er muß uns töten lassen, und wir müssen unseren Bruder bestatten. So sind die Rollen verteilt. Was sollen wir sonst tun?
>
> (14)

Und genauso, wie der Sprecher am Ende feststellt: „So – Antigone hat es überstanden" (61), beendet Antigone selbst die Szene mit ihrem Verlobten mit den Worten: „So, Hämon hat es hinter sich" (24).
Kreon beklagt sich gegenüber Antigone: „Ich bin in die böse Rolle gedrängt, während du die gute spielst" (40). Gelegentlich gibt es eine Interferenz zwischen Fiktion und Wirklichkeit. So wendet sich der Sprecher, als Antigone von den Wächtern vorgeführt wird, mit den Worten an die Zuschauer:

> Sehen Sie, schon geht es an. Nun haben sie die kleine Antigone erwischt. Zum erstenmal in ihrem Leben wird sie ganz sie selbst sein können.
>
> (30)

Und als Kreon sie fragt: „Was spielst du nur?“, erwidert Antigone: „Ich spiele nicht.“ (37)

Die Theatermetaphern als Signal an die Zuschauer

Die Figuren selbst gebrauchen die Theatermetaphern wie andere auch, weil sie zur Umgangssprache gehören. Aber für die Zuschauer stellen sie ein besonderes Signal dar. Alle anderen Metaphern, die auf der Bühne gebraucht werden, stören die Illusion, d. h. die naive Teilnahme am dargestellten Geschehen, nicht. Die Theatermetaphern erinnern dagegen den Zuschauer daran, daß die gespielte Welt eben nur eine Fiktion ist, d. h. es sind ironische Metaphern, die vom Autor direkt an den Zuschauer gerichtet sind, also an den Figuren vorbei. Der Sprecher versieht den Zuschauer auf diese Weise mit einem Wissen, das er den Figuren voraushat. Dieser bemerkt auch, daß die Figuren im Unterschied zum Sprecher die Theatermetaphern sozusagen ahnungslos im Munde führen. Die Ironie des Schicksals liegt nämlich darin, daß die tragische Figur sich des Spiels nicht bewußt ist, das mit ihr getrieben wird. In der antiken Tragödie wurde diese tragische Ironie, das Vorauswissen des Zuschauers vor den Figuren, durch den Orakelspruch bewerkstelligt, dessen Erfüllung nach allgemeiner Auffassung nicht verhindert werden konnte. Doch wäre eine solche Lösung des Ironieproblems in unserem Jahrhundert unglaubwürdig. Deshalb ersetzt Anouilh den Orakelspruch der griechischen Schicksalsironie dadurch, daß er die Figuren auf der Bühne in Theatermetaphern reden läßt. Damit tritt der Zuschauer sozusagen an die Stelle des griechischen Schicksals. Der tragischen Ironie der griechischen Schicksalsvorstellung entspricht nunmehr die Ironie des Zuschauers, d. h. das Bewußtsein von der Fiktivität der dargestellten Figuren und Ereignisse anstelle der affektiven Einfühlung, wie sie die antike Lehre von Jammer und Schauder als Wirkung der Tragödie vorausgesetzt hatte (s. o. 36 ff.). Der moderne Zuschauer Anouilhs weiß genau, daß „alle Versuche, jemand zu retten“, deshalb „vergeblich“ bleiben (29), weil es der Handlungsentwurf des Autors für sein Stück so vorsieht.

Tragische Ironie antik und modern

6. Zu Sprache und Stil

Figurencharakterisierung durch Sprache

Die Figuren werden durch ihre Sprache charakterisiert. Die Amme etwa spricht genauso, wie man das von einer Erzieherin bescheidener Herkunft erwartet, die in einem hochherrschaftlichen Hause dient und sich mit ihrer Aufgabe identifiziert:

> Das ist ja reizend! Eine feine Geschichte! Du, eine Königstochter! Da gibt man sich die größte Mühe, die Kinder ordentlich zu erziehen ...
>
> (11)

Bei den Wachleuten zeigt diese Charakterisierung karikaturhafte Züge. Bei ihrem großen sozialen Abstand zur Oberschicht spielen kleinste Rangunterschiede zwischen den Angehörigen der eigenen Gruppe eine unverhältnismäßige Rolle:

> *Antigone*: Muß man denn Unteroffizier gewesen sein, um Wachmann zu werden?
> *Wächter*: Im Prinzip ja. Unteroffizier – oder wenigstens muß man einen Sonderlehrgang mitmachen. Aber als Wachmann verliert der Unteroffizier seinen früheren Dienstgrad. Zum Beispiel, ich begegne einem Rekruten der Armee, so muß er mich nicht grüßen.
> *Antigone*: So?
> *Wächter*: Ja. Aber wissen Sie, im allgemeinen tut er es doch. Denn der Rekrut weiß genau, daß der Wachmann früher ein Dienstgrad war...
>
> (57)

Antigones Sprache

Antigones maßlose Erwartung dem Leben gegenüber zeigt sich in ihren schlagwortähnlichen Formulierungen, die den Sprüchen gleichen, wie sie von manchen protestierenden Jugendlichen an die Wand gesprüht werden:

> Ich, ich will alles, sofort und vollkommen – oder ich will nichts. Ich kann nicht bescheiden sein und mich mit einem kleinen Stückchen begnügen, das man mir gibt, weil ich so brav war...
>
> (51)

Ganz anders klingt ihre Sprache, wenn sie die kleine, magere, schutzsuchende Antigone ist, die sich „noch ein wenig zu klein für alles“ vorkommt:

> Du bist ja bei mir. Ich halte deine rissige, welke Hand, die mir schon so oft geholfen hat. Vielleicht tut sie es auch dieses Mal, Amme, du vermagst ja so viel.
>
> (18)

Noch stärker als bei Antigone wird die Sprache je nach Redeabsicht und Situation bei Kreon variiert. So spricht er etwa mit Antigone aus der Position des Erwachsenen gegenüber einem Kind folgendermaßen:

Unterschiedliche Sprechweise Kreons

> Dich töten lassen! Sieh dich doch erst einmal an, du Spatz. Mein Gott, wie bist du mager! Du mußt etwas dicker werden, damit du Hämon einen kräftigen Jungen geben kannst...
>
> (37)

Ganz anders spricht Kreon in demselben Dialog, wenn er in die Rolle des Politikers schlüpft:

> Und nachdem ich nun einmal König bin, habe ich mich entschlossen, allerdings mit etwas weniger Ehrgeiz als dein Vater, die Weltordnung hier etwas vernünftiger zu gestalten – soweit das möglich ist...
>
> (36)

Wieder anders klingen seine Worte, wenn Kreon versucht, seine Nichte Antigone zum Nachdenken und zur Revision ihres Entschlusses zu bringen:

> Ich weiß, meine Rolle ist nicht sehr edel – aber sie ist eben meine Rolle, und ich werde dich also töten lassen. Nur möchte ich, daß du vorher auch deiner Rolle sicher bist. Weißt du, warum du sterben wirst?
>
> (45)

Bei seinen Versuchen, irgendwie an Antigone heranzukommen und sie umzustimmen, bekommt seine Rede zuweilen eine anbiedernde Note:

Anbiederung

> Ich verstehe dich; mit zwanzig Jahren hätte ich genauso gehandelt wie du. Deswegen hörte ich dich auch so ruhig an. Als du sprachst, sah ich den jungen Kreon vor mir, mager und blaß wie du, der auch immer nur sein Bestes verschleudern wollte...
>
> (49)

Hier übernimmt Kreon Elemente der Charakterisierung Antigones, um eine Ebene der Verständigung mit ihr zu finden („ich bin doch so mager...“: 22).
Solche charakterisierenden Ausdrücke ziehen sich durch das ganze Stück, bilden als ‚Längsachsen‘ ein wichtiges Strukturelement. Antigone gilt als „überspannt“ (10), man traut ihr auch alles Mögliche und Unmögliche zu („Du bist wahnsinnig, Anti-

Leitlinien: Funktion der Wiederholungen

gone": 14, 17), reagiert entsprechend auf sie („Heute morgen bist du ja ganz übergeschnappt": 20). Ihr Verhalten wird als „verrückt" bezeichnet (21; 23; 31; 38). Auch einzelne Szenen können durch Wiederholung solcher charakterisierender Ausdrücke gekennzeichnet sein, so etwa die Abschiedsszene zwischen Antigone und Hämon durch dessen stereotype Anrede: „Meine kleine Närrin" (20–24), welche das Verhältnis zwischen der eigensinnigen Antigone und dem unselbständigen Hämon im Grunde auf den Kopf stellt. Von anderen Schlüsselmotiven, die sich durch das ganze Stücke ziehen, war bereits die Rede. Dazu gehört die Forderung, daß man „verstehen" müsse, die Ausdrücke, mit denen Kindsein und Kindheitserinnerungen beschworen werden, die Theatermetaphern („Rolle", „spielen"), die wiederholte Rede vom „Glück" u. v. a.

Schlüsselwörter

Stichomythie im Streit

Auch Anouilh benutzt den schnellen Wortwechsel der Figuren (Stichomythie), um Höhepunkte der Spannung zu erzeugen, z. B. am Ende der großen Auseinandersetzung zwischen Kreon und Antigone:

> *Kreon*: (verdreht ihr den Arm) Ich befehle dir zu schweigen, verstehst du?
> *Antigone*: Du befiehlst mir, Koch? Glaubst du wirklich, du könntest mir etwas befehlen?
> *Kreon*: Das Vorzimmer ist voller Leute – sie hören dich doch!
> *Antigone*: Mach die Türen auf – die Türen auf – sie sollen mich hören!
> *Kreon*: (versucht, ihr den Mund zuzuhalten) Willst du jetzt endlich still sein, um Himmels willen?
> *Antigone*: (wehrt sich) Schnell, komm schnell! Rufe deine Wächter!
>
> (52)

Stichomythie im Intimgespräch

Eine ganz andere Funktion hat das Wechselgespräch in kurzen Ausdrücken, wenn dadurch intimes Zusammensein veranschaulicht werden soll wie in der Abschiedsszene zwischen Antigone und Hämon:

> *Hämon*: Und wenn ich jetzt verschlafen hätte?
> *Antigone*: (leise) Das wäre furchtbar gewesen.
> *Hämon*: (sie im Arm haltend) Gefällt es dir so?
> *Antigone*: Ja. Eine Minute noch so.
> *Hämon*: Nur eine Minute?
> *Antigone*: Ja – aber weißt du, eine Minute ist lang. Wenn man die Augen schließt, kann sie ein ganzes Leben dauern.
>
> (21)

Hier kann der Dialog bisweilen für einen Augenblick einen lyrischen Ton annehmen.

7. Interpretationsansätze

Antigone: keine Heldin des Widerstands

Bei dem Versuch, das Stück politisch zu verstehen und als Widerstandsdrama zu deuten, ergeben sich gewisse Schwierigkeiten: Antigone kann für ihre Zuwiderhandlung – im Gegensatz zu dem, was man von einer Heldin des Widerstandes erwarten würde – keine Gründe angeben. Auf die Frage Kreons, für wen sie es getan habe, erwidert sie: „Für niemand. Für mich." (38) Das Bestattungsverbot des Königs war nur ein Anlaß, kein Motiv. In der großen Auseinandersetzung der beiden Gegenspieler wird nicht nur Kreon gezwungen, immer mehr von sich preiszugeben und seine zynische Auffassung von der Politik offenzulegen, sondern auch Antigone mit der Tatsache konfrontiert, daß ihr Handeln nicht vernünftig begründbar ist. Am Ende fühlt sich zwar Antigone als Siegerin („... bin ich doch Königin": 43), doch Kreon verläßt die Bühne, ohne daß jemand sein Verhalten kritisiert oder verurteilt. Die Heldin des Aufbegehrens geht unter und wird durch den Helden des Akzeptierens abgelöst, der die Politik als zynisches Geschäft der Könige mit dem glücklichen Privatleben der Bürger rechtfertigt, das dadurch ermöglicht werde und in das der Zuschauer in den Wächterszenen Einblick erhält.

Faszination durch Antigone

Der politischen und persönlichen Motivation Kreons hat Antigone nur ihr unbegründetes und unbedingtes Nein entgegenzusetzen, das die Zuschauer gleichwohl mehr fasziniert. Auch die Figuren des Stücks erliegen ja dieser Faszination, sonst würde sich Kreon ihr gegenüber, obwohl sie sich gar nicht auf seine Argumente einläßt, nicht unablässig rechtfertigen, Ismene sich nicht von ihr überzeugen lassen, Hämon nicht ihr Nein zum Erwachsenenleben übernehmen. „Antigone ist sympathisch, aber sie hat keine Gründe. Kreon ist zynisch in seinen Mitteln, aber er hat recht" (M. Flügge).

Zeitgeschichtliche Bezüge

Im historischen Zusammenhang zeigt sich nun, daß Kreons politische Überlegungen, seine Redensarten und Bilder (Staatsschiff), sein Neuordnungsprogramm mit dem Gedankengut der Vichy-Zeit zusammenhängen. Antigones Verweigerungshaltung aber spiegelt den Jugendprotest der Vorkriegszeit, den das Vichy-Regime durch eine ‚Wende' überwinden wollte. Anouilh löste nun diese doppelte Problematik aus dem konkreten geschichtlichen Zusammenhang und machte sie übertragbar dadurch, daß er Kreon offen den Zynismus seiner politischen Methoden eingestehen läßt und daß er seine Widersacherin sympathisch macht. So erschöpft sich das Stück nicht in seinem zeitgeschichtlichen Bezug und auch nicht in seiner textinternen Thematik.

Offenheit des Stücks

Dieser Umstand der Offenheit des Stücks über seinen unmittelbaren literarischen und zeithistorischen Rahmen hinaus hat mannigfache Deutungen von der Art hervorgerufen, bei der die Auseinandersetzung zwischen Kreon und Antigone als Zusammenstoß zweier Prinzipien verstanden wird, welche sich nicht miteinander vereinbaren lassen. So meinen manche, daß Antigone bestimmte moralische zeitlose Werte vertrete, während Kreon für die Zwecksetzungen des gegenwärtigen Staates eintrete. Auch meint man, daß Antigone für die Freiheiten und Rechte des Individuums gegen die Zwänge der Allgemeinheit bzw. des Staates kämpfe. Eine Variante wäre die Deutung als Kampf des einzelnen gegen die Zwänge der Masse. Überwiegend wird jedoch der Konflikt im Hinblick auf Grundhaltungen des menschlichen Daseins gedeutet, etwa als Gegensatz zwischen Idealismus und Realismus, kompromißloser Reinheit der Ziele und Bereitschaft zu Kompromissen, Selbstverwirklichung auch im Unglück und Beschränkung auf das erreichbare Glück, Eigentlichkeit der Existenz und Verfallenheit an das ‚Man' usw. Etwas konkreter ist die Deutung als Generationskonflikt oder als Zusammenstoß zwischen den Perspektiven des Kindesalters und des Erwachsenseins.

Vielfache Interpretierbarkeit

Die Vielfalt der Deutungen bestätigt Anouilhs Leistung, ein Drama geschrieben zu haben, das eine Herausforderung für den Interpreten geblieben ist.

Deutung als Rollenspiel

Eine neuere Interpretation, die von den poetologischen Kommentaren des Sprechers ausgeht, versteht das Stück als ein theatergemäßes und nach eigenen Spielregeln ablaufendes Rollenspiel. Dafür gibt es eine Entsprechung in der soziologischen Erkenntnis, daß das Zusammensein der Menschen je nach der Situation, der Stellung der Beteiligten und der Art der zwischen ihnen bestehenden Beziehungen die Form bestimmter Rollenspiele annimmt. Eine besonders häufige und grundlegende Art von Rollenspiel ist der Kampf zwischen Angehörigen verschiedener Generationen, vor allem zwischen erziehenden Erwachsenen und Kindern. Merkmale dieses Kampfes sind besonders die folgenden:

Kampf zwischen Erwachsenen und Kindern

> Der Erwachsene will seine Autorität gegenüber dem Kind geltend machen, etwa indem er etwas anordnet. Er verläßt sich dabei auf seine angenommene geistige und körperliche Überlegenheit. Das Kind widersetzt sich jedoch, zunächst aus mehr oder weniger beliebigen Gründen: weil ihm die Anordnung nicht einleuchtet oder weil sie ihm unbequem ist oder allgemeiner um der betonten Selbstfindung willen (von den Erwachsenen ‚Trotz' genannt) usw. Allmählich steigert es dabei seine Abwehr und legt seinen anfänglichen Motiven zunehmend größeres,

> schließlich übertriebenes Gewicht bei. Es läßt sich dabei durch die beanspruchte Überlegenheit des Erwachsenen nicht beeindrucken. Den vielleicht vorgebrachten Vernunftargumenten ist es nicht zugänglich. Und körperliche Gewaltmaßnahmen erträgt es in ganz ungewöhnlichem Ausmaß, ja sie verstärken nur seine Abwehr und Kontrahaltung. Zugleich setzt es seine eigenen Waffen ein, von aufreizendem passiven Widerstand bis zu intensivem Geschrei. Beiden Seiten und gerade dem Erwachsenen geht es dann bald kaum noch um das ursprüngliche Anliegen, sondern vor allem darum, der Stärkere zu bleiben und sich durchzusetzen. Speziell der Erwachsene kämpft nun schon grundsätzlich um seine Autorität. Und so zwingt das Kind ihn mehr und mehr zu Reaktionen (!), die er an sich gar nicht will, wie z. B. unbeherrschten Zornausbrüchen und unangemessener Gewalt. Damit aber hat er seine mögliche Überlegenheit verloren; sein Verhalten zeigt eher Ratlosigkeit und Unfähigkeit. Das Kind ist der eigentliche Sieger.
>
> (51, 176)

Ansatz zur Strukturanalyse

Dieser Ansatz ist geeignet, die Handlungsstruktur der großen Auseinandersetzung zwischen Antigone und Kreon im einzelnen zu analysieren und nicht zu schnell in einseitige und abstrakte Konzepte auszuweichen. Natürlich darf man dabei nicht vergessen, daß Kreon nicht allein seine Überlegenheit gegenüber Antigone zu behaupten hat, sondern unter erheblichen politischen Handlungszwängen steht. Aber für die Erkenntnis des Ablaufs der Unterredung und der Abfolge ihrer Phasen ist dieser Ansatz ergiebig. Natürlich ist auch zu berücksichtigen, daß der Konflikt zwischen den beiden Hauptfiguren nicht nur dem Rollenspiel zwischen dem aufsässigen Kind und dem erziehenden Erwachsenen entspricht, sondern das Lieblingsthema Anouilhs, den Jugendprotest, wiederholt und variiert. Man könnte deshalb an ein anderes, allerdings weniger erforschtes, Rollenspiel denken, in dem „eine ungeplante, aber in vitalen Bedürfnissen verwurzelte Ausbruchsreaktion der Jugendlichen gegen die manipulierten Befriedigungen des modernen Lebens und gegen den ungreifbaren Konformitätsdruck der modernen Gesellschaft" die Erwachsenen verunsichert. (60, 491)

Orientierungslose Jugendliche und manipulierende Erwachsene

Schließlich ist ein Interpretationsansatz hervorzuheben, der Anouilh in Zusammenhang mit der zeitgenössischen Philosophie des französischen Existentialismus bringt. Hier wird Kreon mit dem Prototyp des ‚absurden Menschen' verglichen, den Albert Camus (1913–1960) in seinem Buch ‚Der Mythos von Sisyphos. Ein Versuch über das Absurde' beschreibt. Es ist der moderne, von Gott verlassene und auf sich selbst zurückgeworfene Mensch, der ein klares Bewußtsein von der Absurdität der Welt hat und durch sein Handeln, das an keinen moralischen

Der ‚absurde Mensch' bei Albert Camus

Absurdität und Glück

Prinzipien mehr ausgerichtet ist, für sich und andere Glück schaffen möchte, damit man das Leben angesichts der Absurdität aushalten kann. Der Zusammenhang zwischen Anouilh und Camus (sein Buch entstand im gleichen Jahr wie die ‚Antigone') wird durch die Verbindung erwiesen, in der die beiden Begriffe des Absurden und des Glücks sowohl bei Anouilh wie bei Camus als Schlüsselbegriffe auftreten:

> Man entdeckt das Absurde nicht, ohne in Versuchung zu geraten, irgendein Handbuch des Glücks zu schreiben. ‚Was! Auf so schmalen Wegen...?' Es gibt aber nur eine Welt. Glück und Absurdität entstammen ein und derselben Erde. Sie sind untrennbar miteinander verbunden. Irrtum wäre es, wollte man behaupten, daß das Glück zwangsläufig der Entdeckung des Absurden entspringe. Wohl kommt es vor, daß das Gefühl des Absurden dem Glück entspringt. ‚Ich finde, daß alles gut ist', sagt Ödipus, und dieses Wort ist heilig. Es wird in dem grausamen und begrenzten Universum des Menschen laut. Es lehrt, daß noch nicht alles erschöpft ist, daß noch nicht alles ausgeschöpft wurde. Es vertreibt aus dieser Welt einen Gott, der mit dem Unbehagen und mit der Vorliebe für nutzlose Schmerzen in sie eingedrungen war. Es macht aus dem Schicksal eine menschliche Angelegenheit, die unter Menschen geregelt werden muß.
>
> (49, 100)

Kreon und Sisyphos

Indem Kreon zur Absurdität des Daseins JA sagt, sagt er auch zum Glück JA, ebenso wie Camus' Sisyphos in dem Augenblick, als er seine Bestrafung (er muß einen Stein den Berg hinauf rollen, der immer wieder hinabfällt) als absurd erkennt, ein – ganz unsentimentales – Glücksgefühl verspürt, das ihn vor Verzweiflung und Selbstmord bewahrt. Mit dem Hinweis auf dieses Glück, das nur aus einem übriggebliebenen Rest von Leben besteht, kann Kreon nicht die leidenschaftliche Frage Antigones nach dem Sinn des Lebens beantworten:

Antigones Ablehnung des ‚absurden Menschen'

> Du wirst auch noch einsehen – hoffentlich nicht zu spät –, daß das Leben oft nur ein Buch ist, das man gerne liest, ein Kind, das zu deinen Füßen spielt, ein Gegenstand, der sicher in der Hand ruht, oder ein verlöschender Abend, wenn du vor dem Haus sitzt.
>
> (49)

Antigone weigert sich, eine solche Lebensphilosophie zu akzeptieren:

> Ich kann nicht bescheiden sein und mich mit einem kleinen Stückchen begnügen, das man mir gibt, weil ich so brav war. Ich will die Gewißheit haben, daß es so schön wird, wie meine Kindheit war – oder ich will lieber sterben.
>
> (51)

Mit der Ablehnung des von Kreon angepriesenen kleinen Glücks wehrt sich Antigone auch gegen die damit verbundene Erkenntnis des Absurden. Deshalb wählt sie den Tod.

8. Vergleich mit der ‚Antigone' des Sophokles

Lockere Szenenfolge

Verglichen mit der strengen Struktur der griechischen Tragödie mit ihrem regelmäßigen Wechsel von Chorlied und dramatischem Dialog, zeigt das Drama des modernen Dichters eine lockere Szenenfolge nach Art eines Konversationsstücks. Deshalb ist Anouilhs ‚Antigone' oft als Einakter aufgeführt worden.

Sophokles:

Prolog (AN, IS) 1–99: A's Vorhaben

Parodos (CH) 100–161: Sieg über die ‚Sieben gegen Theben'

1. Epeisodion (KR, CHF, WÄ) 162–331: Kr's Staatsrede 162–222: Bestattungsverbot Meldung von der Übertretung 223–277, Reaktion darauf 278–331

1. Stasimon (CH) 332–383: Segen und Gefahr menschlicher Größe

2. Epeisodion (WÄ, CHF, KR, AN, IS) 384–581: Zweite Wächterszene 384–445: Vorführung der ertappten AN. Auseinandersetzung zwischen KR und AN 446–525, Zweiter Ismene-Auftritt 526–581

2. Stasimon (CH) 582–630: Fluch, der auf dem Geschlecht des Ödipus liegt

3. Epeisodion (KR, HAI, CHF) 631–780: Auseinandersetzung zwischen Vater und Sohn

3. Stasimon (CH) 781–805: Hymnus auf den Liebesgott Eros

4. Epeisodion (AN, CHF, KR) 806–943: A's Klage (Kommos)

Anouilh:

(1) Der Prolog stellt die Personen des Stücks vor und erzählt die Vorgeschichte: 7–9(5–9)

(2) Antigone kehrt vom Morgengang zur Amme zurück: 9–13(10–15)

(3) Ismene will Antigone den Bestattungsplan ausreden: 13–17(15–21)

(4) Antigone trägt der Amme auf, später für ihren Hund zu sorgen: 18–20 (21–24)

(5) Antigone deutet Hämon ihren Tod an: 20–24 (24–28)

(6) Ismene versucht, Antigone zurückzuhalten: 24 (29)

(7) Ein Wächter meldet Kreon, daß sein Bestattungsverbot übertreten wurde: 24–28 (29–34)

(8) Der Sprecher (le Chœur) kommentiert den Ablauf der Tragödie: 28–30 (35–37)

(9) Die Wächter bringen die ertappte Antigone: 30–32 (37–40)

(10) Die Wächter machen Kreon Meldung. Er schickt sie weg und wendet sich Antigone zu: 32–34 (40–43)

(11) Mittelpunkt des Stücks: Langes Gespräch zwischen Antigone und Kreon,

Sophokles:

806–881: Vergleich mit Niobe, Sage vom Labdakidenfluch, 882–943: KR läßt sie in ein Grabgewölbe schließen

4. Stasimon (CH) 944–987: Mythische Beispiele von hochgestellten Personen, die eingeschlossen (Danae), an einen Berg geschmiedet (Lykurg) oder lebendig begraben (Kleopatra) worden sind

5. Epeisodion (TEI, KR, CHF) 988–1114: Der Seher verkündet göttliches Strafgericht, Kreon läßt Scheiterhaufen errichten und gibt Befehl zur Befreiung A's (1108–1114)

5. Stasimon (CH) 1115–1152: Hilferuf an den Gott Dionysos, den Schutzpatron Thebens

Exodos (BOTE, CHF, Eurydike, KR) 1153–1352: Der Bote meldet dem Chor Hämons Tod (1153–1182), erstattet Eurydike ausführlich Bericht (1183–1243), bleibt mit dem Chor besorgt zurück, als Eurydike ins Haus geht (1244–1256), Kommos (1257–1352): Kreon wirft sich klagend über Hämons Leiche (1261–1276), ein Bote meldet Eur's Freitod (1277–1292), Kreon klagt über beiden Leichen (1294–1346), der Chor gibt die ‚Lehre' des Stücks: Besonnenheit höchstes Glück, Furcht vor den Göttern geboten, große Worte muß man büßen (1347–1352)

Anouilh:

der sie vor den Konsequenzen zu bewahren versucht: 34–52 (43–65)

(12) Ismene ergreift Antigones Partei gegen Kreon: 52/53 (65/66)

(13) Der Sprecher versucht, Kreon zum Nachgeben zu veranlassen: 53 (67)

(14) Hämon tritt dem Sprecher zur Seite, um Kreon umzustimmen: 53–55 (67–69)

(15) Kreon erklärt dem Sprecher, daß er nicht mehr anders könne: 55/56 (69/70)

(16) Antigone will dem schwatzenden Wächter einen Brief an Hämon diktieren: 56–61 (70–77)

(17) Ein Bote berichtet dem Sprecher von Antigones und Hämons Tod: 61/62(77/78)

(18) Kreon erscheint mit einem Pagen; der Sprecher berichtet vom Tode Eurydikes: 62/63 (78–80)

(19) Der Sprecher zieht Bilanz: 63/64 (80/81) („Nur die Wächter sind noch da. Ihnen ist alles gleich.")

Abkürzungen:

AN	Antigone
IS	Ismene
KR	Kreon
HAI	Hämon
TEI	Teiresias
CH	Chor
CHF	Chorführer
WÄ	Wächter
BO	Bote

Zahlen:

Bei Sophokles bedeuten die Zahlen die Verse, bei Anouilh die Seiten der deutschen, in Klammern die Seiten der französischen Textausgabe

Übereinstimmungen mit Sophokles

Zunächst ist es angesichts der veränderten Thematik erstaunlich, wieviel Anouilh von dem Handlungsgefüge der ‚Antigone' des Sophokles übernimmt. Die Titelfigur handelt dem Bestattungsverbot des Königs zuwider, um ihrem Bruder Polyneikes den Weg in den Hades zu ermöglichen. Beim zweiten Versuch wird sie ergriffen, von Kreon zum Tode verurteilt und in eine Grabkammer eingeschlossen. Hämon, ihr Verlobter, der Königssohn, nimmt sich an ihrer Seite das Leben. Eurydike, die Königin, geht freiwillig in den Tod, als sie vom Ende des Sohnes erfährt. In beiden Stücken ist der Schauplatz der Königspalast. Durch Wächterrapport und Botenbericht werden die Nebenschauplätze, das Feld mit dem Leichnam und die Felsenkammer, vergegenwärtigt. Die Personenkonstellation stimmt im wesentlichen überein. Antigone und Kreon als Hauptfiguren sind Träger des Konflikts. Isemene ist als Gegenbild zu Antigone entworfen. Die Wächter bringen die ursprünglich der Komödie vorbehaltene Welt der kleinen Leute in das Drama hinein. Auch die Szenenfolge der antiken Vorlage wird in wesentlichen Zügen beibehalten. Es gibt zwei Wächterauftritte, wozu dann bei Anouilh in der fallenden Handlung noch ein dritter hinzutritt. Es gibt zwei Ismeneszenen. Antigone bekennt sich Kreon gegenüber zu ihrer Tat, Hämon versucht vergebens, die Verlobte zu retten. Antigone erschauert vor dem nahen Ende. Hier zitiert Anouilh aus seiner Vorlage:

<u>Sophokles:</u>	<u>Anouilh:</u>
O Grab, o Brautgemach, o unterirdisch Gefängnis allezeit! (891/2)	Ein Grab – mein Hochzeitsbett – meine letzte dunkle Stätte – (59)

Am Schluß werden Hämons und Eurydikes Tod durch Botenbericht vermittelt.

Unterschiede: Anderer Einsatzpunkt

All diese Parallelen lassen nun die erheblichen Unterschiede der beiden Antigone-Dichtungen deutlich hervortreten. So unterscheidet sich der Geschehensausschnitt, den Anouilh auf der Bühne vergegenwärtigt, in einem kleinen, aber bedeutsamen Detail von der Vorlage des Sophokles. Der Einsatz der Handlung (point of attack) liegt ein wenig später. Während Antigone bei Sophokles im Prolog ihrer Schwester Ismene von ihrem Vorhaben Mitteilung macht, hat sie es bei Anouilh schon vor dem ersten Auftritt ausgeführt. Die Figur der Amme ist von Anouilh zum Zweck der Exposition erfunden. Denn diese besteht jetzt nicht mehr wie bei Sophokles im Dialog zwischen Antigone und Ismene in der gerafften Erzählung der mythischen Vorgeschichte. Diese Aufgabe wird hier vom Sprecher im Prolog erfüllt, bevor das Spiel beginnt.

Andere Exposition

Die Exposition besteht bei Anouilh in der Einführung der Antigone-Figur als einer eigensinnigen, widerspenstigen und erzieherisch problematischen Jugendlichen. Diesem Zweck dient auch die Ismene-Szene, die Details aus der Kindheit bringt, die Spannung zwischen den ungleichen Schwestern verdeutlicht und Antigone als unbotmäßiges Kind zeigt. Eine Szene mit Hämon, für die bei Sophokles keine Entsprechung existiert (bei ihm gibt es keine Begegnung der Verlobten), setzt das Thema fort. Eine Handlung, die so exponiert wird, hat es im Unterschied zur antiken Vorlage entscheidend mit der Subjektivität der Titelheldin zu tun.

Antigone–Hämon-Szene

Teiresias-Figur fehlt

Die Rolle des Teiresias und damit die entscheidende Szene mit der Ankündigung von Hämons Tod sind gestrichen. Damit fehlt aber nicht nur der Repräsentant der religiösen Instanz, der etwas vom Willen der Götter versteht, sondern ein wesentliches Element des Handlungsgefüges. Bei Sophokles wird in dieser Szene die Peripetie herbeigeführt, in der Kreon seine Selbstherrlichkeit aufgeben muß:

> Ich selbst, da mein Entschluß sich so gewendet,
> Will gehn und lösen, was ich selber band.
> Es ist das beste, fürcht ich, treu zu bleiben
> Bestehenden Gesetzen bis zum Tod.
>
> (1111–14)

Keine Spannung auf den Ausgang mehr: ‚Abschnurren'

Man muß sich dabei vorstellen, daß der Zuschauer bei der einmaligen Festaufführung, wie sie im 5. Jahrhundert vor Chr. üblich war, nicht wissen konnte, wie der Dichter den mythischen Stoff gestaltet hat. Er blieb hier – im Gegensatz zu dem Zuschauer des Stücks von Anouilh – auf den Ausgang gespannt. Es gab ja auch Versionen des Antigone-Stoffs mit glücklichem Ausgang. Die Lage des Zuschauers zur Zeit des Sophokles entspricht also nicht dem Tragödienbild vom ‚Abschnurren' eines ‚Uhrwerks', das der Sprecher dem Zuschauer Anouilhs vermittelt, sondern viel eher seiner Vorstellung vom Drama, in dem „vielleicht ... noch Rettung möglich gewesen" wäre (28/29). Diese Hoffnung ist dem Zuschauer Anouilhs genommen, dem der Sprecher versichert hat, er könne „beruhigt" sein: „Die Geschichte läuft von allein ab." Es handle sich um eine „feste, todsichere Angelegenheit". Wenn nun trotzdem der Sprecher in dem Passus, der den Versen 1091–1114 bei Sophokles entspricht, den König bittet: „Rette Antigone! Laß sie nicht sterben, hörst du, Kreon" (53), so tritt an die Stelle der von Teiresias prophezeiten Bestrafung Kreons, dessen Umkehr zu spät kommt, die Erkenntnis, daß Antigone nicht leben will: „Zu spät. Sie hat gesprochen" (54).

Anouilhs Unterscheidung von Drama und Tragödie

All diese Änderungen, die der moderne Autor vorgenommen hat, dienen einem neuen Konzept, das mit dem Gesamtkonzept von Sophokles verglichen werden muß.

Hinter dem Thema, das Sophokles in den Mittelpunkt gestellt hat, hinter der Mahnung, daß Könige Gelehrigkeit und Einsicht brauchen, tritt ein Motiv des alten Mythos zurück, das Anouilh in den Vordergrund gerückt hat: Antigone ist die Letzte eines dem Tode verfallenen Geschlechts. Der Bruder, dessen Bestattung sie als ihre Aufgabe übernimmt, steht ihr nahe, weil er ihr in den Tod vorausgegangen ist. Der gemeinsame Grund der antiken Tragödie und der modernen ‚Antigone' ist die Todesproblematik. Nicht ohne Grund gibt es gerade hier eine wörtliche Übereinstimmung zwischen Anouilh und Sophokles. Antigone grenzt sich mit folgenden Worten von ihrer Schwester Ismene ab:

Anouilh setzt an einem bei Sophokles verdeckten Motiv des Mythos an

Die Todesproblematik

Sophokles:	Anouilh:
Du wähltest ja das Leben, ich den Tod. (555)	Du hast das Leben gewählt – ich den Tod. (52)

Wenn der Vergleich an diesem Punkt ansetzt, zeigt sich in der Gemeinsamkeit das Trennende deutlich: Die sophokleische Antigone wendet sich dem Tode zu, weil ihre Verwandten tot sind, die moderne, weil sie sich vor dem Leben fürchtet. Die antike Antigone stirbt, weil sie sich nicht gegen die Götter vergehen will, die anouilh'sche, weil es nichts gibt, wozu sie ja sagen könnte. Wie ein roter Faden zieht sich ihr Nein durch das ganze Stück: „Ich will nicht verstehen ... Ich will nicht recht haben ... Ich will nichts davon hören ... Du kannst mich nicht retten ... Ich muß nein sagen und sterben." Auch die Ehe lehnt sie deshalb ab: „Wenn auch er das Jasagen lernen muß, nein, dann liebe ich ihn nicht mehr." (50) So kann sie auf Kreons Frage, für wen sie ihre Tat wage, nichts anderes antworten als: „Für niemand. Für mich." (38) Sie kann auch keine Instanz nennen, die ihr diese Pflicht auferlegt: „Niemand; ich mir selbst." (39) Es gibt keinen dramatischen Konflikt mehr.

Unterschiedliche Gründe der Todeszugewandtheit Antigones bei Anouilh und Sophokles

Die Rollen sind gegenüber dem Sophokles-Drama seltsam vertauscht: Die Maßlosigkeit, die nur sich selbst kennt, verkörpert sich hier in Antigone, die alle menschliche geschichtliche Tätigkeit gerade deshalb verachtet, weil sie nur im Kompromiß möglich ist, weil sie das Unbedingte nicht zuläßt. Kreon aber ist ganz im Gegensatz zu seinem antiken Vorbild kein Vertreter der „Hybris", sondern ein Mann der Kompromisse, der Antigone auf alle Fälle retten möchte. Er kann sich das Neinsagen nicht leisten, nachdem er einmal zu seiner politischen Verantwortung ja gesagt hat. Nun ist er in die Widersprüchlichkeit von Macht und Recht verstrickt und scheitert, nicht weil er, wie der sophokleische Kreon, zu spät die Bedingtheit seines Herrschertums

Ein anderer Kreon bei Anouilh

Antigone paßt nicht in Kreons politisches Konzept

erkennt, sondern weil Antigone mit ihrer Unbedingtheit von vornherein keinen Platz in seiner politischen Konzeption hat. Die grundlegende Wandlung der gesellschaftlichen Verhältnisse wird daran deutlich: Der antike Kreon scheitert, weil er den Bogen staatlicher Autorität überspannt, der moderne, weil er mit seiner Kompromißlosigkeit jede Glaubwürdigkeit verloren hat. Durch diese Rollenvertauschung wird nun aber der Konflikt zwischen der Eigengesetzlichkeit menschlicher Ordnungen und der Gültigkeit göttlicher Gesetze, der bei Sophokles thematisch ist, nicht etwa einfach umgekehrt. Es geht gar nicht um ‚objektive Werte'. Im Schlußwort sagt der Sprecher bei Anouilh, es komme nicht darauf an, wer was geglaubt hat und ob einer der Mitspieler etwas verstanden hat oder nicht. Das Thema Anouilhs lautet anders, und es bedarf eigentlich gar nicht der dramatischen

Das moderne Existenzgefühl

Form. Sein Thema ist das ‚Existenzgefühl' des Menschen in einer fraglich gewordenen Welt, eine „neue Art, die Wirklichkeit zu fühlen" (W. Dilthey). Seine Antigone hat nicht eine Sache zu vertreten, sondern nur ihren Wunsch zu äußern, daß entweder alles so fraglos schön sein solle, wie sie es als Kind erlebt hat, oder daß sie, wenn das nicht möglich sei, lieber sterben wolle (51).

Funktion der Wächterkarikatur

Die bei Sophokles nur angedeutete Karikatur des Wächters (223 ff., 384 ff.) hat Anouilh zu einem Bild des durchschnittlichen Erwachsenen ausgestaltet, der unfähig ist, Erfahrungen zu machen („Wo kämen wir denn da hin, wenn wir uns die Mühe machen sollten, alle Leute zu verstehen?" 30), und alle Entscheidungen mit seiner geistigen Anspruchslosigkeit unangefochten überlebt: „Nur die Wächter haben es gut überstanden. Ihnen ist alles egal. Sie begnügen sich mit Kartenspielen." (64) So lauten die letzten Worte des Dramas.

III. Die ‚Antigone des Sophokles' von Bertolt Brecht

1. Der inhaltliche Aufbau des Stücks

Exposition: Kreon, der Einpeitscher, hat Polyneikes getötet und seine Bestattung verboten

Im ersten Auftritt (1–105), welcher der Exposition dient, begegnen sich Antigone und Ismene bei Tagesanbruch vor dem Palast des Kreon. Antigone sammelt Staub in einen Krug, um ihren toten Bruder damit zu bedecken. Während sie ihr Tun begründet und ihre Schwester zur Teilnahme daran auffordert, erfährt der Zuschauer aus ihrem Munde die Vorgeschichte: Kreon führt schon seit langem einen verlustreichen Krieg gegen Argos um den Besitz der dortigen Erzgruben. Als sein Neffe Eteokles in einer Schlacht fällt, „reitet" dessen Bruder Polyneikes „weinend ... aus unfertiger Schlacht" (9/10) und wird daraufhin von Kreon, „der hinten einpeitscht alle sie in die Schlacht" (16/17), wegen Feigheit vorm Feinde getötet. Kreon verbietet dann bei Strafe der Steinigung, seine Leiche zu bestatten. Antigone aber will sich daran nicht halten: „Ich aber folge dem Brauch und begrabe den Bruder" (72/73). Doch Ismene hat Bedenken und möchte ihr Leben nicht aufs Spiel setzen: „Da mir Gewalt geschieht, folg ich dem Herrschenden" (67/68). Heftig reagiert Antigone darauf: „Ich haß dich". (90)

Versammlung der Alten

Die „Alten" treten auf, preisen den „großbeutige(n) Sieg" (106) und kündigen den Auftritt Kreons an, den sie als „Bringer des Siegs" (114) bezeichnen. Ihre Funktion als Mitspieler erklären sie dadurch, daß der König eine Versammlung der Alten hier „verordnet" habe.

Kreons Staatsrede: Argos besiegt

Der Auftritt Kreons (119–184) besteht aus einer großartigen Staatsrede vor dieser Versammlung, in welcher der König zunächst den Sieg als endgültig hinstellt: „Argos ist nicht mehr" (119/120). Die Alten loben diese Rede („ein schön Bild von gar Gewaltigem malst du": 139), geben dann aber ihrer Erwartung Ausdruck, daß mit dem Sieg materieller Gewinn eingefahren wird. Kreon spricht sie als Spitzenvertreter der Wirtschaft an („ihr rechnet nicht dem Kriegsgott die Räder nach ...": 147) und verlangt zweierlei von ihnen: Sie sollen mithelfen, die Opfer, welche der Krieg gekostet hat, zu verschleiern („... daß ihr mir also den Blutverlust der Thebe zeitig beibringt als übers Übliche nicht gehend": 151–153) und das Bestattungsverbot, das er über die „Memme Polyneikes" (162) verhängt habe, zu überwachen. Mit der Ankündigung weiterer ‚Säuberungen' („Gereinigt muß die Stadt sein": 184) beendet Kreon seine Rede.

Meldung von der Übertretung

Es folgt die erste Wächterszene (185–267) mit der Meldung von der Übertretung des Bestattungsverbots. Angesichts des Fehlens irgendwelcher Spuren vom Täter nehmen die Alten ein Wunder an („... könnt was Göttlichs vorgekommen sein?" 225/6). Das ruft den Zorn des Königs hervor, der in der Übertretung die Wirksamkeit der Opposition wittert:

> Nein, mir nehmen
> Einige einiges übel in der Stadt und murren
> Und im Geschirr biegen diese mir
> Den Nacken so nicht ein.
>
> (230–233)

Erstes Standlied

Danach singen die Alten das Chorlied „Ungeheuer ist viel. Doch nichts ungeheurer als der Mensch ..." (268–310). In ihm werden die technischen, wirtschaftlichen und politischen Fähigkeiten des Menschen gerühmt („Überall weiß er Rat, ratlos trifft ihn nichts": 296/7). Doch wird der Mensch sein eigner Feind, wenn es zur Herrschaft von Menschen über Menschen kommt („ ... beugt er dem Mitmensch den Nacken": 302) oder das Eigentumsprinzip („aber die Mauer setzt er ums Eigene ...": 305/6) solidarisches Handeln verhindert: „So, ungeheuer wird er sich selbst" (309/310). Zum Schluß kündigt der Chor an, daß die Wächter Antigone verhaftet haben (311–317).

Zweite Wächterszene

Auseinandersetzung zwischen Kreon und Antigone

Die zweite Wächterszene (318–351), in welcher von Antigones Ergreifung berichtet wird, die dem Wächter fast leid tut, geht in die große Auseinandersetzung zwischen Kreon und Antigone über (352–492), an die sich wiederum Ismenes Auftritt anschließt (493–535). In der Auseinandersetzung gibt Antigone als Motiv zu ihrer Tat an, daß sie die „Satzung" eines „Sterblichen" (358 ff.) aus Furcht vor den „Himmlischen" (369) übertreten habe, welche die Bestattung eines Toten verlangen. Kreon macht ihr das Angebot, sie zu schonen, wenn sie erklärt, daß es ihr „leid tut" (388). Als sie schweigt, fragt er, „warum" sie so „störrig" sei, worauf sie erwidert: „Halt für ein Beispiel" (390). Der heftige Wortwechsel, der sich nun anschließt (Stichomythie), führt dazu, daß Antigone Kreons Krieg gegen Argos grundsätzlich kritisiert. Es sei kein Krieg des Volkes, sondern allein des Königs, die Soldaten fielen deshalb auch nicht für ihr Land, sondern allein für Kreon (407):

Kreons Krieg – kein Krieg des Volkes

Nicht genügte es dir
Über die Brüder zu herrschen in eigner Stadt
Thebe, lieblich, wenn
Angstlos gelebt wird, unter den Bäumen; du
Mußtest zum fernen Argos sie schleppen, über sie
Zu herrschen auch dort.

(411–416)

Die Alten schweigen

Als Antigone die Alten zum Widerstand auffordert, Kreon ihnen aber den Mund verbietet, schweigen sie. Gegen Kreons Einwand, es gelte fremde Herrschaft zu vermeiden und die Heimat zu verteidigen, setzt Antigone des Argument, das sei eine stereotype Drohung der „Herrschenden" (438), man könne den Ort der Unterdrückung nicht Heimat nennen: „Nicht, wo einer ... den Nacken gebeugt, nicht das heißt er Heimat." (448–450). Als Kreon ihr Nestbeschmutzung vorwirft, hält Antigone dagegen, daß er sich an der Heimat vergangen habe:

Wo unterdrückt wird, kann nicht Heimat sein

„Wer verwirft mich da? Weniger sind es geworden
In der Stadt, seit du herrscht, und werden noch weniger werden."

(453/4)

Das ist in Kreons Augen Schmähung der Gefallenen (464). Er wirft Antigone vor, sie mißgönne den Thebanern den Sieg über Argos. Ihre Erwiderung vermag er nicht zu verstehen:

Niederlage, nicht Sieg wünschenswert

Besser zwischen den Trümmern der eigenen Stadt
Säßen wir doch und sicherer auch als mit dir
In den Häusern des Feinds.

(473–475)

Solche Worte sind für ihn Hochverrat und Frevel wider „des Staats Ordnung, die göttliche" (481/2), während Antigone eine andere Vorstellung von staatlicher Ordnung hat:

„Göttlich mag sie wohl sein, aber ich wollte doch
Lieber sie menschlich.

(483/4)

Ismene erscheint nun und bezichtigt sich als Mittäterin, was von Antigone zurückgewiesen wird. Kreon befiehlt ihre Hinrichtung zum Dionysosfest (535 ff.).

Beginn des Dionysos-Festes

Zum beginnenden Fest wird Kreon das Schwert abgenommen und ein Bacchusstab in die Hand gegeben. Die Alten singen ein Lied, in dem sie eine Warnung an den Herrscher in mythischer Rede verstecken (536–572), wo von Wesen erzählt wird, die ihre

„Peiniger alle" einst „erschlugen". Am Schluß wird Hämons Kommen angekündigt (573–577), des Königssohnes und Verlobten der Antigone.

Auseinandersetzung zwischen Kreon und Hämon

In der zweiten großen Auseinandersetzung des Dramas, dem Gespräch zwischen Kreon und Hämon (578–707), versucht der Sohn, dem Vater klarzumachen, daß er sein Verhalten ändern müsse, weil seine Herrschaft von der Bevölkerung nicht mehr getragen werde: „Furchtbar ist dein Name dem Volke" (599). Er könne auch nicht mit Einverständnis rechnen, was Antigones Verurteilung angeht:

> Die
> Vom unbarmherzigen Hunde nicht wollte
> Fressen lassen den Bruder: die Stadt
> Ist mit ihr in diesem, gleichwohl verwerfend
> Des Toten Untat.
>
> (624–628)

Kreon befürchtet, mit einer Sinnesänderung Schwäche zu zeigen, man müsse durchgreifen. Die Alten geben zu bedenken: „Doch milde Ordnung, spielend schafft sie viel" (642). Als Kreon einwendet, er müsse auf seine Weise Ordnung halten, mahnt Hämon: „Auf deine Weis', doch sei's die richtige Weis'" (646).

Vorwurf der Unbelehrbarkeit

Vergeblich versucht er, den Vater von seiner Rechthaberei abzubringen:

> An einem Manne aber,
> Wenn irgendwo ein Weiser ist, ist's keine Schande
> Viel lernen und nichts gar zu weit betreiben.
>
> (654–656)

Gerüchte über bevorstehende Säuberungen

Schließlich erzählt Hämon dem Vater von Gerüchten, er habe vor, während der Festvorbereitungen „mit allen blutig aufzuräumen" (678), die er für seine Gegner halte. Doch stellt sich Kreon auch hier auf seinen Autoritätsstandpunkt und will sich nichts sagen lassen von einem, „der, scheint's, ist von dem Weib ein Waffenbruder" (693). Hämon erwidert: „Du möchtest alles sagen und hören nichts" (703/4) und kündigt seinen Selbstmord an, damit der Vater keinen mehr sehen müsse, „der aufrecht geht" (706/7).

Zurück bleiben nun Kreon und die Alten. Der König gibt seine Anordnungen über Antigones Einmauerung. Die Alten erwarten vom Fest „den Trank des Vergessens" (708–728).

Das Fest als „Trank des Vergessens"

Danach singt der Chor sein Lied auf Eros, den „Geist der Lüste im Fleisch", der alles durcheinander bringt, aber „friedlich" und „unkriegerisch" ist (729–743). Dann beginnt Antigones Totenklage im

Wechselgesang mit den Alten (744–856). In mythischen Beispielen wird auf ähnliche Schicksale hingewiesen (Danae: 790–795; Niobe: 796–806; Lykurg, „des Dryas Sohn“: 815–819; Kleopatra, die Mutter der „Phineiden“: 824–833). Antigone prophezeit den Alten künftiges Unglück:

> Euch beweine ich, Lebende,
> Was ihr sehen werdet,
> Wenn mein Auge schon voll des Staubs ist.
>
> (846–848)

Denn aus der Vaterstadt selbst seien “die Unmenschlichen“ gekommen (853).

Vorwurf der Alten, Antigone habe aus der Diktatur Nutzen gezogen

Nachdem Antigone in die Felskammer abgeführt ist, folgt ein Abgesang der Alten (857–886). Hier antworten sie dem Vorwurf Antigones mit dem Hinweis, daß ja auch sie Nutznießerin des Regimes gewesen sei (862 ff.) und es lange gedauert habe, bis sie “vom Aug die altersbrüchige Binde“ genommen, “um in den Abgrund zu schauen“ (877/8).

Auseinandersetzung zwischen Kreon und Teiresias

Die dritte große Auseinandersetzung des Stücks nach Kreons Begegnung mit Antigone und mit seinem Sohn Hämon bringt nun die Teiresias-Szene (887–1016). Der Seher beginnt mit einer allgemeinen Warnung:

> Unvermeidlich ist Sturz dem, der zu hoch
> Vom Boden die Sohle hebt.
>
> (891/2)

Als Kreon ihn verspottet, wird er deutlicher:

> Das ist das, weil du tanzest,
> Närrischer, vor dem Sieg.
>
> (902/3)

Dann interpretiert er, was er in den Vorzeichen gefunden habe: “Du, Kreon, bist’s, durch den die Stadt erkrankte.“ (932)

Realistische Einschätzung der Lage

Auf den Vorwurf des Königs, er sei bestochen, so zu reden, macht er dem König klar, daß man keine Prophetengabe besitzen, daß man nur die richtigen Fragen stellen müsse, um zu einer richtigen Einschätzung der Lage zu kommen:

Teiresias: Denn keiner weiß im Krieg, was er behält,
Sei's Silber, seien's Söhne, sei's die Macht.
Kreon: Der Krieg ist aus.
Teiresias: Ist er's?
Ich fragt dich was!
Da ich, wie du mir sagst, nichts weiß,
Muß unsereiner fragen. Da ich ins Zukünftige,
Wie du mir sagst, nicht schaun kann, muß ich
Ins Jetzige und Vergangne sehn und bleib
In meiner Kunst so und ein Seher.

(970–979)

Vorbereitungen für einen Winterkrieg

Aus seinen Beobachtungen aber schließt Teiresias, daß die Rüstung auf Hochtouren läuft und Vorbereitungen für einen Winterkrieg getroffen werden (979–984). Der Streit im Königshaus aber läßt nicht auf einen glücklichen Ausgang schließen, die Grausamkeit Kreons nicht auf einen starken Monarchen. "Mißwirtschaft" (1010) wird getrieben, der Krieg geht sinnlos immer weiter:

Weiterführung des Krieges sinnlos

Und mehr braucht mehr und wird am End zu nichts.
Und hab ich so zurückgeschaut, und um mich,
Schaut ihr voraus und schaudert.

(1013–15)

In der folgenden Szene zwischen Kreon und den Alten (1017–1118) zeigen sich diese durch die Worte des Sehers beeindruckt und fragen den König, wie der Krieg fahre und wann die jungen Leute nachhause kämen (1024–27). Dieser muß zugeben, daß der Krieg noch nicht zuende sei und daß es nicht gut stehe (1030–1032). Es kommt zu gegenseitigen Vorwürfen. Die Alten beklagen sich über die Opposition in der Stadt und fragen, ob Kreon "etwa allzu Gewaltiges anbegonnen" habe (1061). Kreon wirft ihnen vor, daß er ja auf ihre Veranlassung den Krieg begonnen habe:

Kritik der Alten an Kreon

Das Erz im Speer ging
Erz zu holen im Berg
Auf euer Geheiß; denn Argos,
Reich ist's an Erz.

(1062–66)

Die Alten wiederum fühlen sich als Opfer der königlichen Informationspolitik, weil Kreon sie mit Nachrichten hingehalten und ihnen etwas vorgemacht habe. Dieser hält ihnen vor, daß Antigone, "die Aufsässige" (1081), sie aufgehetzt habe. Doch die Alten fordern Kreon auf, die Truppen zurückzurufen (1099). Und wieder versucht Kreon, sie hinzuhalten:

> Gleich fällt Argos, gleich dann ruf ich sie.
> Und mein Erstgeborener, Megareus, wird sie euch bringen.
> (1102/3)

Der Königssohn Megareus als ‚Geheimwaffe‘

Damit beginnt die Katastrophe. Denn in der nun folgenden Szene (1119–1188) berichtet ein schwerverwundeter Bote von der verlustreichen Einnahme von Argos und vom Tode des Megareus und kündigt die Ankunft des "Argosvolk(s) mit Mann und Wagen" (1161) an, das auf Theben vorrücke. Am Ende seines Berichts stirbt der Bote. Die Alten rufen: "Weh uns!" und fordern Kreon auf, den jüngeren Sohn in die Schlacht zu schicken und Antigone aus ihrem Felsgrab zu befreien. Dieser stürzt davon.

Megareus gefallen, der Feind steht im eigenen Land

In einem Chorlied (1189–1227) rufen die Thebaner noch einmal ihren Patron, den "Freudengott" an. Sie sind entsetzt, daß der "viel geschlagene Feind" (1220/21) nun vor ihren eigenen Mauern steht, und haben keine Hoffnung mehr. Nach ihrem Gesang kündigen sie eine Botin mit Nachricht von Hämon an (1128–31). Die Botin erzählt ausführlich von den Vorgängen in der Grabkammer, in der sich Antigone erhängt und Hämon den Vater bedroht und sich dann selbst das Schwert in den Leib gebohrt hat (1232–1272). Die Alten melden das Erscheinen des Königs mit dem Gewand seines Sohnes in Händen (1273–77):

Tod Hämons, der die letzte Hoffnung war

> Ein großes Angedenken in Händen trägt er
> An dummes Rasen ...

Mit einer Art von Dolchstoßlegende („das ging nur gegen mich": 1282) erklärt sich Kreon – immer noch uneinsichtig – mit der Katastrophe einverstanden:

> So fällt jetzt Thebe,
> Und fallen soll es, soll's mit mir, und es soll aus sein ...
> (1283/84)

Theben soll mit seinem ‚Führer‘ fallen

Die Alten sprechen ein Schlußwort (1286–1300), in dem sie bedauern, daß Antigones Widerstand nur dem Feind genützt habe und angesichts des Verhängnisses um sie herum keine Zeit mehr bleibe, „hinzuleben ... und weise zu werden im Alter".

2. Zur Thematik von Brechts ‚Antigone des Sophokles'

Brechts Rückkehr aus dem Exil

Am 5. November 1947 traf Brecht, aus seinem Exil in den USA zurückkehrend, in Zürich ein, wo ihn sein Freund, der Bühnenbildner Caspar Neher (1897–1962), erwartete. Am 24. November waren die beiden zu einem Gespräch über mögliche Theaterprojekte bei dem Theaterleiter Hanns Curjel, der ebenfalls in Zürich wohnte und den die beiden aus den zwanziger Jahren von Berlin her kannten. Unter den verschiedenen Stücken, die zur Diskussion standen, entschied man sich für die ‚Antigone' des Sophokles, die Brecht sogleich nach der Übersetzung von Hölderlin zu bearbeiten begann. Bereits am 29. November legte er die erste Szene vor. Er sah eine Möglichkeit, wieder ein Stück zu inszenieren und für seine Frau Helene Weigel eine Hauptrolle zu bekommen. Die Arbeit ging erstaunlich schnell voran. Bereits am 15. Februar 1948 wurde das Werk auf einer kleinen Bühne in Chur, dem Hauptort des Kantons Graubünden, aufgeführt. Von Brecht wurde das Ganze als Vorbereitung auf seine erwünschte Theaterarbeit in Berlin angesehen, das er 1933 auf dem Weg in die Emigration hatte verlassen müssen. Über Dänemark, Schweden und Finnland war er 1941 in die USA gelangt. Diese Umstände erklären, daß sich für den Emigranten Brecht, der in das von der nationalsozialistischen Herrschaft jüngst befreite Europa zurückgekehrt war, die Ereignisse des Zweiten Weltkrieges in die Beschäftigung mit dem antiken Drama hineindrängten. Der Text seiner Bearbeitung zeigt das auf Schritt und Tritt schon von der ersten Szene zwischen Antigone und Ismene an.

Eine Rolle für die Weigel

Aus dem Zug der Sieben gegen Theben wird der Zweite Weltkrieg

Da ist schon in der Exposition von einem langen, verlustreichen Raubkrieg gegen ein fremdes Land die Rede, dessen Erzgruben erobert werden sollen, von einem Kriegstreiber Kreon, der einen jungen Verwandten, welcher weinend um den gefallenen Bruder aus der Schlacht reitet, mit eigener Hand tötet. Als dieser Kreon entgegen der Wahrheit den Sieg über den Feind verkündet, verlangt er von den Alten, d. h. den Mitgliedern seiner Führungsgruppe, daß sie die Höhe des Blutzolls verschweigen, den der Krieg gefordert hat, und kündigt ‚Säuberungen' unter seinen Gefolgsleuten an. Antigone bezeichnet den Krieg als Kreons persönlichen Krieg, der gar nicht der Krieg des thebanischen Volkes sei. Daher fielen die Soldaten bloß für ihn allein, ihr Tod habe keinen Sinn für das Volk. Besser sei deshalb die Niederlage unter Trümmern als die Beherrschung fremden Landes als Sieger. Wo Unterdrückung herrsche, könne keine Heimat sein.

Entgegen jeder klugen Überlegung wird der totale Krieg vorbereitet. Kreon vertröstet die Alten auf seinen Sohn Megareus, der nach seiner Heimkehr als eine Art Wunderwaffe die glückliche Wendung herbeiführen werde. Nachdem dieser gefallen ist und auch Hämon, der jüngere Sohn, nicht mehr zur Verfügung steht, ist das Ende da, wobei der „Führer“ (so redet ein Wächter Kreon an: 186) – uneinsichtig bis zum letzten Moment – erklärt, es sei sein Wille, daß sein Volk mit ihm zusammen untergehe (1283–1285).

Einzelne Merkmale deuten unmißverständlich auf Hitlers totalen Krieg und Untergang

Hinweise in den Arbeitsnotizen zeigen, daß Brecht mit seiner Bearbeitung der ‚Antigone‘ des Sophokles nicht den antiken Mythos neugestalten, sondern die Geschichte eines imperialistischen Raubkrieges erzählen will, der das eigene und andere Völker ausbluten läßt und trotz siegreichen Vordringens schließlich verlorengeht, weil der Gewaltherrscher kein Maß kennt, auf keinen Rat hört, die wahre Situation verschweigt und keinem seiner Leute traut. Der Zuschauer soll an Hitler, sein Nazireich und den von ihm entfesselten und verlorenen Krieg denken:

Brechts Absicht

> Bei Brecht wird die Beziehung zur Gegenwart dadurch gesteigert, daß er den Krieg eine jähe Wendung nehmen läßt. Die Siegesfeier war nur eine vorgetäuschte. Der Feind hat sich inzwischen gesammelt und dringt jetzt siegreich gegen die Stadt Theben vor. Die Zerstörung ist unabänderlich. Kreon aber will, daß, wenn er sterben muß, die Stadt Theben mit ihm ausgelöscht wird. Und so verteidigt er Theben sinnlos bis zum Tode.
> Das von Kreon scheinbar besiegte Argos rafft sich neu auf. Frauen, Kinder, alles greift zu den Waffen, und Argos wird ein Stalingrad von heute – die Parallele ist deutlich. Ein furchtbares Ende der Armee Kreons.
>
> (70, 23)

Theben findet in Argos sein Stalingrad

Die Veränderung, welche Brecht mit dem alten Mythos vom Zug der ‚Sieben gegen Theben‘ und ihrer Abwehr durch die Thebaner vorgenommen hat, ist darauf gerichtet, ihn zu einem Spiegelbild des Zweiten Weltkrieges zu machen. Das Einzugslied des Chors bei Sophokles feiert den Sieg Thebens über die Angreifer aus Argos. Es ist also ein Sieg der Verteidiger in einem ihnen von außen aufgezwungenen Krieg (100–154). Diese Konstellation wird nun umgekehrt. Bei Brecht sind die Einwohner von Argos die Verteidiger, welche sich gegen den von Theben, genauer: von Kreon, ausgehenden Angriff zur Wehr setzen. Der Sieg, der in Theben auf Anordnung des Tyrannen gefeiert wird, ist aber noch gar nicht errungen. Es handelt sich bei der Siegesfeier vielmehr um eine Propagandalüge, mit der die Menschen von der tatsächlichen Lage und der drohenden Niederlage abgelenkt

Spiegelbild des Zweiten Weltkrieges

Ein nicht errungener Sieg wird gefeiert

Verlaufsform des Zweiten Weltkrieges

werden sollen. Darin ist eine Deutung des Verlaufs enthalten, den der Zweite Weltkrieg genommen hat.

Kurze Periode der Blitzsiege

Dieser zerfällt ja in die Periode der Blitzsiege und die darauf folgenden Jahre der sich immer deutlicher abzeichnenden Katastrophe, die Hitler bis zuletzt nicht wahr haben wollte. Zuerst erobert er im September 1939 im sogenannten ‚Zehntagekrieg' Polen. Am 9.4.1940 besetzt er Dänemark. Am 14.5. kapitulierten die Niederlande vor ihm, am 28.5. Belgien, am 9.6. Norwegen, bis schließlich am 22.6.1940 im Wald von Compiègne der Waffenstillstand mit dem besiegten Frankreich geschlossen wird. Im nächsten Jahr gibt es noch einige Erfolge. Am 17.4.1941 kapituliert Jugoslawien, am 21.4. Griechenland. Am 22.6.1941 beginnt das Unternehmen ‚Barbarossa', der Überfall Hitlers auf Sowjetrußland, wobei die deutschen Truppen bereits im August eine Linie erreicht haben, die etwa von Leningrad (St. Petersburg) bis zur Halbinsel Krim führt. Fast überall in Europa stehen nun deutsche Truppen. Es ist die Situation, die Brecht dadurch charakterisiert, daß er Theben „männerleer" (1026), „mannlos" (1097) nennt. Bald aber wird sich die Situation so ändern, daß „die Blüte Thebens" im eroberten Argos „verschwunden" ist (1159), daß die Jugend Deutschlands in Feindesland gefallen oder in Gefangenschaft geraten ist. Die unablässige Serie von schnellen und relativ leichten Siegen aber ist geradezu die Ursache der sich anbahnenden Katastrophe. Denn nirgends konnte das Eroberte gesichert werden, so daß in den eroberten Gebieten der Widerstand in einem unerwarteten, durch das unmenschliche Verhalten der Besatzungsmacht geförderten Maße wuchs.

Deutschlands Jugend steht überall in Feindesland

Die Periode der Rückzüge und Niederlagen

Die lange Periode der Rückzüge und Niederlagen begann schon damit, daß im Okt. 1941 der Angriff auf Moskau scheiterte. Die deutschen Truppen mußten in einem unerhört harten Winter, für den sie gar nicht gerüstet waren (vgl. 979–984), zugleich gegen die Rote Armee und gegen Partisanen in ihrem Rücken kämpfen. Nach der Einnahme Stalingrads durch die 6. Armee im Okt. 1942 gibt es dann nur noch Rückzug und Vernichtung für die Deutschen, die Hitler – wie Kreon – durch falsche Siegesmeldungen vertuscht. Nun rücken die Gegner, während die deutschen Truppen noch in ihren Ländern stehen, unaufhaltsam auf das ungeschützte (= das „männerleere" Theben) Deutschland vor und besetzen es schließlich gänzlich, als Amerikaner und Russen sich 1945 an der Elbe die Hand reichen.

Stalingrad und Argos

Der entscheidende Fehler Hitlers, daß er, statt Stalingrad aufzugeben, lieber die 6. Armee opferte, deren Reste am 2.2.1943 kapitulieren mußten, entspricht genau Kreons Irrtum, der trotz der erheblichen Verluste die thebanischen Truppen immer wieder in das brennende Argos zurücktreiben läßt (1124–1162).

Auch in ihrer Menschenverachtung, mit der sie die ihnen anvertrauten Menschen entweder in sinnlose Schlachten schicken oder sie töten lassen, wenn sie gegen den Krieg sind oder nur am Leben hängen, gleichen sich die beiden Diktatoren. Am Ende stehen sie allein da, weil sie ihre Elite entweder in der Schlacht verloren (Eteokles, Megareus) oder wegen ‚Feigheit vorm Feind' getötet (Polyneikes) oder als Angehörige des Widerstands in den Tod geschickt (Antigone, Hämon) haben. Durch die Vorgabe des antiken Stücks, dessen Gattungsregeln nur Angehörige fürstlichen Standes als handelnde Figuren zuließen, spielt sich das Widerstandsgeschehen als Zwist im Herrscherhause ab. Doch spiegelt Antigones Auflehnung deutlich die problematische Situation der deutschen Widerstandsbewegung, der alle Möglichkeiten oppositionellen politischen Handelns genommen waren und die daher zur Verwirklichung ihrer eigenen politischen Ziele erst die Niederlage herbeiführen mußte:

Problematische Situation des deutschen Widerstandes

> Die große sittliche Tat der Antigone, die sich gegen den Tyrannen Kreon auflehnt, besteht darin, daß sie, bewegt durch tiefe Menschlichkeit, nicht zögert, durch offenen Widerstand das eigene Volk in die Gefahr des Besiegtwerdens in einem Raubkrieg zu bringen.
>
> (70, 214 f.)

Beide Tyrannen, Kreon wie Hitler, erklären zum Schluß, es sei ihr Wille, daß ihr Volk mit ihnen zusammen untergehe. Denn Treulosigkeit und Verrat hätten den Sieg verhindert. Ihr Starrsinn vermag keine Schuld bei sich selbst zu entdecken:

Das Ende der Tyrannen

> So fällt jetzt Thebe.
> Und fallen soll es, soll's mit mir, und es soll aus sein
> Und für die Geier da. So will ich's dann.
>
> (1283–85)

3. Handlungsstruktur

Die Beibehaltung des sophokleischen Handlungsablaufs erlaubt Brecht, diese Thematik in anschaulicher Weise zu verdeutlichen. Denn die erwähnte Verlaufsform des Zweiten Weltkrieges verteilt sich in der Wirklichkeit auf mehrere Jahre, in denen die Periode der Blitzsiege in die Phase der Niederlagen und Rückzüge übergeht, so daß erst allmählich die Feinde ins eigene Land eindringen. Im Stück aber vollzieht sich die Antigone-Handlung

Gleichzeitigkeit von Sieg und Niederlage

auf dem Hintergrund der großen Siegesfeier, an deren Ende der Bote von der Niederlage der thebanischen Truppen im eroberten Argos und dem Tod ihres Antreibers, des Königssohns Megareus, berichtet und zugleich das Nahen der feindlichen Truppen meldet:

Der Botenbericht

> Und nicht mehr lang kann Thebe selber stehn; denn
> Herauf kommt nun das Argosvolk mit Mann und Wagen
> Auf allen Straßen ...
>
> (1160–1162)

Durch diese zeitliche Zusammenziehung der beiden Phasen des Kriegs wird der trügerische Charakter der Beuteversprechungen und Siegeshoffnungen veranschaulicht, welche den Inhalt der Politik des thebanischen Diktators bilden.

Den gemeinten Zusammenhang seiner Sophokles-Bearbeitung mit dem Zweiten Weltkrieg stellt Brecht auch unmittelbar auf der Bühne dar:

Das Vorspiel: Berlin, April 1945

Die Handlung setzt mit dem Dialog zwischen der zum Widerstand entschlossenen Antigone und ihrer Schwester Ismene ein, welche ihre Loyalität mit dem Herrscher betont. Daß der tote Bruder, dem das Bestattungsverbot des Königs gilt, kein Verräter – wie bei Sophokles – ist, sondern ein Deserteur, wird schon in dem Vorspiel angedeutet, das Brecht für die Aufführung in Chur geschrieben hat. Dort kommen im April 1945 im zerbombten Berlin zwei Schwestern aus dem Luftschutzkeller in ihre Wohnung zurück und finden Anzeichen der Rückkehr ihres Bruders vor. Als sie im Schrank auch seinen Soldatenrock finden, wissen sie, daß er desertiert ist. Wie sie dann am Morgen zur Arbeit gehen müssen, sehen sie, daß man ihn draußen aufgehängt hat. Ein SS-Mann erscheint und fragt, ob sie den Toten kennen. Die kurze Szene läßt offen, ob eine der Schwestern den Bruder vom Strick schneidet, weil er vielleicht noch leben könnte.

Dieses Vorspiel ist also parallel zur Prolog-Szene des Antigone-Stücks gestaltet. Die Berliner Schwestern bilden ein ähnliches Paar wie Antigone und Ismene. Eine Entsprechung zu dem Nebeneinander der epischen Antigone-Legende (s. u. S. 141 ff.) und der dramatischen Form ihrer Darstellung auf der Bühne stellt das Vorspiel dadurch dar, daß in ihm – jeweils signalisiert durch Tempuswechsel – die erste der beiden Schwestern aus ihrer dramatischen Rolle heraustritt und in das erzählende Präteritum fällt (1–4, 17–20, 27/28, 31–40, 51–54, 59–62, 67/68, 81/82, 90–93).

Wechsel zwischen epischer und dramatischer Rede

Dadurch, daß die Thematik des Zweiten Weltkriegs und des Hitler-Regimes anhand des kaum veränderten Handlungsablaufs, wie er im Drama des Sophokles vorliegt, behandelt wird, erhält sie eine bestimmte Akzentuierung. Als „das Sehenswerte dieses Antigonestückes“ sieht Brecht „die Rolle der Gewaltanwendung bei dem Zerfall der Staatsspitze“ an (70, 48). Er benutzt also das Handlungsschema des antiken Stücks dazu, dem Zuschauer Gelegenheit zu geben, einen typischen historischen Vorgang studieren zu können:

Beibehaltung der sophokleischen Handlungsstruktur

> Auch das Vorspiel konnte da nicht mehr tun als einen Aktualitätspunkt zu setzen und das subjektive Problem zu skizzieren. Das Antigonedrama rollt dann objektiv, auf der fremden Ebene der Herrschenden, das Gesamtgeschehen auf. Diese Möglichkeit, eine Staatsaktion von Ausmaß zu objektiver Darstellung zu bringen, war jedoch gerade durch den (andererseits fatalen) Umstand gegeben, daß das alte Stück durch seine historische Entrücktheit nicht zu einer Identifizierung mit der Hauptgestalt einlud ... (70, 48 f.)

Brechts Schwierigkeit, Stück und Thematik zusammenzubringen

Brecht formuliert hier seine Schwierigkeit, die sich ihm bei dem Versuch gezeigt hat, ein ‚historisch entrücktes‘ antikes Stück zum Vehikel der ‚objektiven Darstellung‘ einer ‚Staatsaktion von Ausmaß‘ zu benutzen. Das Handlungsgefüge dient ja bei Sophokles der Darstellung des tragischen Prozesses, in dem Antigone nicht hoffen darf, mit ihrem Widerstand gegen Kreons Willkür Erfolg zu haben, und in dem Kreon Antigones Tat falsch bewertet und so in die Verblendung und in die Katastrophe gerät. Da gibt es gar keine Trennung von ‚subjektiven Problemen‘ und ‚objektiver Darstellung‘. Nun soll das gleiche Handlungsgefüge die Aufgabe erfüllen, den historischen Prozeß in seinem Ablauf zu zeigen, in dem ein diktatorisches Herrschaftssystem zugrunde geht, weil es die Gewalt innen und außen falsch einsetzt. Denn nach innen werden auf jeden Verdacht oppositioneller Regungen hin ‚Säuberungen‘ durchgeführt. Die Gewalt nach außen aber wird in Form eines reinen Raubkrieges an fremden Rohstoffquellen und überdies als Ablenkung von innenpolitischen Spannungen vertan. Es ist nun interessant, daß Brecht die Möglichkeit zu einer solchen ‚Umfunktionierung‘ des alten Stücks gerade in dem Umstand sieht, daß man sich heute wegen der ‚historischen Entrücktheit‘ nicht mehr ‚mit der Hauptgestalt identifizieren‘ könne. In diesem Umstand sieht er die Chance, durch eine Bearbeitung der ‚Antigone‘ dem Zuschauer zu der Einsicht zu verhelfen, daß der Zweite Weltkrieg nicht der „Krieg Hitlers“, sondern „der Krieg der deutschen Bourgeoisie“ gewesen sei, welche Typen wie Hitler und „die Grausamkeit der nazistischen Staats- und Kriegsführung ... brauchte“, der Krieg sei „von Hitler im Auftrag geführt“ worden (Arbeitsjournal, 1. 3. 1948: 70, 17).

Brechts lehrhafte Absicht

Brechts Begründung für sein ‚Lehrdrama‘

Wirksamkeit des ursprünglichen Handlungsgefüges

In dieser Auffassung ist Brecht inzwischen von der Realität widerlegt worden. Die Wiederaufführungen der ‚Antigone', auch in der Brechtschen Bearbeitung, haben kaum seine Lehre von dem ‚Krieg der Bourgeoisie' verbreitet, immer aber ist das Handlungsgefüge des antiken Stücks wirksam geworden, so daß sich die Zuschauer trotz aller ‚historischen Entrückheit' mit der ‚Hauptgestalt identifiziert' haben, der Frau, die *Nein* gesagt und danach gehandelt und dafür mit ihrem Leben bezahlt hat.

Einbau der neuen Thematik: Textmontage

Daß das ursprüngliche Handlungsgefüge so wirksam bleiben konnte, ist dadurch bedingt, daß Brecht seine Thematik lediglich in die Szenenfolge der Hölderlinschen Sophoklesübertragung durch einzelne eigene Textelemente hineinmontiert hat. So hat

Beispiele

er z. B. die Vorgeschichte vom Raubkrieg gegen Argos in der Eingangsszene an die Stelle des antiken Mythos gesetzt (6–17, 30–33). In Kreons Staatsrede macht er es genauso (119–138), während in seine Wendung an den Chor die Aufforderung eingefügt wird, die Höhe der Kriegsopfer zu verheimlichen (143–173). Antigone weist in ihrer Verteidigung darauf hin, daß es sich um keinen Volkskrieg handle, daß es nur um Kreon gehe (407–424). Teiresias schließlich bringt in seinem Gutachten handfeste Beweise dafür, daß die Rede vom Endsieg reine Propaganda sei (975–984). Das Handlungsgerüst von Antigones Auflehnung gegen das unrechte und unmenschliche Bestattungsverbot eines allzu selbstherrlichen Gewaltherrschers und ihrem darauf folgenden Opfergang bleibt im wesentlichen unangetastet.

4. Personenkonstellation

Das Verhältnis Antigone/Kreon bei Sophokles

Auch die Personenkonstellation des sophokleischen Handlungsgefüges ist im wesentlichen beibehalten. Kreon fordert als Inhaber der rechtmäßigen Herrschaft von einer Verwandten Gehorsam gegenüber seinen Anordnungen. Er geht jedoch in dieser Forderung über jedes Maß hinaus und kommt so zu Fall. Antigone handelt aus Bruderliebe und Menschlichkeit und übertritt daher das Bestattungsverbot des Onkels. Dafür wird sie zum Tode durch Einmauerung verurteilt und erleidet klagend ihr Schicksal. Zur Charakterisierung Antigones behält Brecht großenteils Hölderlins Verse bei. Ihre Persönlichkeit wird durch die

Antigones Argumente, nicht ihr Charakter verändert

veränderte Thematik weniger betroffen. Lediglich ihre Argumentation enthält neue Elemente. Zu dem sophokleischen Hinweis auf das Bestattungsgebot der Götter (368–372) tritt der Vorwurf an Kreon, ein durch Terror herrschender Diktator zu sein:

> Und wo's der Gewalt gegen andere brauchet,
> Gegen die Eignen braucht's der Gewalt dann.
>
> (433/34)

Kreon, Bild eines modernen Gewaltherrschers

Daher wird die Kreonfigur mit den Charakterzügen eines solchen Gewaltherrschers ausgestattet. Anders als Kreon bei Sophokles, der seinen Standpunkt mit moralischen Argumenten der Staatsräson vertritt, handelt Brechts, mit Blick auf Hitler konzipierter, Kreon gewissenlos und nur auf Machterhalt bedacht. Deshalb wird er von bloßen Nützlichkeitserwägungen bestimmt, hat eine krankhafte Furcht vor Konkurrenten oder Oppositionellen und läßt ständig ‚Säuberungen' durchführen, um jeden auszuschalten, der ihm gefährlich werden könnte. Während der antike Kreon durch Leiden das Gebot der Götter achten lernt (Soph. 1348–52), ist der moderne unbelehrbar. Als er beim Kampf um Argos in Schwierigkeiten kommt und seine Taktik ändert, ist es nicht Furcht vor den göttlichen Rachegeistern (Soph. 1103/4), die ihn veranlaßt, Antigone aus ihrem Felsengrab zu befreien, sondern die Rücksicht auf seinen Sohn Hämon, der nach dem Tod des älteren Sohnes Megareus die Heerführung übernehmen soll.

Kreons Unbelehrbarkeit

Die Figur des Hämon bedurfte – wie die Gestalt der Antigone – keiner großen Veränderung. Er ist schon bei Sophokles der Vertreter demokratischer Prinzipien gegenüber dem Vater. Wie bei Sophokles (710/11) betont er, daß man bei Entscheidungen abweichende Meinungen berücksichtigen sollte (654–56). Als Beispiel nennt er die im Volk verbreitete Zustimmung zu Antigones Tat (Soph. 733 = Brecht 626–28). Nur sein Abschiedswort hat einen modernen Ton bekommen:

Hämons Charakter und Argumente unverändert

> Und ich schaff mich weg, daß du keinen sehn mußt,
> *Der aufrecht geht,* und zitterst.
>
> (706/7)

Eine eigenartige Umdeutung erfährt die Figur des Sehers Teiresias, die nun ihrer religiösen Dimension beraubt, aber im Handlungsaufbau nicht zu entbehren ist, weil sie die dritte Stufe der sich steigernden Reihe der Auseinandersetzungen darstellt, in der sich Kreons Tyrannenart immer deutlicher offenbart. Auf Antigones Protest im Namen der Menschlichkeit („... aber ich wollte doch lieber sie menschlich": 483/4) und Hämons Warnung vor einer auf Angst gegründeten Herrschaft („Furchtbar ist dein Name dem Volke": 599) folgt nun die Entlarvung durch den politischen Berater, der die Propagandalügen seines Herrn durchschaut. Er sieht „nur, was ein Kind sieht" (979/80),

Der Seher als Insider der Macht

Er kann sich einen Vers auf die Dinge machen, die er sieht

doch weiß er sich einen Vers darauf zu machen und erkennt, daß alle Vorbereitungen auf einen totalen Krieg mit ungewissem Ausgang deuten. Viele Charakteristika der Seherfigur sind beibehalten. Teiresias ist blind und betritt die Bühne an der Hand eines Knaben. Er schlägt den Ton überlegener Weisheit an („Unvermeidlich ist Sturz dem, der zu hoch vom Boden die Sohle hebt": 891/2). Er berichtet umständlich von der Vogelschau und faßt das Ergebnis in die Worte:

Sophokles:	Brecht:
So ward durch deinen Sinn die Stadt verseucht (1015).	Du Kreon bist's, durch den die Stadt erkrankte (932).

Brecht korrigiert Hölderlins Übersetzung

Hier trifft Brechts Wiedergabe den Sinn genauer als Hölderlins Übersetzung mit: „Und dies. Nach deinem Sinn erkrankt die Stadt" (1015). Auch das Bestechungsmotiv wird beibehalten mit dem Vorwurf, daß „die Seherzunft" das Geld liebe (Soph. 1055; Brecht 964). Der Hinweis auf frühere Zusammenarbeit zwischen König und Seher (Soph. 1058) ermöglicht den mühelosen Übergang in die Rolle eines weltlichen Beraters. Im Regiebuch heißt es dazu:

> *Frage:* Euer Seher hat deutlich keine übernatürliche Gabe. Ist er also, wenn er von den schlimmen Vogelzeichen spricht ein Schwindler?
> *Antwort:* Sagen wir: ein Deuter mit politischen Absichten. Dies herauszubringen, wird genügen.
>
> (70, 143)

Moderne Konnotationen zur Seherfigur

Gleichwohl macht sich der moderne Leser und Zuschauer seine Gedanken über diesen ‚Seher', der im antiken Sinne keiner mehr ist, dessen Fähigkeit, Zusammenhänge zu sehen, und dessen Informationsvorsprung vor den anderen ihn aber – gleichsam auf natürliche Weise – voraussehen lassen, was weiter geschehen wird. Man sucht unwillkürlich in Hitlers Umgebung nach einem Mann, der eine solche Kompetenz besaß und der ungestraft so offen zu dem Diktator sprechen durfte. Es ist unwichtig, ob man dabei etwa auf Albert Speer, Hitlers Rüstungsminister, oder jemand anderen kommt, Brecht rechnete jedenfalls mit einem solchen Mann in der engsten Umgebung des ‚Führers'.

Der Wächter als Untertanenkarikatur

Die schon bei Sophokles in der Wächterfigur angelegte Untertanenkarikatur übernimmt Brecht, um den typischen Mitläufer („mein Führer!": 186) in einer Dikatur zu zeichnen, der sich beeilt, seine Dienstpflichten zu erfüllen („der Fuß ist mir voraus dem Kopf": 188/9) und sich am liebsten aus allem heraushält

(„Ein ungesunder Ort, wo Hohe sich mit Hohen in den Haaren liegen“: 265/6). Auch in der modernen Massendiktatur gibt es – wie im antiken Theben – ein soziales Oben und Unten.

5. Die Rolle des Chors

Brecht behält die sophokleische Abfolge der Chorgesänge bei:

Abfolge der Chorlieder wie bei Sophokles

Sophokles:	Brecht:
Parodos (Siegeshymnus)	Einzug des Chors: Siegeslied
1. Stasimon (Standlied): Größe und Gefährdung des Menschen	Erster Chor: Größe und Gefährdung des Menschen
2. Stasimon: Vom Fluch, der auf dem Geschlecht des Ödipus liegt	Zweiter Chor: Warnung vor möglichem Verlust der Herrschaft
3. Stasimon: Hymnus auf den Liebesgott Eros	Dritter Chor: Lied auf den Gott der leiblichen Freuden
4. Stasimon: Beispiele mythischer Gestalten, die lebendig eingeschlossen wurden	Vierter Chor: Mythische Beispiele und Vorwürfe an Antigone, sie habe an den Vorteilen der Macht teilgehabt
5. Stasimon: Hilferuf an den Gott Dionysos, Thebens Schutzpatron	Fünfter Chor: Ruf an den Geist der Freude, seine Stadt vor dem Untergang noch einmal zu besuchen
Exodos: Der Chor gibt die Lehre aus dem Stück, Besonnenheit sei höchstes Glück	Schlußgesang: Es ist keine Zeit mehr zu lernen

Lyrische und dramatische Funktion

In durchaus antiker Weise singt der Chor auch bei Brecht noch seine Lieder an den Freudengott, den Patron der Stadt, stellt seine Betrachtungen an und erzählt die Mythen, die mit der Handlung etwas zu tun haben. Außer dieser lyrischen Funktion erfüllt er auch seine dramatischen Aufgaben, die er bereits bei Sophokles hat, d. h. er kündigt die einzelnen Auftritte an (114–118: Kreon; 311–317: Antigone; 493–496: Ismene; 573–577: Hämon; 744–748: Antigone; 884–886: Teiresias; 1228–1231: Botin). Oft kommentiert er auch den Abgang einer Person (708: Hämon; 857–861: Antigone; 1017–1021: Teiresias; 1286–1289: Kreon). Zweitens aber fungiert er als dramatische Person, und zwar als eine Gruppe einflußreicher Männer, die das Regime unterstützen. So erhalten sie von dem aus der Schlacht heimkehrenden Kreon sogleich den Auftrag, den Verlust an Kriegsmate-

Die Alten sind Vertreter des Großbürgertums in der Hitlerdiktatur

rial und an Menschen herunterzuspielen und das Bestattungsverbot zu billigen (146 ff.). Sie haben also offenbar die Möglichkeit, die öffentliche Meinung zu steuern. Als Antigone um ihre Beteiligung am Widerstand bittet, schweigen sie (421 ff.). Die Alten haben auch die Ordnung des Kults unter sich (536 ff., 729 ff.). Mögen sie auch mäßigend auf den König einzuwirken versuchen (685 ff.), so stehen sie doch Antigone kritisch gegenüber (862 ff.). Denn sie haben den Herrscher für ihre ökonomischen Interessen eingespannt (1062 ff.) und nehmen sich jetzt heraus, von ihm einen zutreffenden Lagebericht zu verlangen (1067 ff.). Wenn es nun zu gegenseitigen Vorwürfen kommt, so ist es ein Streit unter sich, zwischen dem Diktator und den Nutznießern des Regimes. Sie gehen schließlich mit dem Mann zusammen unter, den sie groß gemacht und unterstützt haben, weil sie nicht rechtzeitig die Zeichen der Zeit erkannt und sich auf die Seite des Widerstands geschlagen haben.

Umdeutung des religiösen Elements in ein Propagandainstrument

Für den antiken Zuschauer sind die Rollen des Chors als Sänger der Festlieder und als mitspielende Person leicht in Übereinstimmung zu bringen, weil er ja selbst in einer Person sowohl politisch mitwirkender Bürger wie Mitglied der feiernden Festgemeinde ist. Wenn in dem modernen Stück aber die Götter, das Schicksal und alle religiösen Motivationen menschlichen Handelns ‚herausgeschnitten' (so Brecht: 70, 19) sind, wird die kultische Funktion der Alten in dem Sinne uminterpretiert, daß der Kult ein Instrument der Menschenführung ist, das für die Interessen der Herrschenden eingesetzt wird, damit keiner die Ereignisse und Verluste „als übers Übliche ... gehend" (153) erkennt:

‚Trank des Vergessens'

> Groß nämlich ist Sieg und unwiderstehlich ist Bacchus,
> Wenn er der Sorgenden naht und reicht ihr den Trank des Vergessens.
> Fort, an dem sie genäht, das Trauergewand für die Söhne
> Wirft sie und hastet zur Orgie des Bacchus, suchend Erschöpfung.
>
> (725–728)

Solche Gedanken enthält der entsprechende Hymnus auf den Liebesgott bei Sophokles (781–799) nicht.

6. Zu Sprache und Stil

Vertrautes in Hölderlins Übertragung

Was die ‚Antigone' des Sophokles angeht, so hat sich Brecht ganz auf die Übersetzung von Hölderlin verlassen, zu der ihm Caspar Neher geraten hatte:

> Benutzt ist die Hölderlinsche (ziemlich getreue) Übertragung aus dem Griechischen; sie hat etwas Hegelisches, das du erkennen wirst, und einen dir wohl nicht erkennbaren schwäbischen Volksgestus ... (Brief an Sohn Stefan v. Dez. 1947; 70, 19)
> Ich finde schwäbische Tonfälle und gymnasiale Lateinkonstruktionen und fühle mich daheim ... (Arbeitsjournal, 16. 12. 1947; 70, 12)

Keine philologische Texttreue erwünscht

Brecht ist an philologischer Texttreue nicht interessiert und sucht eigentlich nur eine Vorlage, die es ihm erlaubt, „aus gegebenen klassischen Elementen eine erhöhte Bühnensprache zu entwickeln", wie es in dem Brief an den Sohn weiter heißt. Er geht denn auch so souverän mit seiner Vorlage um, daß man von einer ‚Antigone' Brechts sprechen kann. Bunge hat ausgerechnet, daß er nur 19,5 % der Hölderlinverse wörtlich, weitere 12,6 % in der Weise der Anlehnung übernimmt.
Aber der Schwabe Brecht fühlte sich mit dem Schwaben Hölderlin sprachverwandt, weil dessen ‚harte Fügung' seinem eigenen aufgerauhten Rhythmus entsprach.

Umgang mit dem Hölderlin-Text

Schon gleich zu Anfang zwang das neue thematische Konzept Brecht dazu, Hölderlin sozusagen das Wort aus dem Munde zu nehmen und dessen Rede auf eigene Weise fortzusetzen.
Wo bei Sophokles/Hölderlin die beiden Schwestern das traurige Los der Ödipuskinder beklagen und vom Schlachtentod der Brüder erzählen, die sich gegenseitig getötet, schließt Brecht seine veränderte Fassung an:

> In langem Krieg, einer mit vielen
> Fiel Eteokles uns, der Bruder. Im Zug des Tyrannen
> Fiel er jung. Und, jünger als er, Polyneikes
> Sieht den Bruder zerstampft unterm Gäulehuf. Weinend
> Reitet er aus unfertiger Schlacht, denn anderes andrem
> Bescheidet der Schlachtgeist, wenn der hart
> Anregend einem mit dem Rechten die Hand erschüttert.
> Schon
> Hat der hinstürzende Flüchtling
> Die Dirzäischen Bäche gequert, aufatmend
> Sieht er Thebe, die Siebentorige, stehn, da greift
> Den vom Blut des Bruders Besprengten Kreon, der hinten
> Einpeitscht alle sie in die Schlacht, und zerstückt ihn.
>
> (6–17)

Diese Sprache setzt die Erfahrungen des ‚totalen Krieges' voraus, dem sich keiner mehr entziehen kann, Erfahrungen, wie sie erst die Menschen des 20. Jahrhunderts gemacht haben.

Vergleich der Fassungen des ersten Standliedes

Wie Brecht verfährt, um sein modernes Menschenbild an die Stelle des antiken Bewußtseins von der menschlichen Begrenztheit durch Götter und Schicksal zu setzen, lehrt ein Vergleich der beiden Fassungen des ersten Standlieds (Brecht 268–310; Hölderlin 332–375).

Soweit es als Preisgesang auf den allmächtigen Menschen der technischen Zivilisation verstanden werden kann, hat Brecht das Chorlied unangetastet gelassen. Erst bei der letzten Strophe, an der sich der Sinn des griechischen Originals entscheidet, greift er ein. Sophokles (und Hölderlin mit ihm) meint, daß hinter den ungeheuren Fähigkeiten des Menschen die unheimlichen Möglichkeiten lauern, die ihm mit der Freiheit der Willensentscheidung in die Hand gegeben sind. Er kann sich an die Grenze halten, welche ihm Göttergebot und Rechtsanspruch der Mitbürger ziehen. Er kann sich aber auch darüber hinwegsetzen und damit die religiöse und politische Ordnung der Gemeinschaft aufs Spiel setzen. Beide Möglichkeiten sind in dem Doppelsinn des griechischen Wortes (deinós) enthalten, das hier mit „ungeheuer" wiedergegeben ist. Die Warnung richtet sich vordergründig an Antigone, welche staatliche Satzung übertreten hat, aber in Form der Vorausdeutung auch an Kreon, der mit dem Bestattungsverbot die ihm gesetzte Grenze überschritten hat. Bei Brecht entfällt die religiöse Dimension. Deshalb muß er einen Schluß finden, der im Bereich der Diesseitigkeit bleibt, wo der Mensch mit seinesgleichen gesellschaftlich zusammenleben muß. Das gelingt ihm dadurch, daß er mit Hilfe der Doppelbedeutung des griechischen Begriffs eine Strophe bringt, in der vom Mißbrauch der Macht gegenüber dem Mitmenschen die Rede ist und das Stichwort, mit dem das Lied begann, wiederholt wird und so das ganze Gedicht zusammenschließt:

Doppelsinn des Wortes ‚ungeheuer' (griech: ‚deinós')

‚ungeheuer' ist der Mensch, wenn er Macht über Menschen gewinnt

Nicht den Magen
Kann er sich füllen allein, aber die Mauer
Setzt er ums Eigene, und die Mauer
Niedergerissen muß sie sein! Das Dach
Geöffnet dem Regen! Menschliches
Achtet er gar für nichts. So, *ungeheuer*
Wird er sich selbst.

(304–310)

Hinter den Worten steht die Vorstellung, daß der Mensch für den Mitmenschen weniger furchtbar sein werde, wenn die durch das Privateigentum gesetzten „Mauern" fallen.

In seiner Untersuchung der „Strukturelemente und Pathosformen“ der Sprache Brechts in seiner Antigone-Bearbeitung hat Rainer Pohl auf folgende Eigenheiten hingewiesen (70, 245–260):

‚Harte Fügung‘

(1) ‚Harte Fügung‘: Mit diesem der antiken Rhetorik entstammenden (Quintilian IX 142) Terminus hat man in der Hölderlin-Forschung (42, 129 ff.) die Verknappung und Raffung des Ausdrucks gegen alle Stiltraditionen bezeichnet, die sich etwa als Nachvornziehen bestimmter Satzteile oder in abgekürzten Partizipkonstruktionen oder durch Substantivierung verbaler Fügungen äußert:

> ... den uns das tückische Argos gemacht hat, der Krieg, am Ende ist er noch nicht und fähret nicht gut. (1029 ff.)
>
> Heimkehrend aus der Schlacht ... traf einzig sie ich unbotmäßig, unserm Haus den Sieg mißgönnend, an ... (581 ff.)
>
> Und war ein Wüten, Sich-mit-Klauen-Zerrn in schlachtendem Geflügel ... (923 f.)

Volkstümliche Wendungen

(2) Vorliebe für volkstümliche Ausdrucksweise: Als Antigone zum Tode geführt wird, bittet Ismene: „Ich kann nicht leben ohne diese.“ Darauf erwidert Kreon gut schwäbisch: „Die Red ist nicht von dieser. *Die ist nimmer*“ (529). Vorher hat er sich bemüht, Antigone zum Widerruf ihrer Taten zu bewegen:

> *Kreon:* So frag ich dich: da du's gemacht hast heimlich *Und ist jetzt offen worden,* würd'st du sagen,
> Und schwere Straf so meiden, daß dir's leid tut?
> (Antigone schweigt)
> *Kreon:* So sag, warum du störrig bist.
> *Antigone: Halt* für ein Beispiel.
>
> (386–390)

Auch das häufige Weglassen des Endungs-e bringt eine Nähe zur volkstümlichen Umgangssprache.

Altertümliche Ausdrucksweise

(3) Archaismen: Wo die Alten Ismenes Kommen ankündigen, ersetzt Brecht Hölderlins Verbform „waschet“ in „wäscht“ (495/6), ändert aber im gleichen Vers Hölderlins „Tränen“ in das alte Wort „Zähre“. Gleich im Eingangsdialog heißt es statt des Hölderlinschen „Ob mittun du, mithelfen wollest“ (41) „Ob du mir *hülfest*“ (44), anstelle der Frage „Wie bist du daran?“ die altertümliche Formulierung „In welcher Fährlichkeit?“. Das Meiden unverständlich gewordener archaischer Hölderlinausdrücke besagt also keineswegs, daß Brecht keine Archaismen geliebt habe.

Charakterisierung der Figuren durch Sprache

(4) Charakterisierung durch Sprache: Weit über Sophokles und Hölderlin hinaus zeichnet Brechts Sprache die Charaktere der dramatischen Figuren. So wird beispielsweise Kreons Grausam-

keit durch seine Art gekennzeichnet, die Verluste des Gegners nachzurechnen:

> Argos
> ist nicht mehr, *Abrechnung* war
> Völlige. Von elf Stadtschaften
> Entrannen wenige, die wenigsten.
>
> (119–122)

Das grausame Vorgehen gegen Oppositionelle in den eigenen Reihen aber wird in den zynischen Worten verdeutlicht, die er drohend zu seinem Ältestenrat spricht:

> Doch mancher hat auch nur
> Den Kopf so lang geschüttelt, bis der abfiel.
> Und das bringt mich zu dem: mehr leider braucht's,
> Gereinigt muß die Stadt sein...
>
> (181–184)

Sprachliche Abbildung geistiger Vorgänge

In der Konjunktionenkette des folgenden Ausschnitts wird das Verfahren gekennzeichnet, mit dem Teiresias sich aus Einzelinformationen, die ihm zu Ohren kommen, das Bild der öffentlichen Meinung über die Ereignisse zusammensetzt:

> Und es heißt,
> Daß Hämon ging, dein Sohn, von dir verstört,
> Weil du Antigone, ihm anverlobt,
> In einen Felsgrund warfst, wie die dem Bruder,
> Dem Polyneikes, wollt ein Grab aufmachen,
> Weil du den niederschlugst und grablos ließest,
> Wie er sich wider dich erhob, weil ihm
> Dein Krieg den Bruder nahm, Eteokles.
>
> (991–998)

Durch die Mitteilung dieses Bildes, das sich die Leute von den Ereignissen gebildet haben, soll Kreon vorgeführt werden, daß man die Zusammenhänge durchschaut hat.

Sprechweise in Satzfragmenten

(5) Gestraffter Sprachgestus: Im Eingang zur ersten Wächterszene wird sowohl bei Sophokles wie auch Hölderlin und Brecht die innere Verfassung des mit unwillkommener Botschaft nahenden Mannes sprachlich zum Ausdruck gebracht. Während aber Sophokles, der sie durch drastische Wortwahl und kurze Sätze charakterisiert, sowie Hölderlin, welcher den Wächter poetisch reden läßt, syntaktisch korrekte und vollständige Formulierungen verwenden, läßt Brecht den Mann in abgerissenen, alogisch konstruierten Satzfragmenten sich äußern:

Herr!
Mein Führer, atemlos, schnellste Kunde
Eil ich einzuhändigen, frag nicht, warum nicht
Noch schneller, der Fuß ist
Mir voraus dem Kopf, oder
Zieht der Kopf den Fuß nach sich, denn
Wohin geh ich, und wie lang noch in
Der Sonne, ohne Atem, aber doch
Immerhin geh ich.

(185–193)

Gerade gegenüber Hölderlin wird die Situation, in welcher sich der Wächter befindet, durch diesen Sprachgestus weit treffender zum Ausdruck gebracht.

Hoher Stil bei Brecht

(6) Kultisch überhöhte Sprache: In den Chorpartien bemüht sich Brecht, die Sprachlage, die für diese Teile des antiken Dramas kennzeichnend war, nachzuahmen. Doch scheint er sich der Wirkung dieser Textabschnitte nicht ganz sicher zu sein. Deshalb kommentiert er sie in den ‚Anmerkungen zur Bearbeitung'. Das scheint bei den Vorwürfen der Alten auf dem Todesgang Antigones besonders nötig zu sein:

Aber auch die hat einst
Gegessen vom Brot, das in dunklem Fels
Gebacken war. In der Unglück bergenden
Türme Schatten: saß sie gemach bis
Was von des Labdakus Häusern tödlich ausging,
Tödlich zurückkam; die blutige Hand
Teilts den Eigenen aus und die

Nehmen es nicht, sondern reißen's.
Hernach erst lag sie
Zornig im Freien auch
Ins Gute geworfen!
Die Kälte weckte sie.

(862–873)

Interpretationsbedürftige Ausdrücke

Das ‚im dunklen Fels gebackene Brot', sind die Erträge aus den Erzgruben, die ‚Unglück bergenden Türme' die Zwingburgen, die ‚Kälte', durch die Antigone zur Menschlichkeit erwachte, die Gewalt, die der Tyrann gegen seine eigenen Anhänger anwendet. So erläutert Brecht selbst seine Verse:

> Nun wirft der Chor ihr vor, daß auch sie lange das Unrecht geduldet hat. Sie hat Brot gegessen, das in Knechtschaft gebakken wurde, sie saß gemächlich im Schatten der Zwingburgen. Erst als die Gewalt, die vom Haus Ödipus ausgeteilt wurde, in dieses Haus zurückschlug, erwachte sie.

(70, 216)

Das Prinzip der ‚harten Fügung'

Brechts Prinzip der ‚harten Fügung' hat im Bereich der Komposition zur Folge, daß die Geschehnisse sich nicht unmerklich folgen, sondern Brüche zeigen, damit „man mit dem Urteil dazwischenkommen" kann (Kl. Organon Nr. 67). Auf dem Feld der Aufführungspraxis wirkt es sich darin aus, daß Text, Musik, Bühnenbild, schauspielerische Darbietung usw. nicht etwa zu einem Gesamtkunstwerk verschmelzen, das die Zuschauer verzaubert, sondern getrennte Elemente bleiben, die sich gegeneinander sperren und einander verfremden (Kl. Organon Nr. 74). Die Risse und Sprünge, die bei diesem Verfahren im dramatischen Werk entstehen, werden also nicht zugedeckt, sondern deutlich herausgestellt, um das Publikum aktiv an der Verarbeitung des Geschauten und Gehörten zu beteiligen. Dem gleichen Prinzip entspricht auch Brechts sprachlich-stilistisches Verfahren.

Brechts Arbeitsweise

Er arbeitet in seiner ‚Antigone des Sophokles, nach der Hölderlinschen Übertragung für die Bühne bearbeitet', deshalb nicht einfach an der Vorlage entlang, um sie nur teilweise zu verlassen, wenn es ihm nötig erscheint, sondern er gestaltet ein eigenes Konzept, bei dessen Realisierung er nach dem Hölderlin-Text greift, wenn er ihn gebrauchen kann. Er arbeitet nach dem Prinzip der Montage in einen eigenen Text Elemente aus anderen Texten hinein. Sein Konzept verlangt z. B. beim ersten Auftreten Kreons den Tyrannen in seiner Grausamkeit zu charakterisieren. Das geschieht dadurch, daß er Kreon das Bild der Zerstörung, die er im Land Argos angerichtet hat, mit einer Phantasie ausmalen läßt, die sich daran weidet.

Textmontage

Dazu benutzt Brecht einen Textausschnitt, den er in Goethes ‚Noten und Abhandlungen zu besserem Verständnis des West-östlichen Divans' gefunden hat. In einem Gedicht aus Mohammeds Zeit wird dort von der Blutrache erzählt, die eine Sippe an einer anderen nimmt und die mit einem grausamen Bild der Erschlagenen endet. Unser Beispiel beginnt mit der Ankündigung Kreons durch den Chor, in die ein Vers von Hölderlin wörtlich übernommen wird. Dann stellt sich Kreon selbst in Brechtschen Versen vor, die seine Siegestrunkenheit kennzeichnen. Das Bild der Zerstörung geht schließlich über in die Strophen 27 und 28 der von Goethe aufgezeichneten Ballade. Auch dieses Textstück wird der eigenen Absicht angepaßt, indem z. B. die „Wölfe" des arabischen Gedichts in die in Europa geläufigeren „Hunde" verwandelt wurden:

Brecht:

Aber er, der Bringer des Sieges
Kreon, Menökeus' Sohn, hastete wohl
Her vom Schlachtfeld, Beute zu künden und
Endliche Rückkehr der Krieger, da er zusammenberufen
Und verordnet hier der Alten Versammlung.
Aus dem Hause tritt Kreon.
Kreon
Ihr Männer, teilt's mit allen: Argos
Ist nicht mehr. Abrechnung war
Völlige. Von elf Stadtschaften
Entrannen wenige, die wenigsten!
Wie's von der Thebe heißt: dem Glück
Wirfest du Zwillinge gleich; und mürbe
Machet dich nicht das Unglück, es selber
Wird mürbe. Deines Speeres Durstigkeit
Ward gelöschet mit erstem Trinken. Versagt war ihm nicht
Wiederholtes Trinken. Auf rauhen Ruhplatz
Legtest, Thebe, du das Argosvolk. Stadtlos, grablos
Liegt jetzt im Freien, das deiner spottete.
Und du siehst hin
Wo einst ihre Stadt war
Und du siehst Hunde
Denen glänzet das Angesicht.
Die edelsten Geier fliegen zu ihr; sie schreiten
Von Leichnam zu Leichnam
Und von dem reichlich bereiteten Mahle
Nicht in die Höhe können sie steigen.

Hölderlin:

Doch er, der König der Gegend,
Kreon, Menökeus' Sohn, neu nach
Der Götter neuen Verhängnissen,
Kommt wohl, um einen Rat
Zu sagen, da er zusammenberufen
Und verordnet hier der Alten Versammlung,
Und öffentliche Botschaft gesendet.

Zweite Szene

Kreon, der Chor
Kreon Ihr Männer, wär's die Stadt allein, die haben,
Nachdem in großer Flut sie die geschüttert,
Nun wiederum gestaltet unsre Götter.
Euch aber rief aus zwei Ursachen ich
Aus den Gesamten, einmal, weil ich weiß,
Ihr achtet überhaupt von Lajos' Thron die Herrschaft,
Dann auch, als Ödipus die Stadt errichtet,
Und nachher unterging, seid treugesinnt
Geblieben ihr den Kindern jener Eltern ...

Goethe:

27
Da lachten die Hyänen
Beim Tode der Hudseiliten.
Und du sahest Wölfe
Denen glänzte das Angesicht.
28
Die edelsten Geier flogen daher,
Sie schritten von Leiche zu Leiche,
Und von dem reichlich bereiteten Mahle
Nicht in die Höhe konnten sie steigen.

Wenig bedarf es, um sich über dieses Gedicht zu verständigen. Die Größe des Charakters, der Ernst, die rechtmäßige Grausamkeit des Handelns sind hier eigentlich das Mark der Poesie ...

Umfunktionierung übernommener Textausschnitte

Bisweilen wird ein montiertes Textstück so umfunktioniert, daß es im neuen Zusammenhang das Gegenteil von dem bedeutet, was es im Ausgangstext bedeutet hat. Ein Beispiel findet sich in dem Gespräch zwischen Kreon und Haimon. Der Sohn möchte dem Vater sagen, wie man im Volk wirklich über ihn denkt. Als der Vater den Versuch als Frechheit zurückweist, erwidert Haimon:

Von vielem Verwalter bis du. Wenn etwa du liebst
Gerüchte lieblich immer zu hören, nicht
Mühe zu sehr dich mit Aufwand: löse
Gleich wie ein nicht mehr steuernder Mann das Segel und treibe!
Furchtbar ist dein Name dem Volke. So, auch wenn Großes
Aufflammt, Kleines würde dir zugetragen doch höchstens.

(595–600)

Vergleich mit dem ursprünglichen Kontext

Gemeint ist, daß der Herrscher, weil er für vieles Verantwortung trägt, nicht immer nur gute Nachricht über die Stimmung im Lande erwarten dürfe. Dann solle er lieber gleich die Hand vom Steuer nehmen, d. h. zu regieren aufhören. Da man aber Angst vor ihm habe, würde man ihm die wirklichen Probleme verschweigen und ihn nur Unwichtiges wissen lassen. Der Stelle liegt ein Passus aus der ersten pythischen Ode Pindars zugrunde, deren – allerdings fehlerhafte – Übertragung durch Hölderlin so lautet:

„Wenn etwan auch ein geringes aufflammt
Großes wird getragen
Zu dir. Von vielem Verwalter
Bist: viele Zeugen den beeden sind treue.
Wohlblühend aber im Stolze bleibend.
Wenn etwa du liebst Gerüchte lieblich immer
Hören, nicht mühe zu sehr dich mit Aufwand,
Und löse wie ein steuernder Mann
Das Segel, das wehende."

Es handelt sich um ein Festlied für den Tyrannen Hieron von Syrakus anläßlich der Einweihung einer von ihm gegründeten Pflanzstadt (461 vor Chr.). Die von Hölderlin mißverstandene Stelle hat Brecht nicht verwendet („viele Zeugen ... bleibend"). Den Rest bringt er in eine andere Reihenfolge. Den Zusammenhang des Pindartextes kann er nicht gebrauchen. Dort wird nämlich rühmend, nicht warnend zum könglichen Adressaten gesprochen:

Denn entfährt nur ein nichtiges Wort dir,
Halten die Leute es für wichtig. Haushalter für viele
Bist du; viele Zeugen für gute und böse Taten sind um dich.
Bleib deinem Charakter treu und laß,
Wenn du von den Leuten gerühmt sein willst,
etwas springen!
Spanne weit wie ein tüchtiger Steuermann
die Segel im Wind.

(Pindar, Pyth. I, 87–92)

Es war Brauch des Dichters, den fürstlichen Auftraggeber am Ende des Liedes an das Honorar zu erinnern. Denn der Dichter sorgt für den Nachruhm der Herren („Gerüchte lieblich immer"). Während bei Pindar (und Hölderlin) gemeint ist, daß der Adressat sich, den Wind der guten Nachrede im Rücken, getrost auf das Meer der Geschichte hinauswagen könne, kehrt Brecht den Sinn des Bildes um und sagt, daß jemand, der nur Gutes über sich selbst hören, d. h. Schmeichlern sein Ohr öffnen will, das Steuer des Staatsschiffs gleich aus der Hand geben und sich vom Wind treiben lassen könne. In diesem Sinne wird auch der nun ans Ende gerückte Irrealis umgedreht:

Umkehrung des ursprünglichen Textsinns

Hölderlin:	Brecht:
Wenn etwa auch ein geringes aufflammt, Großes wird getragen zu dir...	So, auch wenn Großes aufflammt, Kleines würde dir zugetragen doch höchstens.

7. Zur Aufführungspraxis

Da Brecht mit seinen Bühnenstücken eine bestimmte gesellschaftliche Wirkung erzielen wollte, verband er seine ‚Antigone'-Bearbeitung mit einer bestimmten Aufführungspraxis, die er in dem ‚Antigonemodell 1948' dokumentierte:

Eine neue Spielweise beabsichtigt

> Da es sich weniger darum handelte, daß sich eine neue Dramaturgie, mehr darum, daß sich eine neue Spielweise an einem antiken Stück versuche, kann die neue Bearbeitung nicht in der üblichen Weise den Theatern zur freien Gestaltung übergeben werden. Es wurde ein verpflichtendes Aufführungsmodell hergestellt, das aus einer Sammlung von Photographien nebst erklärenden Anweisungen ersichtlich ist. (70, 49)

Die im ‚Antigonemodell 1948' dokumentierte Aufführungspraxis soll dem Zuschauer ermöglichen, seine Aufmerksamkeit den gesellschaftlichen Aufschlüssen des Bühnenvorgangs zuzuwenden. Das kann er nicht, meint Brecht, wenn er sich mit der gespielten Welt identifiziert, sich in sie hineinziehen läßt und seine Aktivität dabei verbraucht. Er soll vielmehr die Rolle eines distanzierten und kritischen Betrachters einnehmen, der die gespielte Welt studiert und seine Aktivität dafür einsetzt, aufgrund dieses Studiums die sich daraus ergebenden Entscheidungen zu treffen (64, 19 f.). Diese neue Zuschauerrolle sollte durch die neue Spielweise ermöglicht werden, wie sie im Modellbuch in allen Details beschrieben wird.

Der Zuschauer soll zum Handeln aufgefordert werden

Elemente des Modellbuchs

In dieser Beschreibung sind mehrere Textarten und Bildelemente miteinander kombiniert. Der Bühnenbildner Caspar Neher hat *Szenenskizzen* beigesteuert. Der Entwurf für das Vorspiel (69, 11) weist z. B. folgende Elemente auf: Es wird eine geweißte Wand an Drähten herabgelassen, Küchentisch, Stühle, Wandschrank hingestellt. Über der Wand zeigt man zu Beginn eine Tafel mit Orts- und Zeitangabe.

Szenenfoto

Brechts Mitarbeiterin Ruth Berlau hat viele Szenenfotos gemacht, hier für die Eingangsszene (70, 73):

Dramentext und epische ‚Brückenverse'

Hierzu gehören nun der *Dramentext* und die entsprechenden *‚Brückenverse'* aus der Antigone-Legende:

Text:	Brückenverse
Vor dem Palast des Kreon. *Tagesanbruch.* Antigone *in einen eisernen Krug Staub sammelnd:* Schwester, Ismene, Zwillingsreis Aus des Ödipus Stamm, weißt du etwas Irrsal, traurige Arbeit, Schändliches Das der Erde Vater noch nicht verhängt hat Über uns, die bis hierher lebten? (...)	Aber Antigone ging, des Ödipus Kind, mit dem Kruge Staub aufsammeln, damit Polyneikes' Leib zu bedecken, ... Und Ismene, die Schwester, betraf sie beim Sammeln des Staubes ...

Regieanweisung und Kommentar

Das Spielgeschehen wird durch *Regieanweisungen* angeleitet. Die *Spielweise* wird dem Zuschauer dadurch *erläutert*, daß die Verfasser auf dessen fingierte Fragen Antwort erteilen:

Regieanweisung:	Kommentar:
Die Alarmplatte wird zweimal geschlagen. Die Darstellerinnen der Antigone und der Ismene stehen auf und gehen schnell zur Grenze des Spielfeldes, das zwischen den vier Pfählen liegt. Antigone hat den Eisenkrug von der Bank mitgenommen und nimmt ihn nun in der geplanten Weise an die linke Hüfte. Sie wendet den Kopf, die Heimlichkeit des Ganges anzudeuten, und geht weiten Schrittes über das Spielfeld. Das Gehen mit dem Krug muß, so kurz es dauert, einprägsam in seiner Freiheit sein, damit sie beim Brettschleppen in der Streitszene desto mehr fehle. Das Staubaufsammeln unter dem Schädelpfahl geht eine Weile; dann überschreitet die Darstellerin der Ismene die Spielfeldgrenze.	*Frage:* Wie haben sich die Schauspieler zu verhalten, die gerade nicht spielen? *Antwort:* Die auf den Bänken im Hintergrund ihre Auftritte abwartenden Schauspieler können lesen, kleinere Bewegungen ungeniert machen, etwa sich schminken oder unauffällig abgehen. Das stört bei richtiger Spielweise so wenig, wie das recht hörbare Klicken von drei Kameras während der Churer Uraufführung störte. Die Schauspieler, die mit ihrer Rolle fertig sind, gehen endgültig ab.

Schauspieler und Requisiten

Wie die Schauspieler, die gerade keinen Auftritt haben, dem Publikum sichtbar bleiben, da sie hinter dem Spielfeld auf ihrer Bank sitzen, so kann man an dem Gerätebrett am linken Bühnenrand die nicht benutzten Requisiten sehen, Maskenstäbe, Totengaben (Schale mit Hirse, Krug mit Wein), Lorbeerkränze, Kreons Schwert. Wenn sie gebraucht werden, so holt sie der betreffende Spieler vor dem Betreten des Spielfeldes herunter und bringt sie nach Gebrauch zurück. Die Begrenzung des Spielfeldes durch vier Stangen mit Pferdeschädeln sollte das Feld als Bestandteil einer vergangenen Welt kennzeichnen, in der die Motive mythologisch verhüllt waren, während der Bearbeiter diese nun in seiner ‚Durchrationalisierung' durch materielle, soziale, politische Motive ersetzt habe, wie Witzmann es ausdrückt (75, 84). Auf diese Weise will das Modellbuch den Zuschauer in die von Brecht beabsichtigte kritische Distanz bringen.

Die Funktion der ‚Antigone-Legende'

Was hat es mit den ‚Brückenversen' auf sich? Während im Vorspiel (s. o. S. 124) der Wechsel von dramatischer und epischer Rede zum Stücktext gehört, ist die Zuordnung der Hexameter der Antigone-Legende (70, 166–171) zu den einzelnen Auftritten ein grundlegendes Element der Probenarbeit: Um die Darstel-

lung der Fabel unterzuordnen, wurden den Schauspielern beim Probieren Brückenverse gegeben, welche sie in die Haltung von Erzählern brachten. Bevor die Darstellerin der Antigone zum erstenmal die Spielfeldgrenze überschritt, sagte sie (und hörte in späteren Proben den Inspizienten sagen): „Aber Antigone ging, des Ödipus Kind, mit dem Kruge, Staub aufsammeln ..."
Die folgende Übersicht zeigt, welche Verse zu den einzelnen Auftritten gehören:

Dramatischer Text (70,68–165):	Epischer Text (70,166–1717):
1. Antigone/Ismene (1–105)	Aber Antigone ging, des Ödipus Kind, mit dem Kruge Staub aufsammeln... (1–10)
2. Die Alten: Einzugslied (106–118)	Aber vom Schlachtsieg hörend im langen Krieg um das Grauerz... (11–15)
3. Kreon/Die Alten: Staatsrede (119–184)	Und zurück aus der Schlacht, voraus dem Heere vor Argos, kam der Tyrann... (16–24)
4. Wächter/Kreon/Die Alten (185–267)	Da kam ein Bote... (24–27)
5. Die Alten: Lied von der Macht des Menschen (268–310)	Wandelnd die Köpfe gesenkt, bedachten die Alten... (28–31)
6. Wächter/Kreon/Die Alten/Antigone (311–492)	Als nun Antigone wurde gebracht und vernommen, warum sie so das Gesetz brach... (32–55)
7. Kreon/Antigone/Ismene (493–535)	Und es trat aus dem Haus Ismene, die Schwester... (56–63)
8. Die Alten: Chorlied (536–572)	Dienstbar reichten die Alten dem Herrscher die Maske des Bacchus ... (64–67)
9. Kreon/Haimon (573–707)	Und es trat zu ihnen des Herrschers Jüngergeborner... (68–77)
10. Die Alten/Kreon: Lied an den Liebesgott (708–743)	Finster begibt sich der Sieger zum Fest... (78–88)
11. Die Alten/Antigone: Weihegaben und Totenklage (744–856)	Als Antigone nun aus Kreons Hause geholt ward... (89–111)
12. Die Alten: Vorwürfe an Antigone (857–886)	Blicklos sahen die Alten ihr nach und sprachen das Chorlied... (112–115)
13. Teiresias/Kreon/Die Alten (887–1016)	Doch noch kann die Warnerin nicht zur Grube gelangt sein, als in der feiernden Stadt ein finsteres Wissen sich einstellt... (116–139)

14. Die Alten/Kreon: Gegenseitige Vorwürfe (1017–1118)	Und Dumpfiges murmelnd, schickte zu gehn der Tyrann sich... (139–153)
15. Botenbericht: Megareus tot, Feind im Anmarsch (1119–1163)	Und noch hing in der Luft der drohende Name Megareus, als ein Bote erschien... (154–162)
16. Kreon/Die Alten: Haimon soll statt des gefallenen älteren Bruders das Heer führen (1164–1188)	Aber auch Kreon schrie da, laut auf schrie da der Vater. Sagten die Alten... (163–171)
17. Die Alten: Chorlied an den Patron der Stadt (1189–1231)	Aber die Alten stellten sich auf und schlugen die erznen Becken, zu wecken die Stadt vom tödlichen Rausche des Sieges... (172–175)
18. Botenbericht: Tod Antigones und Haimons (1232–1277)	Und es kam durchs Toben der Stadt ein kindlicher Bote... (176–180)
19. Kreon/Die Alten: Schlußszene, Thebens Untergang (1278–1300)	Und von Antigones Mägden geführt, empfingen die Alten schaudernd den Führer ... Und elend und furchtsam, unbelehrbar, stolperte er, der viele geführet, jetzt der stürzenden Stadt zu. Aber die Alten folgten dem Führer auch jetzt, und jetzt in Verfall und Vernichtung (181–189)

8. Interpretationsansätze

Marxistische Deutung

Die Beschäftigung mit Brechts Antigone-Bearbeitung ist in der früheren DDR intensiver gewesen als sonstwo. Man verstand den Text auf dem Hintergrund einer ganz bestimmten Auffassung von der antiken Vorlage in Kategorien des historischen Materialismus. Antigone beziehe sich mit der Totenehrung des Bruders auf ein älteres Recht, nämlich die Gentilordnung. Daher könne sie Kreons Begründung des Bestattungsverbots, daß Polyneikes als Verräter kein Grab verdiene, nicht akzeptieren. Das alte Recht stehe dem neuen Recht der Klassengesellschaft, das Kreon vertritt, entgegen. Doch sei Kreon mit der Verteidigung des Polisstandpunkts historisch gegen Antigone im Recht, weil die Polis das historisch Progressive sei:

> Zugleich aber schwinden mit dem Untergang des Alten gewisse Elemente von Humanität, und das geschichtlich Neue zeigt Züge von Inhumanität. Das Humane findet erst jenseits der Klassengesellschaft, der auf Herrschaft und Unterdrückung beruhenden Gesellschaftsstrukturen, wieder einen echten Lebensgrund.
>
> (75, 81)

Zusammenprall zweier historischer Epochen

Kreons historisches Recht

Durch diesen historischen Widerspruch, heißt es weiter, erkläre sich, wieso Hegel jedem der beiden Gegenspieler ein objektives Recht für seinen Standpunkt zubillige (s. o. S. 61) und keine inneren Konflikte vorgeführt würden: „Zwei historische Epochen prallen in aller Schärfe gegeneinander." Nun gebe aber Sophokles in diesem Kampfe gegensätzlicher gesellschaftlicher Strukturen und Rechtsnormen offensichtlich dem Kreon unrecht. „Gegen diese Lesung der Antigonefabel wendet sich Brechts Bearbeitung." Er ändere Entscheidendes durch seine Eingriffe in die Motivierung, „um den progessiven Gehalt des alten Stückes herauszuarbeiten". Diese Änderung bestehe darin, daß Brecht das Stück nicht mehr auf einem dynastischen Bruderkrieg aufbaue, in dem die Gentilgesellschaft politisch zusammenbricht, sondern auf einem Raubkrieg gegen die Nachbarstadt, einer für die Praxis der Klassengesellschaft typischen Aktion. ‚Antigone' sei für Brecht kein moralisches oder psychologisches Stück, die Personen keine Vertreter gewisser sittlicher Prinzipien. Er arbeite vielmehr den „realen historischen Vorgang" heraus.

Gegenteilige Interpretation

Während hier die Brechtsche Bearbeitung durch Rückgriff auf einen materialistisch umgedeuteten Hegel (der von einer „Kollision der beiden höchsten sittlichen Mächte" spricht) interpretiert wird, zieht Käte Hamburger den gegenteiligen Schluß aus der Konfrontation Brechts mit Hegels ‚Antigone'-Deutung:

> Bei Brecht wird gewissermaßen die alte Hegelsche Deutung, daß auch Kreon ein Recht vertrete, ganz ad absurdum geführt; und eben der Einwand, der sich schon aus der Sophokleischen Handlung selbst dagegen erhebt: daß Kreon dann auch bei Weissagung eigenen Unglücks zu seinen Befehlen stehen müsse, wird bei Brecht zu einer Hauptlinie ausgearbeitet. Denn Kreon handelt aus rein utilitaristischen Gründen: nicht mehr Furcht vor der Rache der Götter treibt ihn an, als Befreier Antigones zum Felsengrab zu eilen, sondern die Notwendigkeit, sich Hämons als Heerführer zu versichern, nachdem die Nachricht eingetroffen ist, daß sein ältester Sohn Megareus im Kampfe gefallen.
>
> (8, 210)

Je nach den Voraussetzungen, die in das Verständnis einfließen, wird sowohl die Brechtbearbeitung wie Hegels Sophoklesdeutung ganz unterschiedlich beurteilt.

Mit Käte Hamburgers Beurteilung stimmt Gary Chancellor überein, der davon ausgeht, daß bei Sophokles unter den widersprüchlichen Handlungsanforderungen, denen sich die Personen gegenübersehen, persönliche, religiöse und politische Elemente gemischt sind. Kreons persönliche Beziehung zu Antigone gibt ihm z. B. den Wunsch ein, sie zu retten, die religiösen Gebote sagen ihm, daß er die Bestattung des Polyneikes freigeben müsse, während politische Notwendigkeiten ihn dazu zwingen, bei einer einmal getroffenen Entscheidung zu bleiben, an dem ‚Verräter' ein Exempel zu statuieren und jede Gehorsamsverweigerung gegenüber dem König zu ahnden. Die meisten Bearbeitungen und Neufassungen des Antigone-Stoffs betonen nun jeweils eines dieser drei Elemente auf Kosten der beiden anderen. Hölderlins ‚Antigonae' stellt die religiöse Bedeutung der Handlung in den Vordergrund, bei Anouilh geht es vor allem um die persönlichen Beziehungen und Probleme der Personen der Handlung, während die Bearbeitung von Brecht eindeutig politisch orientiert ist. Das wirkt sich in der Art aus, wie die beiden Hauptfiguren gezeichnet sind und welches Verhältnis sie zueinander haben. Hölderlins Antigone ist sich der Rolle, die ihr der Dichter in dem Spiel zwischen Göttern und Menschen zuweist, nicht bewußt. Sie wendet sich auch nicht mit Vorwürfen gegen ihre Mitbürger. Das Gebot, den Bruder zu begraben, geht nur sie und Ismene etwas an. Bei Brecht aber erwartet Antigone, daß die Alten als die Spitzen der Gesellschaft sich an ihrem Widerstand gegen das Regime, welches die Bevölkerung in einem unsinnigen Krieg zugrunde richtet, beteiligen. Brecht sieht sie als Mitglied des Kollektivs und zeichnet sie deshalb als einen Menschen, der sich nicht bloß als Individuum mit persönlichen und religiösen Handlungsmotiven versteht, sondern sich seiner gesellschaftlichen Verpflichtungen bewußt ist. Im Hinblick auf ihre moralischen Ziele ist Antigone völlig im Recht. Kreon dagegen ist ganz im Unrecht. Sein Fehler liegt nicht – wie in der antiken Vorlage und bei Hölderlin – in der Übertreibung seines Rollenhandelns als König, sondern sein politisches Tun ist grundlegend falsch. Während Antigone als eine verständige, sensible, selbstbewußte Person gezeichnet wird, erhält Kreon Züge eines Verrückten. Das wird z. B. im Gespräch mit seinem Sohn deutlich (702 ff.), wo das Modellbuch vermerkt:

Im Antigone-Stoff religiöse, persönliche und politische Elemente gemischt

Hölderlins ‚Antigonae' religiös aufgefaßt

Brechts ‚Antigone' kennt ihre gesellschaftliche Pflicht

Kreon hat Züge eines Verrückten

> Kreon fällt gegen Hämon aus mit dem Maskenstab.
> Er wippt die Maske dem Sohn zweimal kurz gegen das Gesicht, zieht sie aber heftig zurück, als dieser die geballte Faust zu heben beginnt.
>
> (70, 121)

Oder zu Beginn der Teiresias-Szene (887 ff.):

> Kreon ist mit einem Tigersatz neben ihn auf das Spielfeld gesprungen. Der Seher geht horchend weiter ... Kreon, der ihm, leise auftretend, gefolgt ist, mit der Sohle hoch in der Luft ... Er gibt den Blinden den Alten mit dem Daumen über der Schulter dem Spott preis, muß jedoch gewahren, daß sie sich wegwenden. Der Seher bleibt am rechten vorderen Pfahl stehen und horcht. Kreon, mit dem Bacchusstab weit ausholend, klopft vor seinen Füssen den Boden ... (70, 137)

Anspielungen auf Hitler

Die Reaktion der Alten auf die Verspottung des Sehers durch den König zeigt, daß sie sich darüber im klaren sind, daß der König nicht mehr zurechnungsfähig ist. Wieder sind die Anspielungen auf Hitler deutlich.
Chancellors Ansatz ist vor allem deshalb wichtig, weil er den aufgeführten Text, nicht nur den reinen Stücktext, berücksichtigt und die mimische und gestische Realisation gleichwertig neben die sprachliche stellt. (66, 87–97)

Brechts Nähe zu Sophokles

Wolfgang Rösler betont in seiner Interpretation die bemerkenswerte und „von vornherein kaum zu erwartende" Nähe der

Brechtschen Bearbeitung zum Sophokleischen Original und ist sich bewußt, daß Brecht sich über eine solche Einschätzung seines Versuchs „zweifellos irritiert gezeigt" hätte. Deshalb konzentriert er sich auf die beiden von Brecht herausgestellten Divergenzpunkte:

(1) Schicksal und Götter: Mit dem, was Brecht ‚Durchrationalisierung' nannte, wollte er die Götter und die Moira aus dem Stück entfernen. Es ist jedoch die Frage, ob sie bei Sophokles wirklich „die von Brecht behauptete alles determinierende Rolle" spielen. Der Erbfluch, der auf dem Geschlecht des Ödipus lastet, ist ja von Sophokles nur noch am Rande beibehalten worden, ist aber nicht mehr für die Beurteilung des Handelns der dramatischen Figuren von Belang. Ihr gesellschaftliches Handeln ist zwar, entsprechend der kulturellen Lebenswirklichkeit des 5. vorchristlichen Jahrhunderts, in ein religiös geprägtes Weltbild eingebettet, aber es wird von diesem nicht „zugedeckt". Dieser Unterschied zwischen der antiken und der modernen ‚Antigone' „bedeutet nicht, daß das Stück erst durch die Bearbeitung seine Metamorphose von einem Dokument des Fatalismus zu einem eigentlich politischen Stück mit selbstverantwortlich handelnden Personen erlebte". Wenn Brecht in den ‚Anmerkungen zur Bearbeitung' formuliert:

Brechts Mißverständnis des antiken Schicksalsbegriffs

> Nach der Vorstellung der Alten ist der Mensch mehr oder weniger blind dem Schicksal ausgeliefert, er hat keine Macht darüber. Diese Vorstellung hat B. B. in seiner Nachdichtung durch die Meinung ersetzt, daß das Schicksal des Menschen der Mensch selber ist. (70, 214)

so konstruiert er einen Gegensatz, welchen die historischen Fakten nicht bestätigen.

(2) Gesellschaftliche Funktion und Wirkung: „Brechts Distanzierungsformel, das Theater sei nicht ‚Dienerin des Dichters, sondern der Gesellschaft', hätte Sophokles vorbehaltlos unterschrieben", meint Rösler. Brechts Selbstverständnis als Lehrer, der mit Hilfe des ‚Lehrbuchs' des Bühnenspiels den Zuschauer zur Aktion motiviert, hat in der gesellschaftlichen Rolle des Tragödiendichters im klassischen Athen durchaus seine Entsprechung, wie ‚Die Frösche' des Aristophanes zeigen (s. o. S. 35 ff.). Aristoteles berücksichtigt jedoch diese Rolle nicht mehr. In der Zeit ihrer Uraufführung war die ‚Antigone' des Sophokles gar keine aristotelische Tragödie. Sie entsprach vielmehr in vielen Merkmalen durchaus dem, was Brecht als episches oder dialektisches Theater bezeichnet. Der Lehrcharakter der vorgeführten Pro-

Die klassische attische Tragödie kein Illusionstheater

zesse, die argumentative Form der Dialoge, das Fehlen einer illusionierenden Spannung (die Stoffe waren ja bekannt!), die verfremdete Form der Darbietung (die Antigone wurde, wie alle Frauenrollen, von einem Mann gespielt), die karge Dekoration der Bühne, der fehlende Vorhang usw. verhinderten geradezu jenes Illusionstheater, das Brecht mit seinem ‚nichtaristotelischen' Konzept bekämpfte. Die ‚ursprüngliche' Tragödie auf eine „barbarische Pferdeschädelstätte" zu bringen, diese „Metapher", die sich Brecht und Neher ausgedacht hatten, um die sich jeder ‚Durchrationalisierung' entziehende Ferne der ‚Antigone' zu veranschaulichen, wird jedoch ihrer historischen Gestalt nicht gerecht. Denn das Bemühen, „hinter dem vermeintlich Vertrauten, Zeitlosen, Allgemeinmenschlichen das Fremde, Geschichtliche, Zeitgebundene zu entdecken", führt nicht an eine solche ‚barbarische' Stätte, sondern in ein höchst rationales Kulturgebilde, das in vielen Zügen ausgesprochen ‚modern' wirkt: Das Theater im Spannungsfeld aktueller politischer Interessen, seine Beurteilung durch Bürger, ‚Normalzuschauer', statt durch professionelle Kritiker, das Fehlen einer Bildungsbarriere zur Gesamtheit der Gesellschaft, das alles wirkt zwar sehr modern, entzieht sich aber auch wegen der andersartigen kulturellen Voraussetzungen, für die es in der Gegenwart keine Analogien gibt, einer vordergründigen Aktualisierung. (73, 42–58)

Brechts Mißverständnis der ‚historisch entrückten' Welt

9. Vergleich zwischen Sophokles und Brecht

Leitkategorie für den Vergleich: ‚Durchrationalisierung'

Durch das Stichwort ‚Durchrationalisierung' hat Brecht selbst den Unterschied seiner Bearbeitung zur Hölderlinfassung des Sophokles bezeichnet. Deshalb erscheint es als Leitkategorie für einen Vergleich geeignet. Das bei der Churer Aufführung vorgeschaltete, später durch einen Prolog ersetzte Vorspiel mit seinem Wechsel zwischen epischen und dramatischen Partien gibt einen Hinweis auf die Probleme, die sich für Brecht mit dem scheinbar so aktuellen Antigone-Stoff stellten. Schon das auf Gegenwartsbezug hindeutende Thema ‚Widerstand' erwies sich als problematisch. Denn Brecht merkte bald, daß Antigone nicht „die Kämpfer des deutschen Widerstands" repräsentieren könne (Vorwort: 70, 48). So stellte er sich als neues Thema, das einen Gegenwartsbezug ermöglichen würde, „die Rolle der Gewaltanwendung bei dem Zerfall der Staatsspitze" (Vorwort: 70, 48).

,Durchrationalisierung' als Verfahren

Da er sich gleichzeitig die Aufgabe vornahm, das Schicksal und den ganzen religiösen Bezugsrahmen zu entfernen, war nun der Mythos, der den Antigone-Stoff enthält, in seinem Kern betroffen. Antigone wurde zum Opfer eines Unrechtregimes, Kreon zu einem gewissenlosen Diktator, der einen Raubkrieg führte. Diese neuen inhaltlichen Elemente wurden nun durch Montage in das alte Handlungsgefüge eingebracht. Das ergab eine ,Längsachse' durch das Stück:

Antigone im Prolog: „... des Kreon Krieg um das Grauerz" (31)
Kreon beim ersten Auftreten: „Argos ist nicht mehr" (119/20)
Antigone zu Kreon: „... du mußtest zum fernen Argos sie schleppen ..." (415)
Kreons Antwort: „Aber die will ja nicht, daß Thebes Volk sitzet in Argos Häusern ..." (470/71)
Teiresias zu Kreon: „Krieg geht aus sich heraus und bricht das Bein" (1011)
Kreon zu den Alten: „Da ich auf Argos zog, wer hat mich geschickt?" (1062/3)
Die Alten fragen: „Mann, wie lange noch soll Thebe dir mannlos gehn?" (1097)
Kreon antwortet: „Bis ihre Männer ihr das reichliche Argos erkämpften" (1098)
Der *Bote* warnt: „Herauf kommt nun das Argosvolk mit Mann und Wagen" (1161)
Kreon, unbelehrbar: „Noch eine Schlacht, und Argos läg am Boden!" (1280/81)

Brecht suchte ,Geschichte' im Mythos

Damit aber war die ,Durchrationalisierung' noch nicht geleistet. Brecht suchte ,Geschichte', wie er sie verstand, also Gewalt und Machtverhältnisse, im Mythos selbst, dessen Ursprung er – wie die Romantiker – im Volk vermutete. Doch ist gerade die Antigonefabel weithin eine individuelle Schöpfung des Sophokles, dessen Handlung ja keinen im Volk aufstehenden, sondern nur den in der Herrscherfamilie selbst aufkommenden Widerstand kennt. So blieb weiterhin die Frage offen, wie im Antigone-Mythos ,Geschichte' im wörtlichen Sinne des Theaters ,sichtbar' gemacht werden könne. Im ,Kleinen Organon' Nr. 36 hat Brecht die Antwort formuliert:

> Das Feld muß in seiner historischen Relativität gekennzeichnet werden können. Dies bedeutet den Bruch mit unserer Gewohnheit, die verschiedenen gesellschaftlichen Strukturen vergangener Zeitalter ihrer Verschiedenheiten zu entkleiden, so daß sie alle mehr oder weniger wie das unsere aussehen, welches durch diese Operation etwas immer schon Vorhandenes, also schlechthin Ewiges bekommt. Wir aber wollen ihre Unterschiedlichkeit belassen und ihre Vergänglichkeit im Auge halten, so daß auch das unsere als vergänglich eingesehen werden kann.

Diese Formulierung der Lösung seines Antigone-Problems hat Brecht noch im gleichen Jahr 1948 zu Papier gebracht. Praktisch sah diese Lösung nun folgendermaßen aus:

Beibehaltung der religiösen Elemente

Brecht hat bei seiner ‚Durchrationalisierung' das religiöse Element, das darin liegt, daß Antigone mit der Bestattung des Bruders eine sakrale Pflicht erfüllt, nicht getilgt. Ja, er hat sogar die zahlreichen Hinweise auf das Totenreich im Text stehen lassen. Dingliche Symbole des Todes werden, ganz im Sinne des ‚Kleinen Organon' (Nr. 49), präsentiert, ‚vorgezeigt'. Gleich zu Anfang tritt Antigone auf, „in einen eisernen Krug Staub sammelnd". Mit den ‚Totengeschenken' (Hirse und Wein) wird das kultische Moment wieder „sinnlich" gemacht. Das Brett, das der verhafteten Antigone auf den Rücken geschnallt wird und das sie ikonisch durchaus in die Nähe einer Märtyrerin rückt, soll das

Requisiten

‚Barbarische' sinnlich erfahrbar machen. Das Spiel innerhalb der Pfähle mit den Pferdeschädeln ist ein vergleichbares theatralisches Mittel, den Mythos zur ‚Geschichte' zu machen. Bei der Eliminierung des Schicksals stellt sich das Problem der ‚Durchrationalisierung' etwas anders. Eine günstige Voraussetzung lag darin, daß das antike Stück kein Eingreifen der Götter kennt. So genügte es, an signifikanter Stelle Antigone zu den Alten sagen zu lassen:

> Nicht, ich bitt euch, sprecht vom Geschick.
> Das weiß ich. Von dem sprecht,
> Der mich hinmacht, schuldlos; dem
> Knüpft ein Geschick ...
>
> (834 ff.)

Sinnlich präsentierbare Elemente unentbehrlich

Andererseits stellt sich Antigone in die Reihe der mythischen Opfer (Niobe: 796 ff.), von denen auch der Chor erzählt. Die Spannung zwischen dem Bemühen, den alten Mythos in seiner Handlungsstruktur zu ‚entideologisieren', und der Erkenntnis, daß seine sinnlich präsentierbaren Elemente für das Theater unentbehrlich waren, führte immer wieder zu Kompromissen, bei denen manchmal Flickstellen sichtbar werden. So geht die Stichomythie zwischen Kreon und Antigone unvermittelt von der Ebene der Mythenkritik wieder in den Mythos über. Eben noch hat Antigone Kreons Berufung auf „die göttliche Ordnung des Staats" als Ideologie entlarvt:

> Göttlich mag sie wohl sein, aber ich wollte doch
> Lieber sie menschlich ...
>
> (483/4)

da sind wir wieder bei den Worten des Sophokles (Hölderlin), in denen die Gesetze des Hades der politischen Einteilung der Menschen in Freund und Feind entgegenstehen.

Kreon als ‚Manipulator des Kults'

Am Ende der Szene wird Kreon das Schwert abgenommen und mit dem Bacchusstab vertauscht. Damit sind wir bei einem Element theatralischer Veranschaulichung, das Brecht hinzugefügt hat. Konzeptuell geht es wieder um ‚Durchrationalisierung', denn der Dionysos-Hymnus des Sophokles (1115–1152) soll dadurch in ‚Geschichte' umfunktioniert werden, daß Kreon im Sinne des neuen Themas zum „skrupellosen Manipulator des populären Bacchus-Kults" gemacht wird, durch den sich die Thebaner von der wahren Lage ihrer Stadt und dem Elend des Krieges ablenken lassen, dies eine Anspielung auf die Massenkultur unter dem Nazi-Regime, das auf diese Weise Durchhaltewillen, Zweckoptimismus und Leidverdrängung förderte. Diese Auffassung von der Kreongestalt wird dadurch bestätigt, daß Teiresias hier zur Gegenfigur wird, von der die Warnung vor dem betäubenden Mißbrauch des Dionysos-Kults ausgeht, weil Teiresias die Frage des Königs, ob er den Festschmuck nicht sehe, mit den Worten quittiert:

Teiresias von der Wirkung des Kults unberührt

> Sehe ich nicht. Und unverstellt
> Bleibt der Verstand mir ...
>
> (908/9)

Seine Feststellung, daß hier vor dem Sieg getanzt werde, läuft dann darauf hinaus, daß er Kreons Satz „Der Krieg ist aus" (972) mit der Frage „Ist er's?" beantwortet und damit die fallende Handlung des Stücks einleitet.

Gleichzeitigkeit von Fest und Hinrichtung

Kreon ist in der Funktion des Schirmherrn der Siegesfeier und des Dionysoskults sinnlich verdeutlicht durch Musik, Tanz, Maskenstab. Die betäubende Wirkung der kultischen Feier wird am Beispiel von Antigones Gang in den Tod exemplifiziert, den der König in voller Absicht für den Festbeginn angeordnet hat und der ebenfalls rituell ausgeführt werden soll (713–719). Die Thebaner sollen von dieser Liquidation der Kritikerin des Regimes abgelenkt werden. Dieses Motiv der befohlenen Gleichzeitigkeit von Fest und Hinrichtung fügt Brecht dem alten Mythos zu, um die historische Realität zu erhellen, die er im Antigone-Stoff entdeckt hatte.

Funktion der Maskenstäbe

Wie wichtig die theatralische Präsentation der kultischen Elemente für Brecht gewesen ist, kann man daran sehen, daß er die entsprechenden Hinweise auf Requisiten und Bewegungen der Spieler nicht nur in den Regieanweisungen des Modellbuchs anbringt, sondern auch in die Erzählung der ‚Antigone-Legende' aufnimmt:

Da nun aber der Sohn nicht wich, verhöhnte ihn Kreon, wippend
die stroherne Mähne der Maske dem Sohn in das Antlitz.

(75/6)

Denn vom Gerücht ereilt vom Zwist im Hause des Herrschers,
kommt der Seher, der blinde. Und spottend springt ein Vermummter
um ihn her und schüttelt die stroherne Mähne der Maske
raschelnd ihm über den Kopf und verfolgt ihn über den Platz hin.

(118–121)

In der Auseinandersetzung Kreons und der Alten spielt die „Maske des Friedens" (143/4, 151, 162) eine Rolle. Als dann der Bote die Schreckensnachricht von der Niederlage des Heeres und vom Anrücken des Feindes bringt, reißen sich die Alten „die Kränze des Sieges" (166) „von den Häuptern", zerbrechen „die Masken des Bacchus" (167) und bedecken den Leichnam des am Ende seiner Botschaft gestorbenen Boten „mit den Kränzen und Masken" (168). Damit ist die Indienstnahme des Dionysos-Kults für propagandistische Zwecke, die der König bestimmte, buchstäblich entlarvt worden. Hier wird der grundlegende Unterschied zwischen der Welt, in der die Tragödie des Sophokles entstand, und den historischen Erfahrungen, die hinter der Bearbeitung durch Bertolt Brecht stehen, einsichtig.

Entlarvung der Propaganda

Was Brecht mit seiner Vorlage gemacht hat, ist nicht einfach Decouvrierung des Mythos, um ihn eigenen Darstellungsabsichten zu unterwerfen. Brecht nimmt ja den Mythos auch in seiner religiös-kultischen Wirksamkeit durchaus ernst. Gewiß, die ‚Durchrationalisierung' geschieht, insofern dem Moira-Glauben des Chors die säkulare Mechanik der Macht- und Gewaltpolitik Kreons entgegengesetzt wird. Antigone aber setzt ihr wiederum den Widerstand des Menschen entgegen, der sich seiner Verantwortung sich selbst und seinen Mitbürgern gegenüber bewußt ist. Das gab der Antigone-Stoff, wo das entscheidende Handlungsmotiv der Heldin sakral, nicht humanistisch ist, eigentlich nicht her. Deshalb behielt Brecht die sichtbaren Zeichen der alten Welt bei, „wo einst unter den Tierschädeln barbarischen Opferkults urgrauer Zeiten die Menschlichkeit groß aufstand" (Prolog 1951). Wenigstens stellte er sich diese Welt so vor.

‚Mechanik der Machtpolitik' statt Schicksal

Zur besseren Übersicht wird hier die Szenenfolge bei Sophokles und bei Brecht parallel angeordnet (Auflösung der Abkürzungen s. o. S. 108):

Sophokles:

Prolog (AN, IS) 1–99: A's Vorhaben

Parodos (CH) 100–161: Sieg über die ‚Sieben gegen Theben'

1. Epeisodion (KR, CHF, WÄ) 162–331: Kr's Staatsrede 162–222: Bestattungsverbot Meldung von der Übertretung 223–277, Reaktion darauf 278–331

1. Stasimon (CH) 332–383: Segen und Gefahr menschlicher Größe

2. Epeisodion (WÄ, CHF, KR, AN, IS) 384–581: Zweite Wächterszene 384–445: Vorführung der ertappten AN. Auseinandersetzung zwischen KR und AN 446–525, zweiter Ismene-Auftritt 526–581

2. Stasimon (CH) 582–630: Fluch, der auf dem Geschlecht des Ödipus liegt

3. Epeisodion (KR, HAI, CHF) 631–780: Auseinandersetzung zwischen Vater und Sohn

3. Stasimon (CH) 781–805: Hymnus auf den Liebesgott Eros

4. Epeisodion (AN, CHF, KR) 806–943: A's Klage (Kommos) 806–881: Vergleich mit Niobe, Sage vom Labdakidenfluch, 882–943: KR läßt sie in ein Grabgewölbe schließen

4. Stasimon (CH) 944–987: Mythische Beispiele von hochgestellten Personen, die eingeschlossen (Danae), an einen Berg geschmiedet (Lykurg) oder lebendig begraben (Kleopatra) worden sind

5. Epeisodion (TEI, KR, CHF) 988–1114: Der Seher verkündet göttliches Strafgericht, Kreon läßt Scheiterhaufen errichten und gibt Befehl zur Befreiung A's (1108–1114)

Brecht:

Prolog (AN, IS) 1–105: Antigones Vorhaben, den in der Schlacht von Kreon als Deserteur getöteten Polyneikes entgegen dem Verbot zu begraben; Ismene macht nicht mit.

Einzug des Chors (ALT) 106–118: Siegeshymnus

1. Auftritt (KR, ALT, WÄ) 119–267: Kreons Staatsrede 119–184 (Argos besiegt, Bestattungsverbot), erste Wächterszene 185–226 (Meldung von der Übertretung), Kreons Reaktion 227–267

Erster Chor 268–317: Größe des Menschen, Gefährdung durch den Mitmenschen

2. Auftritt (WÄ, KR, ANT, ALT, IS) 318–535: Zweite Wächterszene 318–351, Auseinandersetzung zwischen Kreon und Antigone 352–492, zweite Ismene-Szene 493–535

Zweiter Chor 536–577: Warnung vor dem Untergang der Herrschaft, Aufstand der Unterdrückten

3. Auftritt (KR, HAI, ALT) 578–707: Auseinandersetzung zwischen Vater und Sohn, Hinweis auf die Einstellung der Untertanen

Dritter Chor 708–743: Kreon ordnet Antigones Einschließung an 708–719, Chorlied auf den Gott der leiblichen Freuden 720–743

4. Auftritt (AN, ALT) 744–856: Antigones Klage, Spende der Totengaben (Danae 790–795, Niobe 796–806, Dryas Sohn 815–819, Kleopatra, Mutter der Phineiden 824–833)

Vierter Chor 857–886: Vorwürfe an Antigone, sie habe zu lange das Unrecht geduldet

Sophokles:	Brecht:
5. Stasimon (CH) 1115–1152: Hilferuf an den Gott Dionysos, den Schutzpatron Thebens	5. Auftritt (TEI, KR, ALT) 887–1016: Siegesfreude zu früh, Krieg steht nicht gut, Herrschaft gefährdet
Exodos (BOTE, CHF, Eurydike, KR) 1153–1352: Der Bote meldet dem Chor Haimons Tod (1153–1182), erstattet Eurydike ausführlich Bericht (1183–1243), bleibt mit dem Chor besorgt zurück, als Eurydike ins Haus geht (1244–1256), Kommos (1257–1352): Kreon wirft sich klagend über Haimons Leiche (1261–1276), ein Bote meldet Eur's Freitod (1277–1292), Kreon klagt über beiden Leichen (1294–1346), der Chor gibt die ‚Lehre' des Stücks: Besonnenheit höchstes Glück, Furcht vor den Göttern geboten, große Worte muß man büssen (1347–1352)	6. Auftritt (KR, ALT) 1017–1118: Gegenseitige Vorwürfe zwischen Kreon und den Wirtschaftsführern, die ihn zum Krieg aufgereizt hatten 7. Auftritt (BO, KR, ALT) 1119–1189: Botenbericht: Schlacht verloren, Königssohn Megareus gefallen; Kreon ordnet Antigones Befreiung an Fünfter Chor 1190–1231: Untergehend geben die Thebaner zu, daß sie sich am Freudengott versündigt hätten Schlußszene (BO, KR, ALT) 1232–1300: Haimons Tod wird gemeldet, Feststellung, daß nun alles aus ist

IV. ‚Die Berliner Antigone' von Rolf Hochhuth

1. Der inhaltliche Aufbau der Novelle

Annes Bruder als Verräter hingerichtet

Hauptgestalt der nur 14 Reclam-Seiten umfassenden Novelle ist die Medizinstudentin Anne, deren Bruder wegen angeblich hochverräterischer Äußerungen im Kriegsjahr 1943 von den nationalsozialistischen Machthabern hingerichtet wurde. Um ihn vor der Anatomie zu bewahren, welche die Leichen der Hingerichteten zu Sezierübungen angehender Ärzte erhielt, holte Anne den Leichnam ihres Bruders unter dem Schutz des Durcheinanders nach einem Bombenangriff vom Universitätsgelände und setzte ihn auf dem Invalidenfriedhof in Berlin bei. Von einer Kommilitonin, die sie dabei beobachtet hatte, wird sie denunziert und verhaftet. Hitler, der beiläufig von dem „Verstoß gegen den Führerbefehl, politischen Verbrechern das Begräbnis zu verweigern", erfährt, ordnet an, daß Anne zu enthaupten und der Anatomie als Ersatz zur Verfügung zu stellen sei. Vorsitzender des Gerichts, vor dem der Prozeß gegen Anne stattfindet, ist ausgerechnet der Vater des Mannes, mit dem sie verlobt ist. Er will sie um seines Sohnes willen vor dem Tode bewahren und fordert sie auf, den Begräbnisplatz zu verraten, damit die Leiche ihren ordnungsgemäßen Weg in die Anatomie finden könne. Da Anne sich weigert, wird sie zum Tode verurteilt. Ihr Wunsch, die Entscheidung wieder zurückzunehmen, erstirbt in ihr, als sie vom Gefängnispfarrer die Nachricht erhält, daß Bodo, ihr Verlobter, als er an der Front ihren Abschiedsbrief bekommen hatte, sich das Leben genommen habe, in dem Glauben, sie sei ihm bereits im Tode vorangegangen. Da auch ihre Mutter nach der Hinrichtung ihres Sohnes freiwillig aus dem Leben geschieden war, sieht Anne – von allen, die sie geliebt hat, verlassen – keinen Sinn in ihrem Dasein mehr und läßt die Exekution über sich ergehen.

Heimliche Bestattung

Annes Richter ist der Vater ihres Verlobten

Freitod ihres Verlobten

Annes Hinrichtung

Allwissender Erzähler

Diese Geschichte wird von einem allwissenden Erzähler berichtet, der die Ereignisse in die Perspektive der beiden Hauptfiguren, Annes und des Generalrichters, rückt, die Vorgeschichte als ihre Erinnerung wiedergibt und diese inneren Vorgänge durch Kommentare erläutert, in denen das Blickfeld für den Leser auf das Unrechtssystem der Naziherrschaft und den totalen Krieg insgesamt ausgeweitet wird. Perspektivenwechsel und Zeitsignale gliedern den Text in Abschnitte, welche den Phasen von Annes Leidensweg entsprechen:

Textgliederung

(1) Mit einem Nebensatz, der auf eine frühere Phase der Beweisaufnahme zurückgreift, führt der Erzähler den Leser in den Gerichtssaal, wo der vorsitzende Richter nach einer Möglichkeit sucht, die Verlobte seines Sohnes vor dem Todesurteil zu retten. In der Weise des Rückgriffs wird allmählich das Gesamtbild des Prozeßverlaufs entfaltet. Annes Aussage, sie habe ihren Bruder aus der Anatomie geholt und zum Invalidenfriedhof gebracht, wird durch die Einlassung zweier Totengräber widerlegt, die unter den 51 Bombenopfern, die nicht identifiziert werden konnten und daher für ein Gemeinschaftsgrab bestimmt wurden, die gesuchte Leiche nicht bemerkt hatten. Ein Erzählerkommentar über die Zeremonien der Beisetzung im Gemeinschaftsgrab sowie Äußerungen eines Beisitzers deuten auf die Motive, welche hinter dem Verfahren gegen Anne vor dem Reichskriegsgericht stehen: Ein Gemeinschaftsgrab durfte nicht durch die Leiche eines Verräters entweiht werden. Doch „Anne, zermürbt und leise, beharrte auf ihrer Lüge" (S. 6, Z. 9).

Der Erzähler beginnt mitten in der Gerichtsverhandlung

‚Verräter' dürfen nicht ins ‚Gemeinschaftsgrab'

Während der Äußerung des Beisitzers verfällt der Generalrichter ins Grübeln. Er hatte am Vorabend seinen Sohn Bodo zum Bahnhof gebracht, wo dessen Zug zur Ostfront abfuhr. Seine Bitte, das Verlöbnis mit der Schwester eines Hochverräters zu lösen, hatte Bodo abgelehnt. Aus den Gedanken des Generalrichters erfährt der Leser auch, daß Annes Bruder wegen seiner Äußerung hingerichtet worden war, daß nicht die Russen die 6. Armee in Stalingrad zugrunde gerichtet hätten, sondern „der Führer". Während dieser Erinnerungen bleibt der Blick des Richters an „der Büste des Führers" (S. 6, Z. 33) hängen, die trotz des Bombardements „unerschütterlich auf ihrem Sockel geblieben" war. Dadurch werden seine Gedanken in andere Richtung gelenkt. Der Generalrichter bedauert sich selbst wegen seiner schwierigen Rolle, aus familiären Gründen „dieses aufsässige Frauenzimmer vor dem Beil" bewahren zu müssen (S. 7, Z. 5). Wieder in Form der Erinnerung des Generalrichters wird der Leser in die Tischrunde Hitlers geführt, wo dieser anordnet, Annes Leiche als Ersatz für den verschwundenen Leichnam ihres Bruders der Anatomie zu übergeben. Doch sei dem Ausland gegenüber jedes Aufsehen zu vermeiden, wie es Freislers Volksgerichtshof anläßlich der „Studentenrevolte in München"

Vorgeschichte als Erinnerung

Der Richter in Hitlers Tischrunde

Hitler will in Annes Fall Aufsehen vermeiden

(S. 7, Z. 23), d. h. der Flugblattaktion der Geschwister Scholl im Februar 1942, bewirkt habe. Trotz seiner Angst vor Hitler will der Generalrichter diese Chance nutzen. Der Erzähler führt den Leser wieder in den Gerichtssaal zurück, aus dem sich der Richter nur in Gedanken entfernt hatte. Nun verspricht dieser der Angeklagten mildernde Umstände. Das kommt dem amtierenden Staatsanwalt zwar verdächtig vor, aber er hält sich zurück, weil der Generalrichter darüber entscheidet, ob er weiter unabkömmlich sei oder an die Front müsse. „Er hätte ihn gern in die Hand bekommen, diesen Chef" (S. 8, Z. 21/2). Um dem Verdacht einer „Beugung des Gesetzes" (Z. 29) zuvorzukommen, fügt der Generalrichter seinem Angebot einer Zuchthausstrafe für Anne, falls diese die Exhumierung ihres Bruders ermöglicht, ein scharf gehaltenes Ultimatum hinzu.

Angebot mildernder Umstände, zugleich Androhung der Todesstrafe

(2) Mit dem Satz: „Die Todesangst gab sie nun nicht mehr frei" (S. 9, Z. 9) führt der Erzähler den Leser aus dem Gerichtssaal in Annes Gefängniszelle. Sie hat dort einen „guten Wärter", Herrn Brandenburg, der in ihr „die Schwester erkannt hatte" (Z. 13) und auch ihren Brief an Bodo ‚hinausschmuggeln' will. Sie beginnt den Brief mit der Ankündigung, sie werde ihm – sie hat Pfarrer Ohm dafür ausersehen – den Begräbnisplatz ihres Bruders mitteilen lassen. Doch sie schreibt nicht weiter. Aus der Angst vor dem Todesurteil, das ihr droht, wenn sie das Angebot des Generalrichters nicht annimmt, reißt sie sich los, indem sie an den stillen Winkel des alten Friedhofs denkt, wo sie in jener Bombennacht das Grab gegraben und den Leichnam ihres aus der Anatomie entführten Bruders bestattet hatte. Auf den Hügel hatte sie einen der vielen herumliegenden Grabsteine gelegt, auf dem – nur noch mühsam zu lesen – die Bibelstelle ‚Apost. 5, 29' eingehauen war. Sie wollte Pfarrer Ohm bitten, ihr zu sagen, was dort in der Bibel steht. Aus Annes Erinnerungen erfährt der Leser, wie die Bestattung im einzelnen vor sich gegangen war, welche die Angeklagte vor Gericht zugegeben hatte, was ihr aber aufgrund der Aussage der Totengräber als „Lüge" vorgehalten worden war. Anne erinnert sich auch, daß sie danach „von einer quälenden Gier nach Leben" gepackt worden sei, „um es zu vergessen, das Leben", d. h. von dem Wunsch, bei Bodo zu sein, um den Kriegsalltag zu vergessen (S. 11, Z. 23/4).

Brief an Bodo aus dem Gefängnis

Was bedeutet ‚Apost. 5, 29'?

Nun kehrt Anne mit ihren Gedanken zu dem Brief zurück, in dem sie Bodo gern von dieser ‚Lebensgier' geschrieben hätte. Doch sie wollte ihm nicht „verraten, wie trostlos sie war" (S. 11, Z. 29). Sie hat zwar große Schwierigkeiten, ihre Todesangst zu überwinden und dem Tod einen Sinn abzugewinnen, doch schreibt sie ihm, daß sie es nicht sinnlos fände, „zu sterben für

Anne verschweigt Bodo, wie trostlos sie ist

Schluß des Briefes an Bodo

das, was sie getan hatte" (S. 11, Z. 30/31). Sie will unbedingt „einen kleinen Halt ... hineinlügen" (S. 12, Z. 7/8), deshalb schließt sie mit den Worten, daß sie durchs Gitter am Sternhimmel den goldenen Wagen sehe, den sie einmal als Vermittler ihrer Gedanken verabredet hatten, wenn sie getrennt voneinander seien.

Verlängerung der Bedenkzeit

(3) Der nächste Abschnitt beginnt mit der Bemerkung, daß sich Annes Bedenkzeit, innerhalb derer sie das Angebot des Generalrichters annehmen kann, auf elf Tage verlängert habe, weil der Gerichtshof durch eine Luftmine zerstört worden sei (S. 12, Z. 20/21). Ihr Pflichtverteidiger wiederholt das Angebot im Namen des Generalrichters und seiner Frau. Pfarrer Ohm versucht ihr klarzumachen, daß auch ein Unbestatteter in den Himmel komme. Doch Anne wird dadurch nur unsicher, ob sie ihm das Geheimnis für Bodo anvertrauen dürfe. Auf Anordnung des Generalrichters, der sie zu beugen hofft, wird eine zum Tod verurteilte polnische Zwangsarbeiterin zu ihr in die Zelle gelegt. Als diese am Morgen des zehnten Tages von Annes Bedenkzeit zur Hinrichtung abgeholt wird, wurde sie „mit einem Schnitt innerlich abgetrennt von ihrer Tat: Sie begriff das Mädchen nicht mehr, das seinen Bruder bestattet hatte" (S. 13, Z. 21/22). Ihre Phantasie beschäftigt sich mit der eigenen Hinrichtung. Was Bodo einmal gesagt hatte, um sie über den Tod ihres Bruders zu trösten, daß der Tod am Galgen viel schneller eintrete als der Tod unterm Fallbeil, wird nun zum Stachel ihrer Todesangst, da den Frauen laut Führeranweisung das Beil verordnet ist. Der Abschnitt endet mit der einzigen Dialogszene der Novelle (S. 14, Z. 11–29). Pfarrer Ohm erscheint, um ihr mitzuteilen, daß sich Bodo „in einem russischen Bauernhaus erschossen" habe. Man habe Annes Brief bei ihm gefunden, den er erst eine halbe Stunde zuvor empfangen hatte. Als Anne nach einem Brief von Bodo fragt, erklärt ihr der Pfarrer: „Bodo wollte bei Ihnen sein. Er glaubte doch – er dachte, Sie seien schon ... tot".

Versuche, Anne zum Einlenken zu bewegen

Angst vor der Hinrichtung

Bodo hat sich das Leben genommen, als er Annes Brief erhalten hat

Hitler zeichnet den Generalrichter aus

(4) Nach dieser entscheidenden Wende kehrt der Erzähler kurz in das Führerhauptquartier zurück, wo der Generalrichter einen Orden erhält und von Hitler als Vorbild für Mussolini hingestellt wird, von dem er erwartet, daß er seinen abtrünnigen Schwiegersohn Graf Ciano erschießen läßt (tatsächlich geschehen am 11. 1. 1944). Die Ohnmacht des Generalrichters wird offenbar. Er kann Anne nicht vor der „Vernichtungsmaschinerie" (S. 15, Z. 10) retten, die sie nun ergreift und jeder menschlichen Würde beraubt, bis sie ‚auf ihre Animalität reduziert' (Z. 32/3) ist. Sie schreibt noch ein Gnadengesuch, weil sie – wie der Erzähler

Anne ist in die ‚Vernichtungsmaschinerie' geraten

ironisch bemerkt – „in lächerlicher Verkennung der Kriegslage dem Größenwahn erlegen war“ (S. 15, Z. 36/7), der Führer könne sich mit so unwichtigen Dingen befassen. Der Kontrast zwischen der hohen politischen Ebene der Herrschenden und der jämmerlichen Situation ihrer Opfer, die man nicht wie Menschen behandelt, ist in diesem Abschnitt noch einmal besonders betont.

Kontrast zwischen der Führungsebene und den Opfern des Regimes

(5) Der Erzähler kehrt aus der Außensicht von Annes Schicksal in die Innensicht zurück. Der Gedanke an ihre Toten, Freund, Mutter, Bruder, macht ihr das eigene Totsein vorstellbar (S. 16, Z. 7–10). Angesichts des Entsetzlichen um sie herum wird ihr klar, daß allein der Tod sie beschützen könne, „der Tod, nicht Gott“ (Z. 20). Von Gott trennt sie „die kosmische Gleichgültigkeit, mit der er seinem Geschöpf gegenüberstand“. Ein Glassplitter, den sie verbirgt, um vielleicht ihren Tod selbst bestimmen zu können, wird von einer Wärterin entdeckt, dem Urbild einer „deutschen Mutter“, die ihr zum Trost einen Apfel holt, aber ohne Verständnis für Annes verzweifelte Situation ist.

Der Tod als Erlösung

Die Wärterin, die nichts versteht

Mit dem Satz: „Sogar ein Arzt gab jetzt acht, daß Anne bei voller Gesundheit auf das Schafott kam“ (S. 17, Z. 9/10) beginnt die Beschreibung der „bürokratisch geregelten Absurdität des ‚Endvollzugs‘“, wobei sich der Erzähler immer mehr hinter seine Gewährsleute zurückzieht. Er nennt drei mögliche Versionen für die Darstellung von Annes Tod und sagt dazu: „Wir wissen es nicht“ (S. 18, Z. 1). Pfarrer Ohm habe ihn gebeten, nicht von den „technischen Einzelheiten“ zu sprechen, ihm sei das Haar „darüber weiß geworden“. Dann führt der Erzähler noch die ‚Augenzeugen‘ als mögliche Quelle an, welche bei der Hinrichtung Dienst tun mußten. Doch hätten sich diese Leute nach dem Krieg ausgeschwiegen, um ihre „Pension nicht zu gefährden“ (Z. 12). Der Erzähler schließt mit einem Hinweis auf die ein Jahr später erfolgende Hinrichtung der Verschwörer vom 20. Juli 1944, die der gleiche Henker zu Tode gebracht hat. Ein als ‚Epitaph‘ bezeichnetes Pressezitat erinnert zum Schluß daran, daß die Leichen der hingerichteten Frauen der Anatomie übergeben wurden. Die Erzählung ist in Dokumentation übergegangen.

Der absurde ‚Endvollzug‘

Übergang aus der Erzählung in die Dokumentation

2. Zur Thematik der ‚Berliner Antigone'

Der Leidensweg einer jungen Frau

Die Novelle handelt von dem Leidensweg einer jungen Frau, die ihren Bruder begraben hat, den die Herrschenden wegen einer sachlich zutreffenden, wenn auch pointiert formulierten Äußerung zum Verräter erklärt und hingerichtet haben. Der Leidensweg beginnt auf der Anklagebank und endet auf dem Schafott in Plötzensee. Die Frau ist keine Heldin, verfügt über keine bewußten politischen Gründe oder religiösen Überzeugungen, handelt oft inkonsequent und zerbricht fast an ihrer inneren Schwäche und Todesangst. Sie ist ein Mensch wie jeder andere und wird dennoch durch ihr Tun zu einer Gefahr für das Regime, so daß sich sogar „der Führer" mit ihrem Fall befassen muß, der die Menschen noch im Tode in Gefolgsleute und Feinde einteilt. Die zweimalige Einbeziehung der Tischrunde Hitlers in die Handlung sowie die Verbindung, die am Ende zwischen den hingerichteten Frauen und den Verschwörern vom 20. 7. 1944 hergestellt wird, macht klar, daß Annes Schicksal bezeichnend dafür war, was den Menschen in einem System der Gewaltherrschaft jederzeit erwartet. Es gibt kein Ausweichen, weder für die Angehörigen der Führungsschicht, wie die Ohnmacht des Generalrichters oder der Tod des Feldmarschalls von Witzleben zeigen, noch für die vielen Menschen, die im Alltag der Geschichte leben. Für diese vielen Menschen stehen Anne und ihre Angehörigen, die ihr in den Tod vorausgegangen sind. Daß es sich nicht nur um Dichtung handelt, sondern geschichtlich authentischer Stoff erzählt wird, erfährt der Leser, wenn er den dokumentarischen Hinweisen folgt, die in den Text eingestreut sind. Dazu gehört etwa das als EPITAPH verwendete Zeitschriftenzitat, in dem der damalige Direktor des Anatomischen Instituts der Universität Berlin, Prof. Dr. Hermann Stieve (geb. 1886), davon berichtet, in den Kriegsjahren die „Körper von 269 hingerichteten Frauen" erhalten zu haben. (Vgl. Beispiel 1.) Der Satz gehört in einen Artikel über den Widerstand der Frauen, der in einer Sondernummer der Zeitschrift ‚Das Parlament' erschienen ist (83, 15). Dieser Artikel ist wiederum ein Ausschnitt aus dem Buch über den Widerstand von Rudolf Pechel (1882–1961), dem langjährigen Herausgeber der ‚Deutschen Rundschau', der selbst zum Widerstand gehörte und viele der Männer und Frauen persönlich kannte, die er in seinem Buch erwähnt (85, 111–113). Dort findet sich ein weiteres Detail, das Hochhuth verwendet hat. (Vgl. Beispiel 2.)

Keine Heldin, sondern ein Durchschnittsmensch

Zu dem Gewaltregime gehört ein bestimmter Alltag der Geschichte

Dokumentarische Hinweise im Text

Widerstand der Frauen

Beispiel 1:

269 Frauen hingerichtet Die Berliner Anatomie hat in den Jahren 1939 bis 1945 bis zu dreitausend Leichen erhalten. Darunter waren gewiß viele Körper von kriminellen Verbrechern, aber in den letzten Jahren häuften sich immer mehr die Hinrichtungen wegen angeblicher politischer Delikte. Unter diesen Leichen befand sich ein außerordentlich hoher Prozentsatz von Frauen. Es waren 269 hingerichtete Frauen, deren Körper uns übersandt wurden, berichtet Professor Stieve. „Ich denke insbesondere an Frau Schulze-Boysen, die am gleichen Tage mit ihrem Mann, am 22. Dezember 1942, den Tod fand, zusammen mit siebzehn Männern und Frauen, die auf persönliche Weisung Hitlers hingerichtet wurden. Mit Grauen denke ich an die junge Frau Mildred Harnack, eine geborene Amerikanerin, die ebenfalls mit ihrem Gatten sterben mußte. Desgleichen an das Fräulein Elisabeth von Thadden, das wegen eines Zwiegesprächs mit dem früheren Generalkonsul in New York, Dr. O. C. Kiep, von dem Arzt Dr. Reckzeh angezeigt worden war.“ (83, 15)	→	**Epitaph** Die Berliner Anatomie erhielt in den Jahren 1939–1945 die Körper von 269 hingerichteten Frauen *Professor Stieve im „Parlament“* *am 20. Juli 1952,* *dem 8. Jahrestag* *des gescheiterten Attentats* *auf Hitler*

Beispiel 2:

Ein besonders tragischer Fall ist der von Frau Hildegard Coppi und ihres Mannes. Sie wurden beide zum Tode verurteilt. In der Todeszelle gebar Frau Coppi ein Kind, und alle hofften, wie der Gefängnisgeistliche Pfarrer Buchholz berichtet, sie sei dadurch gerettet. Aber der Unhold Hitler verfügte persönlich die Vollstreckung des Todesurteils. (85, 113)	→	Ohne Auflehnung ließ Anne, gefesselt seit der Urteilsverkündung, sich auch noch die Füße an eine kurze Kette legen und mit sechs anderen jungen Frauen, von denen eine noch ein Kind während der Haft geboren hatte, zum Auto nach Plötzensee bringen ... (S. 17, Z. 15 ff.)

Im letzten Abschnitt der Novelle (S. 18, Z. 13) wird auch das berüchtigte ‚Mordregister' der Nazis erwähnt, von dem Pechel schreibt:

> Das war der offizielle Name der in Jahresbänden gesammelten Einzelmeldungen über vollstreckte Todesurteile aus den verschiedenen Strafanstalten, die an das Reichsjustizministerium erstattet wurden. Es erhielt diesen Namen, weil von wenigen Fällen des Hoch- und Landesverrats abgesehen, Todesurteile nur verhängt und vollstreckt wurden, wenn es sich um Mordtaten handelte – solange Deutschland noch ein Rechtsstaat war.
> Es behielt diesen Namen in der Hitlerzeit, nun allerdings mit grausig veränderter Bedeutung. Denn jetzt waren die Richter die Mörder; die Verurteilten die Ermordeten.
> Das „Mordregister" ist erhalten geblieben, Es reicht von 1871 bis zum März 1945. In der Hitlerzeit hat ein Band aus den ersten Jahren seines Regimes die Dicke von mehr als zehn Jahresbänden der Zeit vor ihm. In den letzen Jahren, als die Blutorgie auf ihrem Höhepunkt stand, gab es eine Vergleichsmöglichkeit mit früher überhaupt nicht mehr. (85, 326)

Der Eintrag für Elisabeth von Thadden und Otto Kiep sieht z. B. so aus (84, 203):

> Mordregister 1944 Nummer 2073/74
> v. Thadden und andere
> Geschäftsnummer IVg 27/44 g Rs
> Mordregister: Buchstabe T Nr. 498
> v. Thadden, Elisabeth, Helferin beim DRK, geb. 29. 7. 1890, Mohrungen
> Kiep, Otto, ehem. Gesandter, 7. 7. 1886, Saltcoasts/Schottland
> Deutsche
> Straftat: Wehrkraftzersetzung – Feindbegünstigung
> Erkennendes Gericht: Volksgerichtshof
> Tag des Urteils: 1. 7. 44
> Eingang des Gnadenberichts: 15. 7. 44
> Aktenzeichen: 2 J. 243.44 g Rs
> Erkannte Strafe: Todesstrafe – dauernder Ehrverlust
> Entscheidung des Reichsministeriums der Justiz: Vollstreckung
> Tag der Entscheidung: 16. 8. 44, 26. 8. 44
> Vollstreckt am: 8. 9. 44, 26. 8. 44 in Berlin
> Bemerkungen: Die Verurteilten haben sich zersetzend betätigt und Beziehungen nach der Schweiz angebahnt. Kiep war ein Mann der Putschisten vom 20. 7. 44.

Als Beispiel dafür, daß der Rechtsstaat vom Naziregime gerade dadurch aufgehoben werden kann, daß seine bürokratischen Formen genauestens erfüllt werden, führt Hochhuth die „Kostenrechnung" an, die die Angehörigen von Hingerichteten erhielten:

Reichswanwaltschaft beim Volkgsgerichtshof
Geschäftsnummer 4J 777/44
– Staatsanwaltschaft –
Kostenrechnung
in der Strafsache gegen Erich Knauf

Gebühr gem §§ 49, 52 SGKG für Todesstrafe	300,--
Postgebühren gem § 72,1 SGKG	1,84
Gebühr gem. § 72,6 für den als Pflichtverteidiger bestellt gewesenen Rechtsanwalt Ahlsdorff, Berlin-Lichterfelde-Ost, Gärtnerstraße 10a	81,60
für die Strafhaft vom 6. 4. bis 2. 5. 44	44,--
Kosten der Strafvollstreckung:	
Vollstreckung des Urteils	158,18
hinzu Porto für Übersendung der Kostenrechnung	--,12
zusammen:	585,74

Zahlungspflichtig: Die Erben des Erich Knauf, z. H. von Frau Erna Knauf, Berlin-Tempelhof, Manfred-von-Richthofen-Str. 13, bei Fa. Gilbert, Mach.

↓ (83,1)

Paket besagte: als juristische Person abgebucht, zur Dekapitation und behördlich überwachten Kadavernutzung freigegeben. Das Honorar für Urteil, Gefangenenkost und Scharfrichter sowie „für Übersendung dieser Kostenrechnung“ war bei politischen Verbrechern per Nachnahme von den Angehörigen einzutreiben, im Falle ihrer „Nichtauffindung“ oder bei Ausländern der Staatskasse „anzulasten“. (S. 15, Z. 17–23)

Für den Schlußabschnitt der Novelle verweist der Autor ausdrücklich auf den Augenzeugenbericht über die Hinrichtung des Feldmarschalls von Witzleben, der ebenfalls in der erwähnten Sondernummer der Zeitschrift ‚Das Parlament‘ abgedruckt wurde:

Die Frauen wurden in kurzen Abständen über den knochengrauen Hof zum Schuppen des Henkers geführt. Dorthin durfte kein Geistlicher sie begleiten. Wer da, neben dem dreibeinigen Tischchen mit Schnaps und Gläsern, als Augenzeuge Dienst tat, der Admiral, der Staatsanwalt, ein Oberst der Luftwaffe als Vertreter des Generalrichters und ein Heeresjustizinspektor, der schwieg sich aus nach dem Krieg, um seine Pension nicht zu gefährden. Nur darüber berichtet das Register: Auch an diesem 5. August waltete als Nachrichter der Pferdeschlächter Röttger seines Amtes, der für seinen Schalk berüchtigt war und der, fast auf den Tag genau, ein Jahr später den Feldmarschall von Witzleben und elf seiner Freunde in Drahtschlingen erwürgte. Diese Hinrichtung wurde gefilmt, weil der Führer und sein Stab sich am Abend in der Reichskanzlei ansehen wollten, wie die Männer verendeten, die am 20. Juli 1944 versucht hatten, das Regime zu beseitigen. Ein Staatssekretär hat überliefert, daß selbst der satanische Parteigenosse Hitlers, sein Propagandaminister, während der Filmveranstaltung sich mehrmals die Hand vor die Augen hielt. (S. 18, Z. 5–24)

↑

Ein Augenzeuge schildert die Hinrichtung
Ein weiterer Bericht stützt sich auf Aussagen eines Gefängniswärters. Wenn die schaurigen Einzelheiten der Hinrichtung hier wiedergegeben werden, so nur deshalb, weil sie die satanische Grausamkeit jenes Mannes kennzeichnen, der sie angeordnet hat.
Der Gefängniswärter schildert zunächst die Richtstätte: „Stellen Sie sich einen Raum mit niedriger Decke und geweißten Wänden vor. Unter der Decke war eine Schiene angebracht, an der zehn große Haken hingen, wie die, welche die Metzger brauchen, um ihr Fleisch aufzuhängen. In einer Ecke stand eine Filmkamera, Scheinwerfer gaben ein grelles blendendes Licht wie in einem Atelier. In diesem sonderbaren kleinen Zimmer befanden sich der Generalstaatsanwalt des Reiches, der Scharfrichter mit seinen beiden Gehilfen, zwei Filmoperateure und ich selbst mit einem zweiten Gefängniswärter. An der Wand stand ein kleiner Tisch mit einer Flasche Kognak und Gläsern für die Zeugen der Hinrichtung.
Die Verurteilten wurden hereingeführt; sie hatten nur ihre Sträflingsanzüge an und trugen Handschellen. Sie wurden in eine Reihe gestellt. Grinsend und unter Witzen machte sich der Scharfrichter zu schaffen. Er war in seinen Kreisen für seinen „Humor" bekannt. Keine Erklärung, kein Geistlicher, keine Journalisten.
Einer nach dem anderen, alle zehn kamen dran. Alle zeigten den gleichen Mut. Das dauerte alles in allen fünfundzwanzig Minuten. Der Scharfrichter grinste ständig und machte dauernd seine Witze. Die Filmkamera arbeitete ohne Unterbrechung; denn Hitler wollte sehen und hören, wie seine Feinde starben. Am gleichen Abend, in der Reichskanzlei, konnte er sie auf der Leinwand betrachten.
Das war sein eigener Einfall. Er hatte den Scharfrichter zu sich kommen lassen und persönlich die Einzelheiten der Prozedur festgelegt: „Ich will, daß sie erhängt werden, aufgehängt wie Schlachtvieh", waren seine Worte.
(Schriftliche Aufzeichnungen) (83,15 und 84, 210 f.)

Menschen, die Geschichte nicht machen, sondern erleiden

Hochhuths Thema ist das Leben, Leiden und Sterben derjenigen, welche die Geschichte erleiden, die von denen gemacht wird, die in die Geschichtsbücher kommen. Ihre Wirklichkeit gleichsam unter der Geschichte hervorzuholen und dem Vergessen zu entreißen, betrachtet er als seine Aufgabe. Diese Aufgabe ist schwer, weil die „Augenzeugen“, die davon sprechen könnten, schweigen, um ihre Pension nicht zu gefährden (S. 18, Z. 11/12). Davon zeugt auch sein Gedicht:

Plötzensee

In memoriam Mildred Harnack,
Rose Schlösinger: 5. 8. 1943

Wenn Schiller auch aus *Phädra* übersetzt:
„Das Gräßliche bedecke ewiges Schweigen“ –
seht hin! Verweigert dem, was am Schafott zuletzt
den Opfern zustieß durch die Henker ... feigen
Gemüts nicht eure Phantasie!

Raubt's auch den Schlaf, ihr schlaft bald wieder ein.
Doch *ihre* letzte Nacht: wie „schliefen“ die
hungernd an einen Mauerring Geketteten? Ein Bein
mit einer Bleikugel beschwert, weil ihre Zelle
aufblieb für Wärter, Pfarrer, „Richter“ und Friseur.

Wer sterblich ist, verzweifelt, kündigt Helle
den Todestag an, weil kein Amt, kein Gott Gehör
dem Antrag gab um „Aufschub“, dem Gebet...
Was für ein Wort: Im Morgen-„Grauen“!
Kein Schrei, kaum Tränen. Doch wer untergeht

Geht auch in Angst um Nächste; Ängste stauen
sich schon seit Monaten in ihm, ja oft seit Jahren,
vor Mitgefangenen verschwiegen, auch in Briefen.
Oft gehen Junge schon mit weißen Haaren
zum Strick, zum Beil. Mundtot – doch in den Tiefen

Geknebelt, ihrer Körper schreit der Lebenswille
dauernd im Aufruhr gegen die Vernichtung ...
Geköpft: Anatomie. Versagt auch vor der Stille
nächtlicher Todeszellenhaft die Dichtung:
Seht hin! Wie vor der Schädelstätte den Erwürger

Sie schauen mußten oder Fallbeilknechte ...
Bringt nicht noch, glückverdummte Bürger,
die Opfer *geistig* um die Daseins-Rechte!
Wagt, einen Lidschlag kurz mit ihnen
die Schlingen anzuschauen, die Guillotinen.

(80, 746 f.)

Gedicht und Novelle

Zahlreiche Details verweisen auf die Novelle: Schlaflosigkeit (7) und Angst (16), darunter leidet auch Anne (S. 11); das Sichaufbäumen des Lebenswillens (21) erlebt auch sie (S. 11). Die Tür zur Todeszelle bleibt offen (9/10); die Verurteilten sind „an einen Mauerring gekettet" (S. 17; im Gedicht Vers 8). Der letzte Satz des Gedichts könnte die Absicht formuliert haben, die Hochhuth beim Verfassen der Novelle geleitet hat:
„Wagt, einen Lidschlag kurz mit ihnen die Schlingen anzuschauen, die Guillotinen."

Biographische Bezüge

Wie die Thematik der Novelle, die Leiden der Opfer des Nazi-Regimes, das Schweigen der Davongekommenen und die menschliche Pflicht zum Gedenken der ‚Frauen im Widerstand', d. h. zur ‚Trauerarbeit', mit Hochhuths persönlichem Leben zusammenhängt, deuten die Widmungen der Novelle und des Gedichts an. In einem Aufsatz über die Novelle teilt Detlef Brennecke das Wichtigste über diesen Zusammenhang mit:

> Wie mir der Autor in einem langen und aufschlußreichen Brief vom 7. April 1975 mitgeteilt hat, ist die Niederschrift seiner Novelle auch von der Tatsache motiviert, daß die Mutter seiner Frau als Mitkämpferin Mildred Harnacks eine der im EPITAPH erwähnten 269 Hingerichteten war. Von ihrem Mann, der sich unter dem Eindruck der Ermordung seiner Frau in Rußland erschoß, erhielt der Bodo der Novelle seinen Namen.
>
> (76, 322 Anm. 3)

Die Widerstandsgruppe der ‚Roten Kapelle'

Mildred Harnack-Fish war die Frau von Arvid Harnack, eines Neffen des großen Theologen Adolf von Harnack. Arvid Harnack wirkte als Oberregierungsrat in der Außenwirtschaftsabteilung des Reichswirtschaftsministeriums in der Widerstandsgruppe mit, die später von der Gestapo den Namen ‚Rote Kapelle' erhielt. Sie stand unter der Leitung des Luftwaffenoffiziers Harro Schulze-Boysen. In ihr arbeiteten Personen aus ganz verschiedenen Kreisen zusammen, Beamte, Berufssoldaten, Künstler, Schriftsteller, Journalisten, Studenten, Kaufleute, Arbeiter u. a. Sie waren nur zum Teil kommunistisch orientiert, waren aber der Überzeugung, „daß das illegale Deutschland mit der Sowjetunion zusammenarbeiten müsse" (86, 61).

3. Handlungsstruktur

Äußere Handlungen als Innensicht

Es fällt auf, daß alle äußeren Handlungen vom Erzähler in Form von Gedanken und Erinnerungen der beiden Hauptfiguren, Annes und des Generalrichters, mitgeteilt werden. Die eigentliche Spannung liegt in diesen inneren Vorgängen, den Bemühungen des Generalrichters, die Rücksichten auf seine Familie unter der Maske des linientreuen Funktionärs zu verstecken, dem Ringen Annes, in all der Schwäche und Todesangst zu einer Entscheidung über das Angebot des Generalrichters zu kommen. Mit dessen Ohnmacht gegenüber der ‚Vernichtungsmaschinerie' ist ihre Schwäche verflochten. Das äußere Handlungsgerüst, in das alle inneren Vorgänge eingebettet sind und von dem sie bestimmt werden, ist ein einfaches Zeitschema, das an entscheidenden Stellen dem Leser durch Zeitangaben signalisiert wird. Die Gerichtsverhandlung endet damit, daß Anne 24 Stunden Bedenkzeit erhält, um den Ort zu verraten, wo sie ihren Bruder begraben hat (S. 9, Z. 3–8). Als Alternative wird ihr die Todesstrafe angedroht. Dadurch ist Annes Verhalten im nächsten Abschnitt motiviert, der in der Gefängniszelle spielt. Sie schreibt den Abschiedsbrief an ihren Verlobten, der an der Ostfront steht. Der Brief geht ab („Brandenburg wartete auf den Brief": S. 12, Z. 6/7). Damit er ankommen und Bodo zu einer Entscheidung bringen kann, die wiederum Annes Verhalten bestimmt, wird eine längere Zeit als die 24 Stunden benötigt, die der Generalrichter Anne zugestanden hat. Ein äußeres Ereignis, die „Planierung des Gerichtshofes durch eine Luftmine" (S. 12, Z. 20), verlängert die Bedenkzeit auf 11 Tage. Diese Fristverlängerung läßt Anne die Entscheidung zunächst in anderer Richtung suchen. Sie bricht innerlich zusammen und rückt von ihrer Tat ab, „wollte zurücknehmen" (S. 13, Z. 13). Doch diese Linie wird dadurch unterbrochen, daß inzwischen der Abschiedsbrief seine Wirkung getan hat: „Als man aber später dem Pfarrer aufschloß, kam sie nicht dazu, ihre Tat zurückzunehmen" (S. 14, Z. 11/12). Eine halbe Stunde nach dem Empfang ihres Abschiedsbriefes hat sich Bodo in Rußland erschossen. Anne versteht zunächst nicht, daß Bodos Freitod von der Lage ausging, in der sie sich befand, als sie ihm schrieb, und fragt nach einem Brief an sie. Doch für Bodo hatte es keinen Aufschub von 11 Tagen gegeben. Der Geistliche mußte es zweimal sagen, bis sie es begriff: „Bodo wollte bei Ihnen sein. Er glaubte doch – er dachte, Sie seien *schon* ... tot" (S. 14, Z. 28/9). Trotz ihres Gnadengesuchs ist von jetzt ab Annes restliche Lebenszeit auf den nahen Tod ausgerichtet. Dazu paßt auch das Scheitern der

Das Zeitgerüst: 24 Stunden Bedenkzeit

Annes Abschiedsbrief

Fristverlängerung um 11 Tage

Bodo ist tot

Fallende Handlung

Versuche des Generalrichters, sie vor dem Fallbeil zu bewahren. Die ‚Vernichtungsmaschinerie‘ ist angelaufen. Von diesem Wendepunkt an, als man ihr vom Freitod ihres Verlobten Kunde brachte, hat die Erzählung zwei Handlungsstränge nebeneinander, die objektive Beschreibung, wie die ‚Vernichtungsmaschinerie‘ der Nazis funktioniert hat, und eine subjektive Geschichte, in der erzählt wird, wie ein Opfer dieser ‚Vernichtungsmaschinerie‘ seine letzten Stunden auf dem Weg zum Schafott erlebt, was Anne denkt, fühlt und leidet, bis der Erzähler sie schließlich verläßt, nachdem man sie nach Plötzensee gebracht hat.

Äußerer und innerer Handlungsstrang

Auf dem Hintergrund der dem Leser vertrauten Szenenfolge der Antigone-Dramen wird die Handlungsstruktur der Novelle deutlicher. Dort steigert sich Kreons Starrsinn in den Auseinandersetzungen mit Antigone, mit seinem Sohn Haimon und mit dem Seher Teiresias so sehr, daß eine Katastrophe unausbleiblich erscheint. Bei Hochhuth bleibt von diesen Auseinandersetzungen eine einzige übrig, das Gespräch zwischen dem Generalrichter und seinem Sohn Bodo bei dessen Abfahrt an die Front. Es hat eine andere Funktion als die Kreon-Haimon-Szene im Drama. Es begründet den Konflikt, in dem sich der Generalrichter befindet, bei seinem Handeln familiäre und politische Rücksichten in Einklang bringen zu müssen. Diese Konfliktlage ist wiederum für die Anne-Handlung grundlegend, weil das Zeitgerüst des zweimaligen Aufschubs der Entscheidung für sie davon abhängt. Eine Auseinandersetzung zwischen Anne und dem Inhaber der politischen Herrschaft gibt es nicht. Denn dieser bleibt unangefochten in seinem Führerhauptquartier und hat es nicht nötig, seine Entscheidung Anne gegenüber zu begründen, wie Kreon dies bei Sophokles tut. Eine Teiresias-Szene gibt es nicht, weil auf eine Konfrontation der politischen mit der religiösen Instanz verzichtet wird. Statt dessen gibt es das Angebot des zweimal angedeuteten Bibelworts „Man muß Gott mehr gehorchen als den Menschen“ (Apost. 5,29), das aber unaufgelöst bleibt. Der Erzähler läßt offen, ob es überhaupt zu Annes Kenntnis gelangt ist (S. 17, Z. 32/3). Das Angebot wird also nur dem Leser gemacht. Diese Veränderung der ursprünglich mit dem Antigone-Stoff verbundenen Handlungsstruktur erlaubt dem Autor, das Funktionieren der ‚Vernichtungsmaschinerie‘, das Wesen der nationalsozialistischen Gewaltherrschaft und ihres totalen Krieges, die Situation der Menschen unter dieser Herrschaft zu verdeutlichen.

Was bleibt von den Szenen des Dramas?

Der Konflikt des Generalrichters

Intention des Autors

4. Personenkonstellation

Entsprechend der Handlungsstruktur ist die Personenkonstellation verändert. Das Antigone-Drame hat als Zweifigurenstück ein doppeltes Zentrum, weil sich die Handlung zwischen den beiden gegensätzlichen Hauptgestalten in der Form des Streits entwickelt. In der Novelle gibt es keinen Streit, sondern nur die Selbstherrlichkeit und Menschenverachtung auf der politischen Ebene, wo die Entscheidungen getroffen werden, und die Ohnmacht, die Angst, das Lavieren, den kleinen Ehrgeiz bei den Menschen, welche die Folgen jener Entscheidungen tragen müssen und dabei entweder die Rolle des Opfers oder des Mitläufers spielen. Deshalb ist die Figur der Anne – anders als Antigone – hier keine Widerstandsheldin, die Kreon selbstbewußt gegenübertritt, sondern eine in der Einsamkeit bleibende, in der Todesangst schwach werdende, für die Öffentlichkeit unbedeutende Frau. Kreon, ihr Gegenüber, aber ist in zwei unterschiedliche Figuren aufgespalten. Für Hitler ist Anne lediglich einer der „ungefährlichen Querulanten unter den Studenten“ (S. 7, Z. 21/2), deren Fall ohne Aufsehen zu erledigen sei. Für seinen Handlanger, den Generalrichter, ist Anne jedoch, ohne daß er es gewollt hätte, zum Problem geworden. Müßte er nicht auf die Familie Rücksicht nehmen, würde er ihren Fall nicht anders als sein Führer beurteilen. Nun aber, da sich sein Sohn auf Annes und damit auf die Seite ihres Bruders (Polyneikes) gestellt hat, muß er zwischen seiner Stellung im Führerhauptquartier und den familiären Rücksichten lavieren und wird so vom Verhalten der Angeklagten, in deren Strafverfahren er den Vorsitz führt, abhängig. Ein Kreon, der sich in Antigones Hand begeben hat, um einen Familienskandal zu vermeiden, der seiner Karriere schaden könnte. Bodo-Haimon aber hat nun eine Schlüsselstellung, weil seine Entscheidung die ganze Handlung zwischen Anne und dem Generalrichter auslöst und bestimmt. In dieser Handlung verbietet sich eine offene Auseinandersetzung der beiden Hauptfiguren von selbst. Der Generalrichter kann seine Ziele nur verfolgen, wenn er jeden Verdacht von sich weist, die Angeklagte schonen zu wollen. Anne aber muß schweigen, um den Begräbnisplatz des Bruders nicht zu verraten. Wie die Bestattung vor sich ging, erfährt der Leser deshalb auch nur in Form einer Erinnerung der Hauptfigur Anne (S. 9, Z. 26 bis S. 11, Z. 24). Vor Gericht wird ihre Aussage, daß sie „den Bruder auf den Invalidenfriedhof geschafft“ habe (S. 9, Z. 29/30), als „Lüge“ (S. 6, Z. 9), als ‚Falschaussage‘ (S. 5, Z. 1) bewertet. Das ist wiederum die Voraussetzung für die Handlung, insofern sie sich

Zwei voneinander getrennte Welten

Anne keine ‚Heldin‘

Kreonfigur aufgespalten

Bodos Schlüsselstellung

Keine offene Auseinandersetzung

Verborgenheit der Bestattungshandlung

innerhalb einer gesetzten und dann durch äußere Einwirkung verlängerten Frist abspielt, in der Anne den Begräbnisplatz verraten und für die Exhumierung des Bruders sorgen soll. Beide Charaktere sind in ihren kennzeichnenden Schwächen dargestellt:

Annes Schwäche

Anne hat zwar die Kraft, den Leichnam ihres Bruders der Verfügungsgewalt des diktatorischen Regimes zu entziehen, gerät aber dadurch selbst in diese Verfügungsgewalt und bleibt nun keineswegs „vor den Schergen und Schändern in Sicherheit" (S. 9, Z. 21/2). In der Anstrengung, der Todesangst standzuhalten, erfährt sie die Grenzen ihrer Kraft. Während der Platz unter den alten Bäumen, wo sie die Leiche des Bruders unter einem verwitterten Grabstein zur letzten Ruhe gebettet hat, in der Erinnerung als „Friedensinsel" erlebt, leidet sie gleichzeitig unter ihren Visionen der Schrecken des Todes. Der Anblick des friedlosen Gesichts ihres Bruders, als sie ihn in der Anatomie fand, erregt ihr Würgreiz (S. 10), „die Berührung mit dem schon ausgebluteten Gesicht" der jungen Polin läßt sie schon den „kalten Stahl des Fallbeils" spüren (S. 13), Bodos Worte über die Hinrichtungsarten „nagelte nun Stunde um Stunde ihre kaltwache Vorstellungskraft auf das Brett unterm Messer" (S. 13). Das Aushalten dieser Spannung zwischen dem Ruhebedürfnis und der Todesangst macht die eigentliche Handlung aus, die sich im Inneren Annes abspielt.

Die Schwäche des Generalrichters

Der Generalrichter bietet trotz seines hohen Ranges und seiner Zugehörigkeit zum engsten Zirkel des ‚Führers' ein Bild der Schwäche und Hilflosigkeit. Hochhuth zeigt damit, daß die Mitläufer und Mitschuldigen des Regimes nicht durch eine angeborene ‚Schlechtigkeit' schuldig werden, sondern unter dem Zwang ihres psychischen Abwehrsystems gegen die Drohungen, die täglich von dem allgegenwärtigen Terrorsystem ausgehen. Der Generalrichter möchte Anne, wenn auch gegen seine innere Überzeugung, retten, verliert aber seinen Sohn letzten Endes durch die gleiche grausame Maschinerie, vor der er Anne bewahren will und der er doch selber dient. Es wirkt fast rührend, wenn er der Illusion verfällt, er könne sich dieser Maschinerie zur Erreichung persönlicher Ziele bedienen (S. 7). Am Ende, kompromittiert durch die Auszeichnung, die ihm Hitler dafür verleiht, daß er „in heroischer Weise die Staatsräson seinen familiären Gefühlen übergeordnet habe" (S. 15, Z. 2/3), muß der Generalrichter seinen Irrtum einsehen.

Die Geister scheiden sich

An den vom System als Verräter oder zersetzende Elemente ausgestoßenen Mitmenschen scheiden sich die Geister. Das wird an dem Gegensatz der beiden Wächterpersonen deutlich. Der eine, mit Namen genannt, „der gute Wächter", der in Anne „die

Schwester“ des Hingerichteten „erkannt hatte“ (S. 9, Z. 12/3) und den Abschiedsbrief an Bodo besorgen wird, bedarf keiner Persönlichkeitsschilderung. Er ist dadurch, daß er sich auf die Seite der Verfolgten stellt, genug charakterisiert. Die andere, die Gefängniswärterin, „eine kinderreiche Witwe, die Anne oft heimlich einen Apfel mitbrachte“ (S. 16), hat trotz all ihrer Mütterlichkeit kein Verständnis für die Verfolgten. Ihr Verhalten wird vom Erzähler ausführlich dargelegt. Als sie bei der ‚Filzung‘, „wie sie die Leibesvisitation nannte“, den Glassplitter findet, mit dem Anne eine letzte Möglichkeit behalten wollte, über ihren Tod selbst zu bestimmen, reagiert sie so:

Der gute Brandenburg und die mütterliche Wärterin

> Sie lachte aus ihrer guten nahrhaften Brust, die deutsche Mutter, weil sie doch noch pfiffiger war als die Gefangene, sie lachte ohne jede Grausamkeit – und erschrak so sehr, als sie, zum erstenmal, in Annes Augen Tränen sah und ganz unvorbereitet ihr wimmerndes, verzweifeltes, irrsinniges Betteln um den Splitter abwehren mußte, daß sie schnell ging, einen Apfel zu holen. (S. 17)

Die drei Juristen bekommen bei der Schilderung ihres taktischen Lavierens karikaturhafte Züge. Dabei ist der Staatsanwalt, „ein straffgekämmter Hamburger mit einer Stimme wie ein Glasschneider“ (S. 8, Z. 15/6), durchaus linientreu, möchte aber nicht an die Front ‚abgestellt‘ werden und verzichtet deshalb darauf, dem Vorsitzenden Schwierigkeiten zu machen. Dieser aber hat Angst, daß Hitler hinter sein Familiengeheimnis kommen könnte, „dieses Mädchen, die Schwester eines Hochverräters, sei heimlich mit seinem Sohn verlobt“ (S. 7, Z. 33/4). Deshalb führt er die Verhandlung, „Schweiß unter der Mütze“ (Z. 35), furchtsam zwischen den Fronten lavierend und seiner Sache nicht sicher (S. 8, Z. 35–S. 9, Z. 8), so daß sein im Nazistil gehaltenes Ultimatum am Ende der Sitzung kaum glaubwürdig wirken kann. Der Pflichtverteidiger wiederum, der sich den Generalrichter verpflichten will, indem er Anne noch einmal an das Rettungsangebot erinnert und um Preisgabe des Bestattungsortes bittet, wirkt in einer Hilflosigkeit und Angst, „als erwarte er ... einen Genickschuß“ (S. 12, Z. 22 ff.), geradezu rührend. Alle drei Juristenfiguren sind Beispiele für Menschen, die mit heiler Haut davonkommen möchten.

Generalrichter, Staatsanwalt und Pflichtverteidiger

5. Zu Sprache und Stil

Sprachlich sparsame Ausdrucksweise

Die Novelle wird in der Sprachform äußerst sparsam und zurückhaltend erzählt. Mit einem einzigen kausalen Gliedsatz wird der Leser zu Anfang mitten in die laufende Verhandlung versetzt. Eine ganze Seelengeschichte ist in einer Attributgruppe versteckt („empfing den durch häufiges Weinen noch treuer gewordenen Mann": S. 14, Z. 31/2). Oft bricht der Erzähler ab, um die Fortsetzung des Gedankens dem Leser zu überlassen („Und Bodo stand nicht davon ab ...": S. 6, Z. 28/9; „Denn Frauen ... blieb laut Führerweisung das Beil verordnet ...": S. 14, Z. 9/10). An manchen Stellen wird Entscheidendes nicht ausgeführt, sondern in kurzen, kompakten Sätzen zusammengefaßt: „Die Todesangst gab sie nun nicht mehr frei" (S. 9, Z. 9): „Wie viele hatten dort Ruhe gefunden": S. 10, Z. 12): „Sie mußte einen kleinen Halt, ein einziges Wort, das ihm blieb, hineinlügen" (S. 12, Z. 7/8): „... daß allein der Tod uns beschützen kann. Der Tod, nicht Gott." (S. 16, Z. 19/20).

Figurencharakterisierung durch Sprache

Von Anfang an fällt auf, in welcher Weise gerade Nebenfiguren durch ihren Sprachgebrauch charakterisiert werden, so in dem Satz:

> Anne behauptete, ihren Bruder – den Gehenkten, wie der Staatsanwalt möglichst oft sagte – sofort nach dem Fliegerangriff ohne fremde Hilfe aus der Anatomie herausgeholt und auf den Invalidenfriedhof gebracht zu haben. (S. 6)

Manche Ausdrücke werden bei diesem Charakterisierungsverfahren vom Autor in Anführungsstriche gesetzt:

> Ein Beisitzer des Reichskriegsgerichts, ein großväterlich warmherziger Admiral, der als einziger in dem fast leeren verwahrlosten Saal keine Furcht hatte, war so gerührt durch die Schilderung der Totenfeier, daß er der Angeklagten mit milder Zudringlichkeit empfahl, endlich die Wahrheit zu sagen über den „Verbleib" ihres toten Bruders: Die Entweihung eines Gemeinschaftsgrabes durch die Leiche eines von diesem Gerichtshof abgeurteilten Offiziers müsse sonst leider – er sagte zweimal aufrichtig *leider* – als strafverschärfend gewertet werden. (S. 5 f.)

Der Sprachgebrauch des Regimes

Verfolgt man diese Hinweise auf einen ganz bestimmten Sprachgebrauch durch den ganzen Text, so ergibt sich ein Bild der menschenverachtenden Terminologie und Sprechweise der Anhänger des Regimes und der Funktionäre der „Vernichtungsmaschinerie". Die Unmenschlichkeit der Gewaltherrschaft hat sich in ihrer Sprache niedergeschlagen. Deshalb meint Hochhuth, diese Herrschaft an ihrer Sprache in der ihr eigenen Unmenschlichkeit zeigen zu können. Außer dem eben zitierten Wort ‚Verbleib' gehören zu diesem Gesamtbild die folgenden Textbeispiele:

> Hitlers „ironisch wegschiebende Anordnung ... die Angeklagte solle ‚in eigener Person der Anatomie die Leiche zurückerstatten' " (S. 7, Zeile 7 ff.), sie solle „enthauptet und der Anatomie ... ‚überstellt' werden" (S. 7, Zeile 16 ff.)
>
> Die Folgerungspartikel ‚mithin' in der juristischen Argumentation (S. 8, Zeile 9)
>
> Der Ausdruck „zur Front ‚abstellen'" (S. 8, Z. 21)
>
> Die Bemerkungen des Generalrichters über die Behandlung von ‚Verrätern' (S. 14, Z. 5)
>
> Der Begriff ‚Nicht-Vorlage' für die Ablehnung von Gnadengesuchen, die nicht den ordentlichen Rechtsweg genommen haben (S. 16, Z. 3)
>
> Der zu hohe ‚Personalaufwand' als ernst gemeinte Begründung dafür, Gefangene bei Alarm nicht in den Luftschutzkeller zu bringen (S. 16, Z. 27)
>
> Das Wort ‚Filzung' für Leibesvisitation (S. 16, Z. 34 f.)
>
> Schließlich die gleichsam zusammenfassende Formulierung von der „bürokratisch geregelte(n) Absurdität des ‚Endvollzugs'" (S. 17, Z. 10 f.)

Sprachregelung

Mehrfach beschäftigen sich ganze Abschnitte mit der Darstellung der Sprachregelung im nationalsozialistischen System. Da ist zunächst die Beschreibung der rituellen Beisetzung von Kriegsopfern, die dabei auch nach ihrem Ableben eine Funktion für die Propagande erfüllen müssen:

> Die Bezeichnung Massengrab war verboten worden. Die Reichsregierung pflegte die Toten eines Gemeinschaftsgrabes mit besonders tröstlichem Aufwand beizusetzen: nicht nur waren Geistliche beider Konfessionen und ein namhafter Parteiredner, sondern auch noch ein Musikzug des Wachbataillons und eine Fahnenabordnung hinzugezogen worden. (S. 5, Z. 25–30)

Erst auf dem Hintergrund dieser Schilderung eines Pseudokults wird die Bemerkung des Beisitzers verständlich, daß durch die Leiche von Annes Bruder die „Entweihung eines Gemeinschaftsgrabes" geschehen würde (S. 6, Z. 4 f.). Am Ende der Verhandlung zwingt sich der Generalrichter dazu, um jeden Verdacht von sich abzuhalten, in seinem Schlußwort ‚linientreu' zu formulieren:

Die Drohsprache des Regimens

> An langwierige Nachforschungen kann das Gericht zu diesem Zeitpunkt des Totalen Krieges keine Kräfte verschwenden ... Sie können sich 24 Stunden überlegen, ob ihre Helfershelfer in der Anatomie die Leiche Ihres Bruders dort wieder vorfinden – oder ob die Mitwisser durch Einlieferung *Ihres* Körpers, Kopf vom Rumpf getrennt, darüber aufgeklärt werden sollen, daß wir Nationalsozialisten jeden defätistischen Ungehorsam rücksichtslos ausmerzen. (S. 8, Z. 37 bis S. 9, Z. 8)

Schließlich wird der Ausdruck ‚Paket' für einen aller Menschenwürde und Menschenrechte beraubten Todeskandidaten so erklärt (s. o. S. 163):

> Paket besagte: als juristische Person abgebucht, zur Dekapitation und behördlich überwachten Kadavernutzung freigegeben. Das Honorar für Urteil, Gefangenenkost und Scharfrichter sowie ‚für Übersendung dieser Kostenrechnung' war bei politischen Verbrechern per Nachnahme von den Angehörigen einzutreiben, im Falle ihrer ‚Nichtauffindung' oder bei Ausländern der Staatskasse ‚anzulasten'". (S. 15, Z. 17–23)

Signale an den Leser

Alle diese Signale an den Leser sollen ihm vor Augen führen, wie hier das formelle Funktionieren des Gerichtswesens und der Verwaltungsbürokratie die Handlungen des Unrechtssystems und die Aufhebung des Rechtsstaats überhaupt erst ermöglicht, indem sie das System unangreifbar macht. Doch gibt es Leser, die diese Textmerkmale nicht als Signale zum Nachdenken, als Deutungsangebote nehmen, sondern als Ausdruck der Gesinnung des Autors. Als Hochhuth selbst seine Novelle 1970 in Zürich vorgelesen hatte, schloß die Besprechung in der ‚Neuen Zürcher Zeitung' mit den Worten:

Mißverständnis eines Rezensenten

> Zuweilen klirrte diese oder jene großdeutsche Vokabel in der ‚Berliner Antigone' gar schrecklich – und ganz unnötigerweise.

Der empörte Autor hielt das für „eine Denunziation von nazihafter Niedertracht". Doch weist das Mißverständnis des Rezensenten weniger auf ein moralisches Fehlverhalten als auf einen intellektuellen Mangel hin. Der Rezensent hat die Darstellungsweise des Textes höchst unvollkommen wahrgenommen und die Absicht, die dahinter steht, offensichtlich verkannt. Er hat nicht zugehört (79, 182).

6. Interpretationsansätze

Großer Deutungsspielraum

Das Mißverständnis der Züricher Rezensenten war vielleicht durch eine Eigenschaft des Textes bedingt, welche an den Leser hohe Anforderungen stellt und von den Interpreten immer wieder hervorgehoben wird. Die Erzählung stellt hauptsächlich innere Vorgänge dar, Annes seelische Anstrengungen, um der Todesangst standzuhalten, des Generalrichters Bemühungen, im Hinblick auf den Familienfrieden Anne zu retten und diese Absicht vor allen geheimzuhalten. In der geschlossenen Form der Novelle werden diese Vorgänge nur ausschnitthaft in Krisensituationen dargestellt. Das wiederum geschieht in einer Weise, die dem Leser großen Verstehens- und Deutungsspielraum überläßt. Sind Annes Ängste und Zweifel nur auf den eigenen Tod gerichtet? Oder ringt sie auch um den Sinn ihrer Tat? Welche Motive stehen hinter ihrer Tat? Welchen Sinn verbindet sie mit dem Tod und der Vergänglichkeit überhaupt? Die Widersprüche, die der Erzähler in ihren Gefühlen und Gedanken aufzeigt, lassen eindeutige Antworten nicht zu. Widersprüchlich ist z. B., daß sie zwar selbst keinen Sinn in ihrem Tod sieht, daß er ihr aber im Gedenken an die Toten ihrer Familie „als die wahre verläßliche Freiheit“ (S. 16, Z. 10) vorkommt, daß sie im Abschiedsbrief ihrem Verlobten gegenüber eine Sicherheit in dieser Frage zeigt, die ihr fehlt. Andererseits zweifelt sie auch nach der Todesdrohung, mit der sie nicht gerechnet hatte (S. 9, Z. 23), keinen Augenblick daran, daß es sinnvoll war, ihren Bruder „vor den Schergen und Schändern in Sicherheit“ gebracht zu haben (S. 9, Z. 21/2). Doch als sie vor der Hinrichtung ihrer Zellengenossin auf einmal mit dem nahenden Ende konfrontiert wird,

Sinn und Motive der Tat bleiben offen

> wurde (sie) mit einem Schnitt innerlich abgetrennt von ihrer Tat: Sie begriff das Mädchen nicht mehr, das seinen Bruder bestattet hatte – wollte es nicht mehr s e i n, wollte zurücknehmen. Damit war sie vernichtet ... (S. 13).

Annes Abtrennung von ihrer Tat

„Dem Leser wird zugemutet, selbst herauszufinden, daß Annes Widerstandstat durch das Ausmaß der faschistischen Gewalt ihren politischen Sinn erhält“ (Ute Druvins: 77, 220).

Epische Präsenz des Autors

In diesem Zusammenhang weist Detlef Brennecke auf eine literarische Technik Hochhuths hin, die er „die epische Präsenz des Autors“ nennt (76, 331). Er geht dabei von der Tatsache aus, daß Anne nicht dem Gebot eines über ihr stehenden ethischen Prinzips folgt, das sie als verpflichtend empfindet, sondern einer spontanen menschlichen Regung. Dennoch wird ein solches Prinzip an zwei Stellen des Textes in Form einer Bibelstellenangabe ‚Apost. 5,29' eingeführt. Es handelt sich um Schlüsselstellen. Anne findet diese Angabe auf dem ansonsten unleserlichen alten Grabstein, den sie schon vor der Tat „zum Grabstein des Bruders bestimmt" hatte (S. 10, Z. 7/8). Ob sie ihr Vorhaben, Pfarrer Ohm um Aufklärung über diese Stelle zu bitten, ausgeführt hat, wird am Schluß der Novelle ausdrücklich offen gelassen (S. 17, Z. 33/4). Der Leser muß also in der Bibel nachschlagen und findet dort die Sentenz: „Man muß Gott mehr gehorchen als den Menschen." Es ist der Satz, mit dem Petrus, vorm Hohen Rat in Jerusalem angeklagt, auf das Verlangen des Hohepriesters antwortet, künftig auf die Predigt von Jesus zu verzichten. Damit hat der Leser das Wissen, worum es sich bei dem Bibelvers handelt, der Hauptfigur der Novelle voraus. Anne kennt den Inhalt von Apost. 5,29 nicht. Der Autor hat sich über ihren Kopf hinweg direkt an den Leser gerichtet, wie es in der Komödie der Schauspieler macht, der sich von den Mitspielern weg direkt an die Zuschauer (ad spectatores) wendet. Was aber kann der Autor mit dem Bibelvers meinen? Er hat schon an anderer Stelle, nämlich in dem Gedicht ‚Deus absconditus', den Gedanken geäußert, den er seiner Anne in den Sinn legt:

Gehorcht Anne Gott?

Wo ist Gott?

> ... und in die Einsicht zu flüchten, daß allein der Tod uns beschützen kann. Der Tod, nicht Gott. Denn zu jung, um ergeben zu sein, trennte sie von d e m wie eine Eiszeit die kosmische Gleichgültigkeit, mit der er seinem Geschöpf gegenüberstand, echolos wie die Zellenwand ... (S. 16)

Deus absconditus?

Im Zweiten Weltkrieg, statistisch belegt,
verreckten an Land, in der Luft, auf den Meeren
Soldaten, Zivilisten: sechsundfünfzig Millionen.

Gott – wenn es Gott gibt – hat das nicht bewegt.
Die Ökologen können uns belehren:
kaum daß der Krieg vorüber war, bewohnen

Mehr Menschen diese Welt als bei Beginn!
Fünf Jahre Völker-Schlächter-Großbetrieb
vermochten dem Planeten „nichts" zu rauben.

Ein Zweck? – wer weiß. Doch wer noch Sinn
darin sieht, daß nicht durch dieses Sieb
er fiel, doch *jene:* müßte glauben

Nicht Zufall – Fügung habe ihn beschützt.
Fügung, die Auschwitz fügt und Hiroshima?
Kinder ertränkt, verhungern läßt, verbrennt?

Millionen Kinder – spielerisch vernützt!
Wer dies verhindern könnte, doch ihm zusah:
sei Gott? Dann wäre Gott moralisch impotent.

(80, 191)

Das Theodizee-Problem

Die gotteslästerliche Pointe darf nicht darüber hinwegtäuschen, daß es sich um ein tief religiöses Gedicht handelt, das die ‚Theodizee', die Rechtfertigung Gottes angesichts der Übel in der Welt, zum Gegenstand hat. Hatte Goethe als Kind schon anläßlich der 60.000 Erdbebenopfer von Lissabon am 1. 11. 1755 Zweifel an Gottes Güte und Barmherzigkeit bekommen (Dichtung und Wahrheit I 1), so ist Hochhuths Anfechtung angesichts der 56 Millionen nur zu verständlich. Sie verbietet ihm, Anne in der Gewißheit sterben zu lassen, daß Gott sich ganz persönlich um ihr Schicksal und das ihrer Angehörigen kümmert.

Spannung zwischen Annes Gedanken und dem Hinweis des Autors auf Apost. 5,29

Die Gedanken, die Anne über Gottes Weltferne durch den Sinn gehen, sind nun also zu dem Signal ‚Apost. 5,29' in Spannung gesetzt. Das Deutungsangebot, das der Autor hier dem Leser macht, führt etwa zu folgenden Überlegungen: Wenn Anne in der Tat Gott mehr gehorcht hätte als den Menschen, wäre ihr Schicksal nicht anders verlaufen als ohne diese Gewißheit, in einer persönlichen Beziehung zu Gott zu handeln. Sie wäre genauso hingemordet worden. Also glaubt auch Hochhuth selbst, daß allein der Tod, nicht Gott, uns in einer solchen Lage beschützen kann, daß Gott sich um die Menschen nicht sorgt, weil er nichts von ihnen weiß? Oder meint er, die auf sich selbst verwiesenen Menschen sollten sich lieber so verhalten, als gäbe es einen Gott, der sie kennt und sich um sie sorgt?

Der Leser soll über die Nazisprache nachdenken

Die ‚epische Präsenz' des Autors erschöpft sich nicht darin, dem Leser diese Fragen zu übermitteln, die mit einer religiösen Sinngebung der erzählten Ereignisse zu tun haben. Auch die Hervorhebung der Wörter und Ausdrücke der nationalsozialistischen Amtssprache durch Anführungszeichen ist ein Signal, das sich an den Figuren, der erzählten Welt vorbei direkt an den Leser richtet. Ja, bei dem Begriff ‚Paket' für die Todeskandidatin ist die Empörung des Autors über das Unrechtsregime so groß, daß er aus der Erzählerrolle heraustritt und sich kommentierend unmittelbar an den Leser wendet. Gegen Ende der Novelle wird der Autor immer mehr zum Chronisten und tritt auch persönlich in Erscheinung, wenn er dem Leser die Aufgabe überläßt, sich Annes Ende genauer vorzustellen:

Der Autor wird zum Chronisten

> Ob Anne sich jetzt des Wortes Apost. 5,29 erinnern konnte, das sie auf dem Grabstein des Bruders gefunden hatte; ob sie jenes Mädchen gewesen ist, das nach einer Chronik an diesem Nachmittag „wie eine Heilige starb"; oder ob sie es war, die zum Schafott ein Foto in den gefesselten Händen mitnahm, um für ihre Augen einen Halt zu finden – wir wissen es nicht. (S. 17 f.)

Die seelische Bewegung beim Schreiben des Abschiedsbriefs

Von besonderer Bedeutung ist die Freiheit des Verstehens und Deutens, die dem Leser überlassen wird, für das Verständnis des Abschiedsbriefs, der ja für die Handlung von entscheidender Wichtigkeit wird, weil er Bodos Freitod auslöst und damit Annes Todesbereitschaft stärkt:

> Sie durfte ihm nicht verraten, wie trostlos sie war. So zwang sie sich, ihm zu schreiben, sie fände es nicht sinnlos, zu sterben für das, was sie getan hatte. Das war die Wahrheit, aber nicht die ganze. Auch das war aufrichtig: daß sie den Tod, da schon so unzählige Generationen „drüben" seien, nicht fürchten könne; daß sie sich aber in erstickendem Ekel mit der Hand an die Kehle griff, sooft sie ans Sterben dachte, an die Anatomie, das verschwieg sie. Und endlich fand sie sogar etwas Ruhe in dem banalen Gedanken: so viele müssen sterben können, Tag für Tag, und die meisten wissen nicht einmal wofür – ich werde es auch können. Und sie fand es nur noch anmaßend, nach einem Sinn zu fragen, und sie konnte jetzt denken: daß so viele schon drüben sind, daß alle nach drüben kommen, das muß mir, das *muß* mir genügen.
>
> Das Letzte verschwieg sie auch sich, Brandenburg wartete auf den Brief. Sie mußte einen kleinen Halt, ein einziges Wort das ihm blieb, hineinlügen – und da sie einen Stern durchs Gitter sah, den sie nicht kannte, und noch einen, so fiel ihr ein, was sie im letzten Urlaub verabredet hatten, beim Segeln in einer hohen hellen Nacht: immer aneinander zu denken, wenn sie abends den Großen Wagen sähen, Bodo in Rußland, sie in Berlin. Und sie schloß: „Ich sehe durchs Gitter unseren goldenen Wagen, und da weiß ich, daß Du jetzt an mich denkst, und so wird das jeden Abend sein, und das macht mich ruhig. Bodo, lieber Bodo, alle meine Gedanken und Wünsche für Dich vertrau ich ihm an, für immer. Dann weiß ich, sie erreichen Dich, wie weit wir auch getrennt sind." (S. 11 f.)

Anne will mit ihrer Angst fertig werden und Bodo helfen

Annes Ringen um ihr eigenes seelisches Gleichgewicht und um eine Sinngebung ihres bevorstehenden Sterbens ist unauflösbar verbunden mit ihrem Bemühen, ihrem Geliebten den Abschied leicht zu machen. Sie teilt ihm nur so viel von ihren Zweifeln und ihrer Schwäche mit, wie sie es in dieser Situation für sinnvoll erachtet, in der Bodo ihren Brief empfängt. Anne ist nicht darauf aus, die „ganze Wahrheit" zu erfassen, sondern so zu formulieren, wie es ihrer Liebe zu Bodo entspricht. Sie hält es für „anmaßend, nach einem Sinn zu fragen" (11/12), bescheidet sich mit dem Gedanken an die vielen, die ihr in den Tod vorausgegangen sind („das muß mir genügen": 14), will nur dem Geliebten eine Hilfe geben: „Sie mußte einen kleinen Halt ... hineinlügen": 16/17). Mit „einer falschen Aussage", die sie aus Liebe zu ihrem toten Bruder auf sich nimmt, beginnt schon die Novelle (S. 5). Hier tut sie nichts anderes, wenn sie Bodo glauben machen will, daß sie ruhig sei (24/25). Anne ist eine „unheroische Heldin" (87, 39), die sich nicht vom durchschnittlichen Menschen unterscheidet, außer daß sie in eine Lage gekommen ist, in der sie über diese Durchschnittlichkeit nachzudenken gezwungen ist – wie auch der Leser mit ihr.

7. Die Fernsehspielfassung von Leopold Ahlsen

Für das Zweite Deutsche Fernsehen hat Leopold Ahlsen die Novelle als Fernsehspiel bearbeitet, das am 24. November 1968 gesendet wurde. Es ist zusammen mit Hochhuths Erzählung in einem Heft der Reihe ‚Schöninghs deutsche Textausgaben' zugänglich (81, 15–65).

Schwierigkeiten bei der Übertragung in das andere Medium

In seinem Brief an den Auftraggeber, der ebenfalls in dem Heft abgedruckt ist, äußert sich Ahlsen über die Schwierigkeiten, die mit der Übertragung der Erzählung in das andere Medium verbunden sind. Wenn er sich frage, wodurch die Erzählung wirkt, finde er zwei eigentlich nicht übertragbare Elemente:

> Durch zwei Dinge, die natürlich miteinander zusammenhängen. Einmal eben durch die Sprache. Zum anderen durch die sowohl archaisch knappe wie zugleich modern nervöse Darstellung des inneren Zustandes, der seelischen Situation der Frau, deren Handlungsweise man ohne weiteres glaubt, obwohl der Autor die Frage nach dem Motiv eigentlich ausspart ... (81, 66).

Die Schwierigkeit der Aufgabe liege also gerade in der literarischen Qualität der Vorlage:

Ein ‚innerliches, monologisches Sujet'

> Dies ist ein ganz innerliches, monologisches Sujet: Was an ‚Handlung' und ‚Fabel', was an Anschau- und Vorzeigbarem, an unmittelbarer zeitgeschichtlicher Realität, an Konflikten und Nebenhandlungen in dem Stoff steckt, das ist alles ziemlich sekundär. Mir scheint ja gerade dies hier die Kunst Hochhuths zu sein, daß er all das sozusagen in beiläufigen Nebensätzen mitzuteilen weiß, wodurch dieser Eindruck von Fülle bei gleichzeitiger äußerster Kargheit zustande kommt. (81, 66)

Als Lösung für die grundsätzliche Schwierigkeit der Adaption sieht Ahlsen folgendes Vorgehen:

Eine Biographie Annes als Grundlage

> Die subjektive Perspektive muß erhalten bleiben und das formbildende Stilelement abgeben. Zugleich dürfte aber wohl nichts prätentiös ‚Modernistisches‘ in die Geschichte kommen, ihre von Hochhuth vorgegebene Einfachheit muß erhalten bleiben ... Sicherlich muß, in sparsamen Grenzen, eine Art ‚Biografie‘ der Anne erfunden werden ... Eine Biografie – und eine seelische Physiognomie, ein Charakter: denn nur über den Charakter läßt sich eine Motivation für Annes Durchhalten gegen die Todesangst herstellen. Der Widerstand ist ja bei ihr kein Akt, der energetisch durch ein politisches Bewußtsein ideologischer Couleur gespeist würde ... (81, 67 f.)

Ahlsen stellt durch diese Lösung nun an die Stelle der objektiv tragischen Entwicklung des Geschehens eine Rekonstruktion der subjektiven Motive Annes, die Hochhuth wohlweislich ausgespart hatte. Um Annes Widerstand aus ihrem Charakter und ihrer Biographie abzuleiten, entwickelt er durch reichliche Rückblenden ein Bild ihrer Kindheit. Auf diese Weise gerät er in die Gefahr, die er gerade vermeiden wollte, Annes Motiv aus dem Drang nach Emanzipation von ihrer autoritären Erziehung und ihrer repressiven Umwelt zu erklären und etwas „prätentiös ‚Modernistisches‘“ in die Geschichte hineinzubringen.

Die Sequenz mit dem Abschiedsbrief

Die als Deutungsvorgabe für den Leser so wichtige Sequenz mit Annes Abschiedsbrief, die zu der Charakterisierung Annes mehr beiträgt als Ahlsens Rückblenden, ist im Fernsehspiel auf fünf Bilder verteilt:

41. Bild Erinnerungssequenz Bodo

Bodo und Anne, groß: Kußszene.
Schnitt: Sie liegen nebeneinander im Gras, auf Bodos ausgebreitetem Mantel; der Baum über Ihnen noch fast kahl, ein trüber, herbst-ähnlicher Frühling ...
Anne: Ich bin verrückt nach dir. Einfach verrückt. Verrückt.
Sie kuschelt ihr Gesicht an seine Brust.
Die Kamera nach oben, in den Baumwipfel.
Schwenk: über die Havellandschaft im Frühling, durch die, ziemlich weit entfernt, Hand in Hand nebeneinandergehend, Anne und Bodo spazieren.
Schnitt: Anne, laufend, Bodo sie verfolgend; beide lachen, Bodo holt sie ein, stemmt sie hoch in die Luft. Als er sie absetzt, kullern sie beide ins Gras, küssen sich.
Schnitt: Nacht. Anne und Bodo; er hat seinen Arm um ihre Schulter gelegt, und sie schauen beide zum Himmel hinauf.

Das Sternbildmotiv

Anne: Warum sind die Sterne jetzt so viel heller als früher ... jetzt, wo doch Krieg ist?

BODO: Das macht die Verdunkelung; man kann sie klarer sehen.
ANNE: Versprich mir etwas, Lieber ...
BODO: Hm?
ANNE: Wenn wir abends den Großen Wagen sehen ... ich hier und du dort in Rußland ... wir wollen aneinander denken, jedesmal dann.
BODO: Ja ... ich verspreche es dir.

42. Bild Zelle

Anne (im Gefängniskittel); an die Zellenwand gelehnt wie in Szene 2 ... Ihr Blick tastet die Zelle ab; die Pritsche, das schmutzige Eßgeschirr, den Kübel usw. Das mit einem Stück Pappe verdunkelte Fenster, die trübe funzelnde, nackte Glühbirne unter der Decke (manche Details groß).
ANNES STIMME: /Ich sehe den Großen Wagen .../

43. Bild Zelle

Anne (im Kleid) kauert neben der Türe am Boden, so daß man sie durch das Guckloch nicht sehen kann, und schreibt mit einem Bleistiftstummel auf ein Stück Papier, das sie auf den Knien liegen hat.
ANNES STIMME: /... und da weiß ich, daß du an mich denkst und das macht mich ruhig, obwohl dieser Brief unser Abschied ist./
/Eine Trillerpfeife gellt./

44. Bild Gefängnishof

„Brandenburg, der gute Wächter“

Ein Wachmann steht in der Tür und jagt Gefangene an sich vorbei auf den Hof hinaus.
/Die Trillerpfeife/
WACHMANN: Na los, los, los, Beeilung!
Als Anne an ihm vorbeikommt, steckt er ihr blitzschnell das Papier und den Bleistiftstummel zu.
Wachmann flüstert.
WACHMANN: Heute nacht noch, ich werde morgen versetzt.
Ein anderer Wachmann, draußen im Hof, sieht mißtrauisch her; der erste bemerkt es.
Wachmann brüllt Anne an.
WACHMANN: Na, ob es bald wird, zum Kuckuck?! ... Vorwärts da, los, los, Beeilung.

45. Bild Zelle

Jemand soll Bodo den Begräbnisplatz zeigen

Anne, wie vorhin, schreibend.
ANNES STIMME: /Ich hoffe, daß dieser Brief dich erreicht, aber sein Weg ist, wie alles, ungewiß. Die Verhandlung wird Montag sein und sogar mein Verteidiger sagt, daß sie mich hinrichten werden, wenn ich ihnen nicht sage, wo er begraben liegt, und ich sage es nicht. Auch dir, Lieber, schreibe ich es nicht. Aber ich verspreche dir, du wirst es von jemandem erfahren und dann geh bitte hin und lege ein paar Blumen an die Stelle, denn ich werde es nicht mehr können. Ich bin nicht trostlos,

Lieber, und mein Tod ... hat ... einen ... Sinn ...
Sie hat das letzte stockend gesprochen und geschrieben. Jetzt läßt sie den Stift sinken und starrt vor sich hin: man sieht, daß sie trostlos ist.

Komposition der Briefszene in der Novelle

Diese Sequenz ist ein Beispiel für die Schwierigkeit, einen epischen Text in die dramatische Gattung zu übertragen und innere Vorgänge in äußere Handlung zu verwandeln. In der Novelle wird die Briefszene (S. 9, Z. 9 bis 25 und S. 11, Z. 25 bis S. 12, Z. 19) durch die Erinnerung „an die Nacht vor zehn Tagen“ unterbrochen, in der Anne ihren Bruder auf dem Invalidenfriedhof begraben hatte. Im Chaos der Bombennacht hatte sie den Friedhof als eine „Friedensinsel“ (S. 10, Z. 25) erlebt. Dieses Erlebnis ermöglicht es ihr nun, den Abschiedsbrief, der mit der Bitte beginnt, ein paar Zweige auf des Bruders Grab zu legen, so zu beenden, daß Bodo eine Hilfe erhält, sich mit ihrem Tod abzufinden. Diese Hilfe besteht nicht in der Aussage, daß ihr Tod einen Sinn habe („Und sie fand es nur noch anmaßend ...“: S. 12, Z. 2/3), sondern in der Mitteilung, daß sie „durchs Gitter unseren goldenen Wagen“ sehe (S. 12, Z. 13/4), daß sie gewiß sei, daß ihre Gedanken ihn erreichen würden.

Veränderungen im Fernsehspiel

Diese Komposition wird nun in der Fernsehspielfassung zerstört. Das Schlußwort vom Großen Wagen wird an den Anfang gerückt und zu einer Folge von drei Bildern ausgeweitet (41. bis 43. Bild). Im 44. Bild steckt Brandenburg Anne, obwohl sie schon im Bild davor am Schreiben ist, Papier und Bleistift zu. Im 45. Bild endlich gibt es einen zusammenhängenden Passus des Abschiedsbriefes, in dem die – in der Novelle am Anfang stehende – Bitte geäußert wird, Bodo möge Blumen auf das Grab ihres Bruders legen. Der Brief schließt mit den – vom Erzähler ausgesparten – Worten: „... und mein Tod ... hat ... einen ... Sinn“. Die Satzzeichen sind ein unzureichendes Surrogat für das innere Ringen Annes, das der Erzähler in der Novelle darstellt. Die Bestattungsszene, die hier thematisch eine wichtige Rolle spielt, da sie Annes Solidarität mit den Toten veranschaulicht, ist ganz aus der Sequenz entfernt und mit der Bombennacht verbunden, die Anne vor ihrer Hinrichtung im Gefängnis erlebt (58. Bild). Dadurch verliert sie die Funktion, die sie ursprünglich in der Abschiedsbriefszene gehabt hat, dem Leser die beiden Aspekte vorzuführen, unter denen Anne das Totsein sieht, nämlich die Schrecken des Sterbens *und* das Ruhefinden. Von da aus aber vermag der Leser die Widersprüchlichkeit zu verstehen, die für den Abschiedsbrief kennzeichnend ist.

Die Eigenart des Abschiedsbriefs geht verloren

Ein weiteres Beispiel für den Funktionsverlust eines Elements der Novelle beim Umsetzen in die dramatische Gattung ist das Schlußwort des Generalrichters in der Verhandlung, mit der die

Erzählung einsetzt. Dieser Anfang hat vor allem den Sinn, die Schwierigkeiten deutlich zu machen, in denen sich der Generalrichter befindet. Das Schlußwort stellt den Höhepunkt seiner Bemühungen dar, in der Öffentlichkeit des Gerichtssaals diese Schwierigkeiten zu verdecken und zu bewältigen:

Dem für die Öffentlichkeit bestimmten Schlußwort des Richters wird die Öffentlichkeit entzogen

> ... zwang sich der General, schon ohne Atem, schon ohne Hoffnung zur äußersten Brutalität: „An langwierige Nachforschungen kann das Gericht zu diesem Zeitpunkt des Totalen Krieges keine Kräfte verschwenden", drohte er heiser und hastig Anne und sich selbst. „Sie können sich 24 Stunden überlegen, ob Ihre Helfershelfer in der Anatomie die Leiche Ihres Bruders dort wieder vorfinden – oder ob die Mitwisser durch Einlieferung Ihres Körpers, Kopf vom Rumpf getrennt, darüber aufgeklärt werden sollen, daß wir Nationalsozialisten jeden defätistischen Ungehorsam rücksichtslos ausmerzen." (S. 8, Z. 35 bis S. 9, Z. 8)

Die gleiche Äußerung, unter vier Augen im Vernehmungszimmer, d. h. ohne den Kontext der Novelle, kann nicht mehr der Charakterisierung des Generalrichters und der Verdeutlichung seiner Lage dienen und ist letzten Endes funktionslos geworden:

40. Bild Vernehmungszimmer

Anne und der Genralrichter im Vernehmungszimmer

Anne und der Richter;
Anne, ohne ihn anzusehen, mehr in sich hineinsehend:

> ANNE: Wissen Sie, eines hat mich immer gewundert ... daß er Ihr Sohn ist.
> RICHTER: Er ist es.
> ANNE: Natürlich. Aber es wundert mich.
> RICHTER: Darüber denken Sie wie Sie wollen. Und wenn Sie nicht tun mögen, was man Ihnen anbietet, so lassen Sie es. Ich gebe Ihnen noch 24 Stunden. Hernach wird man Sie, Kopf vom Rumpf getrennt, belehren, wie bei uns Nationalsozialisten defätistischer Ungehorsam ausgemerzt wird. Heil Hitler.

Er geht.

> ANNES STIMME: /Bodo .../

Annes Gesicht, groß.

> ANNE: Warum bis du nicht bei mir?

Als ob Ahlsen diese Probleme der Umsetzung eines Erzähltextes mit so starker Innensicht in filmische Szenen gescheut hat, beendete er seinen Brief an den Aufttraggeber mit dem Eingeständnis, „noch ein wenig zaghaft gestimmt" zu sein, und der Bitte um „eine oder zwei Wochen" Bedenkzeit. (81, 69)

8. Vergleich zwischen Sophokles und Hochhuth

Geist der Tragödie in der Novelle bewahrt

Im Unterschied zu Anouilh und Brecht, welche das sophokleische Drama thematisch modernisieren und sich dabei mehr oder weniger von ihrer Vorlage entfernen, bleibt der Epiker Hochhuth ihm gerade im Wechsel der literarischen Gattung nahe, in der er den Geist der Tragödie besser zu bewahren vermag als die Dramatiker. Das erscheint besonders paradox angesichts der Tatsache, daß Hochhuth nicht wie Anouilh oder Brecht die antike Form beibehält und die neue Thematik darauf projiziert, sondern reale Ereignisse der jüngsten Vergangenheit so weit, wie es überhaupt möglich ist, in die Form der Antigone-Fabel einpaßt. Ort, Zeit und besondere Umstände der Handlung sind modern und dokumentarisch belegt, werden aber in den antiken Bezugsrahmen des Bestattungsverbots hineingeholt, das im Gegensatz zu Anouilh und Brecht wieder das Zentrum der Handlung bildet und ganz ernst genommen wird. Der Satzung Kreons bei Sophokles entspricht bei Hochhuth der „Führerbefehl, politischen Verbrechern das Begräbnis zu verweigern" (S. 8, Z. 27 f.). Darum dreht sich in der Novelle alles. Dieser Bezugsrahmen wird aber bei Hochhuth in einer Weise problematisiert, daß die Andersartigkeit der Widerstandsfrage in unserer Gegenwart deutlich wird. Hitler ist für Anne unerreichbar. Es gibt keine Auseinandersetzung zwischen den beiden wie zwischen Kreon und Antigone. Deshalb sind auch alle Szenen Anne-Szenen. Die Novelle ist kein Zwei-Personen-Stück wie die antike Vorlage. Hitler rechnet Anne zu den „ungefährlichen Querulanten unter den Studenten" (S. 7, Z. 21 f.), und dem Generalrichter als der zweiten Kreonfigur gelingt es nicht, Annes Weg in die „Vernichtungsmaschinerie" des Unrechtssystems aufzuhalten.

Grundlage sind reale Ereignisse

Hitlers Bestattungsverbot

Kein Zwei-Personen-Stück

Für Anne wiederum, die keine Königstochter und Heldin wie Antigone ist, gibt es keine Chance, dem Konflikt zwischen Gewaltherrscher und Beherrschten Ausdruck zu geben. Sie folgt einer menschlichen Regung und muß für die Folgen einstehen, ohne eine Einsicht in die historischen Vorgänge zu haben, deren Opfer sie mit ungezählten anderen wird.

Anne, ein ‚Mensch wie du und ich'

Wenn Hochhuth trotz der notwendig werdenden Änderungen eine Widerstandsnovelle, die im Jahr 1943 spielt und sich deutlich auf die historischen Ereignisse dieses Jahres bezieht, konsequent aus dem sophokleischen Motiv des Bestattungsverbots heraus entwickelt, so will er offenbar auf die Ähnlichkeit solcher staatlicher Gewaltakte zu verschiedenen Zeiten aufmerksam machen. Durch die spezifische Behandlung des Motivs in seiner Novelle zeigt er aber die Andersartigkeit des nationalsozialisti-

Staatliche Gewalt damals und heute

schen Gewaltsystems. Darauf weisen schon die Änderungen hin, die er an den Figuren des Dramas von Sophokles vornehmen mußte:

Polyneikes: Kreon war im Recht, in ihm einen Feind der ihm anvertrauten Stadt zu sehen: 199–202	Annes Bruder: Er wurde im Dienst für Hitler schwer verwundet, hat sich nur Zweifel an dessen Feldherrnkunst erlaubt: S. 6, Zeile 24–29
Kreon: Rechtmäßiger Herrscher, dessen Bestattungsverbot griechischem Rechtsempfinden nicht widerspricht und der sich den Bürgern gegenüber rechtfertigt: 162–210	Kreonrolle aufgeteilt: Generalrichter wahrt als Teil des Machtapparats die staatliche Autorität. Hitler, der diese Autorität verkörpert, wird durch den Machtapparat jeglicher Kritik entzogen.
Haimon: Er stellt sich auf Antigones Seite und gibt sich den Tod, als er von Antigones Selbstmord erfährt: 1175 ff.	Bodo: Er weiß nichts von der Verlängerung der Bedenkzeit infolge der Zerstörung des Gerichtshofs (S. 12, Zeile 20/21), erhält Annes Brief, glaubt, sie sei schon hingerichtet, und gibt sich den Tod (S. 14, Zeile 11–29).
Teiresias: Er bestätigt 1064–1073 Antigones Rechtfertigung ihrer Tat (Ehrfurcht vor der Macht des Hades: 450 ff.), durch welche sie die durch Kreon verkehrte Ordnung wiederherstellt.	Deutung verschlüsselt: Anne geht ohne den Gedanken, göttliches Gebot zu erfüllen (S. 16, Zeile 18 ff.), in den Tod. Ihre Tat bleibt folgenlos, die Gegenseite, Hitler und sein Unrechtssystem, unangetastet.
Peripetie bei Sophokles: Die Prophezeihung seines Untergangs durch Teiresias bringt Kreon zur Einsicht (1095 ff.), doch kommt sie zu spät, um die Katastrophe aufzuhalten.	Peripetie bei Hochhuth: Die Peripetie findet in Anne statt, als sie die Nachricht von Bodos Tod erhält. Sie findet nun „das Leben nur noch überwindenswert" (S. 15, Zeile 24 ff.).
Antigones Tragik: Der Gehorsam gegenüber den ‚ungeschriebenen Gesetzen', d. h. gegenüber der Macht des Hades (450 ff.), bringt Antigone den Tod. Sie fühlt sich von den Göttern verlassen, von den Bürgern verkannt (851 f., 921–928), doch weiß sie genau, wofür sie stirbt (897–904).	Annes Tragik: Anne ist mit der Verantwortung für Bodos Tod belastet, der sich ja ihretwegen das Leben nahm, d. h. sie hat durch ihr Opfer ungewollt ein weiteres Opfer bewirkt. Sie weiß eigentlich nicht, wofür sie stirbt, sieht nur noch im Totsein „die wahre verläßliche Freiheit" (S. 16, Zeile 10).

Katastrophe bei Sophokles:	Katastrophe bei Hochhuth:
Kreon muß seine Verfehlung, die Begrenzung seiner Macht durch die Macht des Hades nicht respektiert zu haben, mit dem Untergang seines Hauses bezahlen (1283 ff.). Die kosmische Ordnung ist wiederhergestellt.	Eine Katastrophe gibt es im Text selbst nur für die wehrlosen Opfer des Regimes, die „automatisch“ in seine „Vernichtungsmaschinerie“ geraten sind (S. 15, Zeile 10 ff.). Daß auf Hitler und viele seiner Anhänger die Katastrophe wartet, weiß der Leser. Daß viele Mitschuldige sich vor ihr retten konnten, deutet der Erzähler zum Schluß an (S. 18, Zeile 11 f.).

Thematisierung des Problems der Tragödie

An einer Stelle des Textes wird – verschlüsselt – das Problem der Tragödie thematisiert. Der Generalrichter bemüht sich, um Anne zu retten, „diese Tragödie zur Farce – und dem Führer das Wort im Mund umzudrehen“ (S. 7, Z. 3 f.). Gemeint ist die – zweifellos auf Hinrichtung weisende – Anordnung, die Angeklagte solle „in eigener Person der Anatomie die Leiche zurückerstatten“ (S. 7, Z. 9. f.). Dadurch, daß der Generalrichter sich zutraut, eine Lösung herbeiführen zu können, bei der Anne den Beerdigten „stillschweigend zurückbringen“ darf (S. 7, Z. 10 f.), verrät er, wie unkritisch er dem Regime gegenübersteht und wie sehr er seine Handlungsmöglichkeiten in diesem System überschätzt. Da der Versuch mißlingt, findet also nach der Formulierung des Textes nunmehr statt der „Farce“ die „Tragödie“ statt, was das Schicksal Annes angeht. Doch hat auch die „Farce“, die sich infolge dieser Fehleinschätzung mit dem Generalrichter ereignet, tragischen Charakter. Als Hilter ihn auszeichnet, nutzt er den persönlichen Verlust, den der Generalrichter durch Bodos Tod erlitten hatte, propagandistisch aus, indem er zynisch Annes Verurteilung mit seinem Wunsch verbindet, Mussolini möge seinen Schwiegersohn Graf Ciano erschießen lassen (S. 14, Z. 30 bis S. 15, Z. 5).

Selbstüberschätzung des Generalrichters

Mischung tragischer mit grotesken Elementen

Die Zurückhaltung in der Deutung des Geschehens und die Mischung tragischer Züge mit grotesken Elementen zeigen, wie problematisch die Kategorie des Tragischen heute geworden ist:

> Die antike Tragödie setzt Maß, Schuld, Ordnung, Gottheit voraus – Elemente, die in dieser Kombination für die Literatur heute nicht thematisch sind. Mit dem Versuch der Erneuerung eines antiken tragischen Stoffes stellt sich daher Hochhuth als moderner Autor einer spannungsvollen Doppelforderung. Er verfährt so, daß in der Novelle der Gedanke „Man muß Gott mehr gehorchen als den Menschen“ nur noch ein Deutungselement ist, nicht mehr wie in der Sophokleischen Tragödie auch ausdrückliches Motivationselement. Damit kommt Hochhuth

> dem modernen Empfinden entgegen und klammert zugleich die Forderung des Tragischen nicht aus. Die Sophokleische Antigone beginnt unter fester Berufung auf die göttliche Ordnung, sie langt an bei einer Undurchdringlichkeit der Götter. Die moderne Antigone fängt bei der Verborgenheit Gottes an, und dabei bleibt es prinzipiell. (82, 169)

Verborgenheit Gottes

Unverkennbar schimmern hier Dürrenmatts Bemerkungen über die Unmöglichkeit der Tragödie heute durch, die er 1954 in seinem Vortrag ‚Theaterprobleme' gemacht hat. Dürrenmatt wird denn auch im Zuammenhang mit der Auszeichnung des Generalrichters vom Interpreten ausdrücklich zitiert:

‚Kreons Sekretäre erledigen den Fall Antigone'

> Diese Episode bringt die Furchtbarkeit des modernen Kreon, von dem Dürrenmatt lapidar sagt: „Kreons Sekretäre erledigen den Fall Antigone", auf einen spezifisch modernen Nenner. (82, 174)

Da nun aus dem Zwei-Personen-Drama eine reine Anne-Handlung geworden war, mußte die Möglichkeit, die Dinge zu wenden, von Kreon auf Antigone übertragen werden:

Annes Tat ist zurücknehmbar

> Hochhuth löst das Problem geschickt so, daß er statt der Bestattungstat selber ersatzweise erst Annes späteres hartnäckiges Schweigen bzw. irreführendes Reden über den Grabplatz vom Gericht mit der schärfsten Sanktion bedrohen läßt, als einen neuen, jetzt voll angerechneten Akt der Unbotmäßigkeit gegen die Machthaber. Bei der Aufgliederung des Bestattungsthemas auf Vorgeschichte und Erzählgegenwart wird so zur entscheidenden Neuerung gegenüber Sophokles ..., daß die Bestattungstat für Anne zurücknehmbar wird. Die Handlung der Erzählgegenwart, des Prozesses, nimmt dabei den Charakter einer tragischen Pression an, derart, daß Anne zwischen ihrem Leben und ihrer Tat zu wählen hat – der Sophokleischen Antigone steht diese Wahl vor Kreons Tribunal nicht mehr offen, nur Kreon hat dort noch eine Wahl. (82, 160 f.)

Hochhuth vermeidet idealistische Tragik

Es ist die Frage, warum Hochhuth seiner Heldin nicht das heroische Opfer gelingen läßt, das in der antiken Tragödie den ideellen Sieg des göttlichen Prinzips sicherstellt, sondern sie zwischen Bereitschaft zum Opfer und „Daseinsbegierde" (S. 16, Z. 12) hin und her schwanken läßt. Offensichtlich will er vermeiden, daß der tragische Charakter seiner Novelle an der traditionellen Art idealistischer Tragik gemessen wird, in der die sittlich autarke Person sich in einer andersartigen Umwelt zu behaupten versucht und dabei untergeht. Anne war dagegen schwach geworden und wollte ihren Entschluß vom Anfang widerrufen.

Annes tragische Situation

Erst als sie erkennen mußte, daß sie mit ihrem Entschluß einen weiteren Menschen außer sich, ihren Verlobten Bodo, in ihren Opfergang hineingezogen hatte, befand sie sich in einer tragischen Situation:

> Es gehört zur Darstellungsweise dieser Novelle, durchgehend äußere und innere Handlung perspektivisch zu differenzieren. Die objektiv tragische Erfahrung trifft Anne in einer subjektiven Krise, in dem Moment, da sie am Ende ihrer Widerstandskraft angelangt ist ... Sie ist doppelt vom Schein in die Wahrheit gefallen, nicht nur in die Wahrheit, die sie beim Abfassen des Briefes verschwieg: sehr schwach zu sein, sondern auch in die neue: mit ihrer Moralität etwas Tragisches angerichtet zu haben. (82, 166)

Annes Abgeschnittensein von ihrer Tat und Kreons Umkehr

Das Motiv des Zurücknehmens hat deshalb bei Hochhuth eine völlig andere Funktion als bei Sophokles. Dort ist es Kreon, der unter dem Eindruck der Prophezeiung des Sehers seine Tat ungeschehen machen möchte, aber zu spät zur Einsicht kommt. In der Novelle ist Anne so schwach geworden, daß sie nicht mehr zu ihrer Tat stehen mag, doch durch die Nachricht von Bodos Freitod zu der Erkenntnis kommt, daß „das Leben nur noch überwindenswert" sei (S. 15, Z. 26). So entsprechen einander in den beiden Dichtungen unter diesem Gesichtspunkt die folgenden Stellen:

Hochhuth:	Sophokles:
Anne ... wurde mit einem Schnitt innerlich abgetrennt von ihrer Tat: Sie begriff das Mädchen nicht mehr, das seinen Bruder bestattet hatte – wollte es nicht mehr s e i n, wollte zurücknehmen. Damit war sie vernichtet ... (S. 13, Z. 18 ff.)	Ich eile, wie ich bin. Auf, auf, ihr Leute! Ruft auch die andern her, nehmt Äxte mit Und eilt zu jener Stätte auf dem Hügel! Ich selbst, da mein Entschluß sich so gewendet, Will gehn und lösen, was ich selber band. Es ist das beste, fürcht ich, treu zu bleiben Bestehenden Gesetzen bis zum Tod. (1108–1114)

Gottnähe und Gottferne

Kreon erkennt, daß ein Gott ihn geschlagen hat (1272–74), d. h. er spürt die *Nähe* des Gottes. Anne aber erlebt die äußerste Einsamkeit, weil sie sich Gott unendlich *fern* fühlt. So unterscheiden sich die Zeitalter.

Zusammenfassung und Ausblick

1. Zum Vergleich der vier Texte

Der Schatten des Zweiten Weltkrieges

Es ist auffällig, daß die drei bedeutenden Neugestaltungen des Antigone-Stoffs im Zusammenhang mit dem zweiten Weltkrieg entstanden sind. So wird von Anouilh die Problematik des autonomen Menschen, der nicht weiß, woher er kommt, wohin er geht und warum er existiert, in der Weise behandelt, daß sich darin die Schwierigkeiten des Lebens unter einer fremden Besatzungsmacht und der durch die Niederlage verursachten Identitätskrise der Franzosen spiegeln. So haben Brechts Antigone-Drama und Hochhuths Novelle gemeinsam, daß die verheerende Niederlage der 6. Armee in Stalingrad, die – entgegen ausdrücklicher Weisung Hitlers – am 2. Februar 1943 kapitulieren mußte, ein wichtiges Element der Handlungsstruktur darstellt. Übrigens gab es auch im ersten Weltkrieg schon eine Antigone-Dichtung mit deutlicher Kritik an dem Regime, das für die Katastrophe verantwortlich gemacht wurde. Es ist das expressionistische, nach dem Fünk-Akt-Schema gebaute Drama von Walter Hasenclever, das 1916 uraufgeführt wurde und seinem Verfasser den Kleistpreis einbrachte. Es ist ein Anti-Kriegs-Stück, in dem sich Antigone an die Spitze des Volkes setzt, von Kreon dafür getötet wird, der am Ende abdankt, während „Der Mann aus dem Volke" die Revolution verkündet:

Eine Antigone-Dichtung aus dem Ersten Weltkrieg

> Paläste wanken. Die Macht ist zu Ende.
> Wer groß war, stürzt in den Abgrund,
> Die Tore donnern zu.
> Wer alles besaß, hat alles verloren;
> Der Knecht im Schweiß seiner Hände
> Ist reicher als er.
> Folgt mir! Ich will euch führen.
> Der Wind steigt aus den Trümmern,
> Die neue Welt bricht an.
>
> (9, 253)

Zukunftsperspektive der Stücke und der Novelle

Während Hasenclever aus der Katastrophe den Blick auf eine „neue Welt" freigibt, ist Brecht damit zufrieden, in seiner Sophokles-Bearbeitung „die Rolle der Gewaltanwendung bei dem

Zerfall der Staatsspitze" vorzuführen und die Katastrophe als die gleichsam notwendige Konsequenz daraus zu zeigen. Bei Hochhuth dagegen wird von der Zeit nach der Katastrophe nur das Schweigen jener „Augenzeugen" erwähnt, die ihre „Pension nicht ... gefährden" wollen. Anouilh wiederum schließt mit dem Bild von den Wächtern, die „es sich auf einer Bank bequem" machen, „einen Krug Wein neben sich" stellen, „die Mütze ins Genick schieben" und „Karten zu spielen" beginnen. Die Zukunft gehört den Wächtern: „Während die Wächter ihre Trümpfe klopfen, fällt rasch der Vorhang" (S. 64). Die Erwartungen gegenüber der Zukunft haben sich offensichtlich gewandelt.

Das Phänomen der Propaganda

Interessant ist die Art, in der bei Hochhuth das Motiv der Propaganda wiederkehrt, mit der das Regime seine Handlungen umgibt. Bei Brecht dient der von Kreon manipulierte Dionysos-Kult dazu, die Beherrschten über die wahre Lage hinwegzutäuschen. Deshalb erwidert Kreon auch auf die Frage der Alten, wie er Antigone töten wolle:

> Sie führen aus der Stadt, wo jetzt des Bacchus
> Reigen die Sohlen der Meinen hebt; aber die Schuldige
> Sei verwahrt, wo einsam der Menschen Spur ist
> Leben im Felsgrund ...
>
> (713 ff.)

Die Menschen sollen nicht erfahren, was vorgeht, und sich keine Gedanken darüber machen. Bei Hochhuth werden kultartige Begängnisse eingesetzt, damit die Frage nach dem Sinn der unzähligen Opfer nicht in den Menschen erwacht:

> Die Bezeichnung Massengrab war verboten worden. Die Reichsregierung pflegte die Toten eines Gemeinschaftsgrabes mit besonders tröstlichem Aufwand beizusetzen: nicht nur waren Geistliche beider Konfessionen und ein namhafter Parteiredner, sondern auch noch ein Musikzug des Wachbataillons und eine Fahnenabordnung hinzugezogen worden. (S. 5, Z. 25–30)

Varianten der Kreon-Haimon-Beziehung

Aufschlußreich ist es auch zu vergleichen, wie das Verhältnis zwischen der Kreonfigur und dem Sohn jeweils gezeichnet ist. Bei Sophokles geht es nur darum, ob ein Vater auch von seinem Sohn, ein Älterer vom Jüngeren, ein Herrscher vom Untertanen sich etwas sagen lassen muß, oder ob der Autoritätsstandpunkt über allen Zweifel erhaben sein soll (631–765). Da der Sohn hier die Partei einer Frau, seiner Verlobten, gegen den Vater ergreift, ist Kreon in seiner Männlichkeit beleidigt. Bei Brecht ist der politische Akzent schärfer. Kreon fordert unbedingte Gefolgschaft vom Sohn. Er soll die Parole, daß der Krieg siegreich zu

Ende gegangen sei, akzeptieren, soll dem Vater die Oppositionellen anzeigen, soll Antigone aufgeben. Als Haimon auf seiner abweichenden Meinung beharrt, stellt er ihn mit dem Deserteur Polyneikes auf eine Stufe (704 b). Haimon aber wirft ihm vor, er könne keinen um sich sehen, „der aufrecht geht" (707).

Auf dem Weg zur ‚vaterlosen Gesellschaft'

Bei Anouilh sehen und hören wir einen Hämon, dem durch sein Entsetzen über Kreons Entscheidung von einem Augenblick zum anderen sein Vaterbild zerbricht, das Bild des „göttlichen Riesen", der ihn auf seinen Armen trug und „vor Ungeheuern und drohenden Schatten" bewahrte (S. 54 f.).

Hämon ergreift hier nicht Antigones Partei, da man ja nicht sagen kann, für welches Prinzip sie eigentlich den Tod auf sich nimmt. Er hat lediglich Angst vor dem Erwachsenwerden und vor dem Alleinsein, das damit verbunden ist. Hämon ist im Unterschied zu den Haimon-Figuren bei Sophokles und Brecht hier nicht erwachsen.

Der überdimensionale Kreon

Bei Hochhuth gibt der Erzähler das Gespräch zwischen Vater und Sohn als Erinnerung des Generalrichters wieder (S. 6, Z. 10–36). Während Kreon bei Brecht seinen Sohn von sich aus mit Polyneikes auf eine Stufe stellt („die Memme": 704 b), erklärt sich hier Haimon mit dem verurteilten Schwager solidarisch und mit dessen Auffassung, „der Führer habe die 6. Armee zugrunde gerichtet", einverstanden. Über dem Vater aber, der über diesen Konflikt mit seinem Sohm „qualvoll erbittert" ist, erscheint die andere Kreonfigur, die den Generalrichter in der Hand hat, Hitler, der immer noch „unerschütterlich auf seinem Sockel" steht, dem noch kein Angriff etwas hatte antun können und der auch den 20. Juli 1944, von dem der Schluß der Novelle spricht, noch überleben wird. In den Dimensionen unterscheidet sich diese Kreonfigur, mit dem Generalrichter als ausführendem Organ, deutlich von den Kreonfiguren bei Sophokles, Anouilh und Brecht.

Zur Wirkung der Texte

Für den Vergleich der vier Texte ist auch ihre unterschiedliche Verbreitung bedeutsam. Die Übersetzung von Sophokles' ‚Antigone' durch Wilhelm Kuchenmüller bei Reclam gehört immer noch zu den meistverkauften Taschenbüchern, Anouilhs ‚Antigone' zu den meistgespielten Stücken der modernen französischen Dramenliteratur, Hochhuths Novelle ist seit ihrem Erscheinen im Jahr der Uraufführung des Schauspiels ‚Der Stellvertreter' 1963 immer wieder abgedruckt worden. Anders ist es Brechts ‚Antigonemodell 1948' ergangen. Von dem Modellbuch, das 1949 im Verlag Gebr. Weiss in Berlin erschien, wurden weniger als 500 Exemplare abgesetzt. In der Theaterpraxis hat sich das Modell-Konzept nicht durchsetzen können. Klaus-Detlef Müller erklärt diesen Umstand durch die Zeitgebundenheit

Probleme von Brechts ‚Antigonemodell'

des Konzepts und durch die Zäsur, welche die Emigration Brechts in seiner Laufbahn als Theaterautor bedeutet hat:

> Die Theorie des epischen Theaters ... ist die Reflexion eines von der Bühne verdrängten und abgeschnittenen Theaterautors, der sich seiner zunehmenden Isolation in dem Maße bewußt wird, wie er seine Vorstellungen nicht als Beitrag zu einem pluralistischen Kulturbetrieb, sondern als die Begründung des einzig zeitgemäßen Theaters, des Theaters des wissenschaftlichen Zeitalters, versteht.
>
> (72, 316)

Brecht wollte dadurch, daß er das Modell-Konzept zuerst bei der Bearbeitung der sophokleischen ‚Antigone' angewandt hat, zeigen, daß die Grundsätze des epischen Theaters nicht nur für eigene, sondern auch für die Inszenierung fremder Stücke geeignet seien. Aber es gab nur noch eine einzige weitere Inszenierung der ‚Antigone' am Theater der Stadt Greiz 1951 nach dem Modell, also in einem noch provinzielleren Rahmen als schon bei der Uraufführung in Chur. Weitere Aufführungen gab es fast nur auf Studiobühnen oder in Form von Lesungen, nicht nach dem Modell.

Anouilhs Nähe zum Boulevardtheater

Wenn Anouilh beschreibt, wie er sich ein antiillusionistisches Theater vorstellt, sagt er nur:

> Wir werden immer der Ansicht sein (selbst wenn wir eines Tages wirklich eingeladen werden sollten), daß der Palast des Königs von England jener unbestimmte Ort aus ‚Der Kaiser von Amerika' ist, den Sie so königlich mit Küchenstühlen möbliert hatten, und die Terrassen von Helsingör, auf welche Art man sie auch immer darstellen wird, jene drei grauen Pappschachteln, die sich auf der Bühne des Théatre des Arts übereinandertürmten.
>
> (50, 11)

Die Worte sind an einen Regisseur gerichtet, der dort die Komödie ‚Der Kaiser von Amerika' von G. B. Shaw und den ‚Hamlet' von Shakespeare inszeniert hatte. Mit dieser Auffassung wäre Anouilh sicher bei Brecht auf Verständnis gestoßen. Aber Anouilh begnügte sich damit, aus den vorgegebenen Elementen des konventionellen, ja oft des Boulevardtheaters seine ureignen Stücke zu zimmern, und zwar jeweils so, daß der Konstruktionsplan des Ganzen wie die Struktur jedes einzelnen Elements sichtbar bleiben. Darauf beruht seine theatralische Wirkung. Anouilh schreibt einen, wenn auch von dialektischem Witz geprägten, so doch konventionellen Dialog – aber durch geringe Manipulationen, durch eine Wortwiederholung, durch Kennzeichnung eines Bezuges o. ä. zeigt er ihn als Theaterdialog.

Vielleicht beruht sein Erfolg auf dieser Handhabung der vorgegebenen Elemente der dramatischen Gattung.

Brechts Wirkungsabsicht

Brecht verbindet die antiillusionistische Verwendung der vorgegebenen Elemente des Theaters und den Gebrauch von Verfremdungseffekten mit einer bestimmten Absicht:

> Es ist eine Lust unseres Zeitalters, das so viele und mannigfache Veränderungen der Natur bewerkstelligt, alles so zu begreifen, daß wir eingreifen können. Da ist viel im Menschen, sagen wir, da kann viel aus ihm gemacht werden. Wie er ist, muß er nicht bleiben; nicht nur, wie er ist, darf er betrachtet werden, sondern auch, wie er sein könnte. Wir müssen nicht von ihm, sondern auf ihn ausgehen. Das heißt aber, daß ich mich nicht einfach an seine Stelle, sondern ihm gegenüber setzen muß, uns alle vertretend. Darum muß das Theater, was es zeigt, verfremden. (Kleines Organon Nr. 46)

Anouilhs Auffassung

Nach Brechts Konzept soll also das epische Theater zum „eingreifenden" Handeln auffordern. Das wird sicher nicht von jedem Zuschauer so gesehen. Anouilh schreibt in einem Essay über Molière:

> Wir können uns gegenseitig unter mehr oder weniger edlen Vorwänden verletzen, verraten, massakrieren, uns mit scheinbarer Größe aufblasen: wir sind komisch. Nichts anderes, wir alle, einschließlich derer, die wir unsere Helden nennen ... (61, 9)

Ein Theaterautor mit dieser Einstellung hat es leichter, dem Publikum zu gefallen, als jemand, der ‚viel aus dem Menschen machen will', was natürlich nur möglich ist, wenn man ihn nicht „komisch" findet.

Dokumentarischer Charakter von Hochhuths Novelle

Was Hochhuth – abgesehen von der epischen Gattung seiner ‚Berliner Antigone' – von Brecht und Anouilh unterscheidet, ist der dokumentarische Charakter seiner Darstellung. Erwin Piscator, der 1963 sein Schauspiel ‚Der Stellvertreter' in Berlin inszeniert hat, habe ihn, wie Hochhuth einmal sagt, vor Brecht dringend gewarnt, weil dieser nicht konkret genug sei: „Piscator hat in seinem ersten Gespräch, das er mit mir führte, ... gesagt, er habe mit Brecht früher Auseinandersetzungen gehabt und habe ihm gesagt: ‚Du schreibst Märchenstücke, du mußt schreiben, was hier in unserer politischen Szenerie geschieht, und nicht ausweichen nach Kaukasien oder nach Sezuan oder in eine andere Epoche' " (87, 18).

Hochhuths Wirkungsabsicht

Piscator hat Hochhuths Stärke gut erkannt. Seine Leistung besteht gerade darin, den dokumentarischen Stoff, den er für die Darstellung der Verfolgung Andersdenkender durch die nationalsozialistischen Machthaber herangezogen hat und der z. T.

aus seiner persönlichen Umgebung stammte, mit dem antiken Antigone-Stoff zu einer solchen Einheit verschmolzen zu haben, wie sie weder bei Anouilh noch bei Brecht zu finden ist. Denn er verzichtet sowohl auf die theatralischen Mittel, durch die Anouilh erreicht, daß der Zuschauer die gespielte Welt mit ihren Figuren „komisch" findet, wie auf die Absicht Brechts, den Leser zum ‚Eingreifen' aufzufordern. Hochhuth geht es einzig darum, historische Ereignisse und die Menschen, die in ihnen gelitten haben oder Täter waren, vor dem Vergessenwerden zu bewahren:

> Seht hin! Verweigert dem, was am Schafott zuletzt den Opfern zustieß durch die Henker ... feigen Gemüts nicht eure Phantasie!

So formuliert er die Absicht, die ihn beim Abfassen der Novelle ‚Die Berliner Antigone' leitete, in dem oben S. 165 zitierten Gedicht ‚Plötzensee'.

2. Die ‚Antigone' in der Bildungsgeschichte

‚Antigone' als Bildungsgegenstand

Viele Menschen haben die ‚Antigone' des Sophokles nicht bei einer Wiederaufführung oder aber in einer Nachdichtung bzw. Neubearbeitung kennengelernt, sondern als Schullektüre oder im Literaturseminar einer Universität. Von der literaturgeschichtlichen Wirkung des Antigone-Stoffs in Form einer Neugestaltung oder literarischer Bezugnahme durch Auseinandersetzung, Anspielung, Zitat, Parodie usw. ist diejenige Wirkung zu unterscheiden, welche die ‚Antigone' des Sophokles in Schule, Hochschule, Weiterbildung auf jemanden ausgeübt hat. Dort hat sie ihren festen Platz gehabt, seit die Romantiker sie zu einem der „in jeder Rücksicht vortrefflichsten Kunstwerke aller Zeiten" erklärt haben (so Hegel; weitere Stimmen bei G. Steiner: 15, 13–34). Da in den auf die Niederlage durch Napoleon 1806 folgenden preußischen Reformen die neue ‚Nationalbildung' nach einem humanistischen Konzept gestaltet wurde, trat die Erlernung der antiken Sprachen und die Lektüre ihrer literarischen Werke in den Mittelpunkt des Lehrplans. Der Griechischunterricht war nun sehr viel besser als der, den Hölderlin genossen hatte. Die philologische und historische Forschung, die mit der Romantik einsetzte, stellte zuverlässige Texte zur Verfügung. In dieser Entwicklung gab es auch immer bessere und mit

Humanistische Bildung in Preußen

Eine königliche ‚Antigone'-Aufführung

Erläuterungen versehene Schulausgaben der ‚Antigone'. Mit dieser neuen ‚Nationalbildung' hing es auch zusammen, daß der kunstsinnige Preußenkönig Friedrich Wilhelm IV. die ‚Antigone' des Sophokles unter der Regie von Ludwig Tieck mit der Musik von Mendelssohn am 28.10.1841 im Neuen Palais in Potsdam aufführen ließ (s. o. S. 16 f.). Ein Zeitgenosse hat sich darüber gewundert, daß der König gar nicht davor zurückgeschaudert sei, daß ein Stück bei Hofe aufgeführt werde, in dem einem regierenden Monarchen solche Dinge „ins Gesicht gesagt werden", wie sie der Sophokles-Text vorsieht (Friedrich Varnhagen von Ense, Tagebuchnotiz v. 28.10.1841: 10, 106).

Entschärfung der Literatur im Bildungsbereich

Die Erhebung des Werkes in den Rang des ‚Klassischen' und seine Verwandlung in ein ‚Bildungsgut' haben ihm wahrscheinlich jenen Stachel genommen, der es in einer anderen Epoche, sei es in Sopokles' eigener Zeit oder etwa im 20. Jahrhundert zu provozierender Wirkung gebracht hatte. Diese Verharmlosung der Literatur im Bereich von Schule und Bildung ist vielleicht gar nicht zu vermeiden. Es ist aber sinnvoll, aus diesem Anlaß an ein Zeugnis der Antigone-Rezeption zu erinnern, in dem diese Verharmlosung in lehrreicher Form parodiert wird.

Eine antigonebesessene Opernfigur

In satirischer Absicht stellt Albert Lortzing die Antigone-Begeisterung seiner Zeit als Eigenart individuellen Bildungsstrebens dar. Er hatte diese Zeitströmung selbst erlebt, als er bei einer ‚Antigone'-Aufführung in Leipzig 1842 als Chorsolist mitwirkte, und in seiner am 31.12.1842 uraufgeführten Oper ‚Der Wildschütz' zu diesem Zweck die Figur der unentwegt aus der sophokleischen ‚Antigone' zitierenden Gräfin Eberbach geschaffen (Literatur-Verz. 11). Ihr Verhalten und die Art und Weise, wie ihre Umgebung darauf reagiert, geben ein aufschlußreiches Zerrbild zeitgenössischer ‚klassischer' Bildung. Es zeigt vor allem folgende Merkmale:

Merkmale zeitgenössischer humanistischer Bildung

(1) Die Bildung erweist sich nicht im Verständnis von Sinneinheiten und Zusammenhängen, sondern im Verfügen über einzelne Zitate. Diese werden in alltäglichem Kontext gebraucht:

Auf den Einwand des Gesprächspartners: „Ich bin nur ein schwacher Mensch" erwidert die Gräfin: „Vieles Gewaltige lebt, doch nichts ist gewaltiger als der Mensch ... Sie sind ein Mann von Erziehung; ich weiß das zu schätzen, und darum habe ich Sie ausgezeichnet. Sie mögen bleiben ... nicht mitzuhassen pfleg' ich, mitzulieben nur." (II, 3, S. 46 = Ant. 332/3 u. 523)

Ein Auftritt beginnt mit dem Wortwechsel:

Pancratius: Frau Gräfin, ich habe untertänigst zu melden, daß ...

Gräfin: Was gibt es Neues, hoher Greis Teiresias? Wo ist mein Gemahl? (II, 5, S. 48 = Ant. 991)

Immer in der Lehrerrolle

(2) Der klassisch Gebildete ist bestrebt, sein Wissen an andere weiterzugeben und vor allem deren Ansichten zu korrigieren. Er befindet sich sozusagen ständig in der Lehrerrolle:

Die Gräfin liest ihrem Gesinde die ‚Antigone' vor, das pflichtschuldigst zuhört:
„Die Frau Gräfin liest vortrefflich,
Unnachahmlich, wunderschön,
Tränen möchte man vergießen –
Schade, daß wir's nicht verstehn!"

(II, 1, S. 42)

Im Gespräch mit ihrem Stallmeister doziert die Gräfin:
„Nein, nein, Herr Stallmeister, Sie sind nicht recht im klaren. Erst nachdem Ödipus König von Thebä geworden, vermählte er sich mit Jokaste, der Tochter des Menökeus ..." (II, 3, S. 44 f.)

(3) Die Vermittlung klassischer Bildung soll auch der Steigerung des Selbstwertgefühls dienen:

Gräfin: Hat er den Herrn Stallmeister gesehen?
Pancratius: Er lief soeben in den Park hinunter, wie närr'sch. Die Vorlesung von Euer Gnaden muß ihn gewaltig ergriffen haben.
Gräfin: Meint er? (Selbstgefällig): Mein Vortrag ist ergreifend, wie? Ich lese gut!
Pancratius: Oh, wie närr'sch –

(II, 5, S. 49)

Bildung als soziales Signal

(4) Um bei einem klassisch Gebildeten etwas zu erreichen, bedient man sich seiner Methode, die eigene Rede mit literarischen Zitaten zu schmücken. Damit wird eine Gemeinsamkeit geistiger Interessen demonstriert, die den Höhergestellten geneigt machen soll. Der Schulmeister Baculus macht sich das zunutze:

Baculus (allein): Nun, lieber Gott, bitte ich dich, laß einen armen Schlucker nicht im Stich. (Zieht einen Zettel hervor.) Mein Freund Pancratius hat in der Geschwindigkeit aus dem Zimmer der Frau Gräfin das Komödienbuch wegstibitzt, und ich habe mir daraus einige Redensarten auf ein Zettelchen notiert; gebe Gott, daß ich mich damit nicht blamiere. Courage, Sebastian, es handelt sich hier um Amt und Brot! – Sie kommt. Aufgepaßt und ihr gleich eine faustdicke Phrase ins Gesicht geworfen.

Taktische Verwendung von Bildungssymbolen

Gräfin (im Eintreten): Unerklärlich, ich ließ doch das Buch auf dem Tisch liegen.
Baculus (hat den Zettel in den Hut gelegt und hineingesehen, deklamierend): Strahl der Sonne, du schönstes Licht, das je dieses Thebanervolks ...
Gräfin (erstaunt): Was höre ich?

Baculus (fortfahrend, nachdem er jedesmal in den Hut gesehen): ... siebentoriger Stadt erschien!
Gräfin: Sie überraschen mich; also kennen Sie dies erhabene Gedicht des grauen Altertums?
Baculus: Durch und durch, Eure gräfliche Gnaden, durch und durch.
Gräfin (setzt sich): Oh, Sie entzücken mich, nehmen Sie Platz!
Baculus (setzt sich): Wenn ich es wagen dürfte ...
Gräfin: Wie freut es mich, einen Lehrer vor mir zu sehen, der die alten Meisterwerke kennt und schätzt. Leider wird dieser Zweig der Wissenschaft in den Schulen so gänzlich vernachlässigt.
Baculus: Oh, es ist abscheulich; aber ich versichere Euer Gnaden, daß an meiner Schule ...
Gräfin: Wie, Sie kultivieren diese Wissenschaft?
Baculus: Tagtäglich. Morgens Abc, nachmittags Sophokles.
Gräfin: Oh, Sie sind mir von Gott gesendet ...

(II, 6, S. 50)

Bildung ‚von oben'

Auffällig ist an dieser Zeitsatire, daß die klassische Bildung ‚von oben verordnet' wird, daß die Schloßherrin selbst sie ‚nach unten' weitergibt, während sich die Untergebenen beflissen zeigen, sie – wenn auch unverstanden – anzunehmen.
Während in der Ruhe des biedermeierlichen Ständestaats die Beschäftigung mit der ‚Antigone' hier als persönliche Marotte erscheint, können sich in einer anderen historischen Situation die Geister am Verständnis dieses Sophokles-Dramas scheiden.

‚Antigone' zwischen politischen Fronten

In der Zeit, als das Kaiserreich zerbrach und das geschlagene deutsche Heer in eine politisch zerrissene Heimat zurückkehrte, hat z. B. ein Lehrer vergeblich versucht, die Position der Antigone verständlich zu machen. Alfred Döblin hat diese Art bildungsgeschichtlicher Wirkung der ‚Antigone' des Sophokles in einem Roman beschrieben (s. o. S. 64). Dort gerät der Unterricht selbst zur dramatischen Auseinandersetzung:

‚Rechts' und ‚Links' in einer Schülergruppe

> Nun hob ein sehr erwachsener, breitschultriger und großköpfiger Bursche aus der Mitte der Klasse die Hand, August Schramm, Sohn eines linken Bezirksverordneten dieser Gegend, selber schon in Arbeiterorganisationen tätig, der „Rote" der Klasse. Er wollte zu der Tat Antigones etwas sagen. Er machte erst abfällige Bemerkungen über das Stück überhaupt: Fabeln aus der Urzeit, Vatermord, Blutschande, lauter Greuel, finsterer Aberglauben.
>
> Dann fuhr er fort: „Aber Antigone stellt einen modernen Typ dar. Sie steht einem Tyrannen gegenüber und pariert eben nicht, wie einige hier gern möchten. Ihr Bruder ist gefallen, und daß er beerdigt wird, steht bei ihr fest, und das läßt sie sich nicht nehmen. Wenn der König es verbietet, so beweist das, was solche Tyrannen sich herausnehmen. Ob sie ein Weib oder ein Mann ist, bleibt dabei gehüpft wie gesprungen. Schlimm genug, daß sich in der Stadt keine Männer dafür finden."

Becker (er bemerkte die eisige Miene der anderen): „Antigone vertritt also, wenn ich Sie recht verstehe, das Recht der Person, des Individuums, gegenüber dem Staat?"

Streit der Vorurteile

Schramm: „Das politische Recht des Unterdrückten gegen den Tyrannen. Und da stellt sich Sophokles auf ihre Seite. Und wenn das Stück so berühmt ist, so kommt es daher, daß es, wie Schillers ‚Wilhelm Tell', zur politischen Freiheitsdichtung gehört."

Der Rothaarige hakte ein (man merkte, diese beiden waren unversöhnliche Gegner): „Antigone ist ein Weib, das nicht die mindeste Ahnung davon hat, was ein Staat ist. Daß man sich seine Gefühle zu verkneifen hat, wenn es um die Allgemeinheit geht und daß sich manche sogar für den Staat opfern, das geht in ihren kleinen Gehirnkasten nicht hinein. Sie kann nur wie ein Schloßhund jaulen, nachdem man ihr auf den Fuß getreten hat. Es ist eigentlich eine ausgefallene Idee, eine solche Person, die ihrer Umgebung mit ihren Gefühlen Schwierigkeiten bereitet und die imstande ist, alle zu gefährden, zu einer tragischen Heldin aufputzen zu wollen."

Hinten rief einer bestätigend: „Sie ist bloß lächerlich."

Becker rang verzweifelt die Hände: „Es wird immer schlimmer."

Man lachte.

Der ‚rote' Schramm: „Natürlich folgt sie ihrem Gefühl. Es wäre noch schöner, wenn sie nicht reagierte. Sie läßt sich die Rohheit des Tyrannen nicht gefallen und tut, was sie kann. Greulich bloß, daß der Chor dabeisteht und Trauerlieder singt, statt dreinzuschlagen."

„Revolution gefällig?" warf ihm der streitsüchtige Neumann zu.

„Warum nicht?" gab Schramm zurück.

Neumann: „Schramm will natürlich die Sache auf ein anderes Geleis bringen. Angeblich folgt Antigone mit ihrer Tat gar nicht ihrem Gefühl, sondern hat ein bestimmtes politisches Ziel. Davon sehe ich nichts. Sie überlegt sich nichts. Ihre Schwester Ismene ist viel klüger."

Becker bat, wieder die Bücher aufzuschlagen. (3, 105–107)

Der Weg zu Anouilh

Der ‚Rote' der Klasse macht aus Antigone – wie Brecht – eine Revolutionärin und führt zu diesem Zweck ebenfalls eine ‚Durchrationalisierung' des Mythos durch („lauter Greuel, finsterster Aberglauben": 7/8). Ihm antwortet ein Verteidiger des Kreon, indem er Antigone herabsetzt, als Frau abwertet, sie infantilisiert: „eine solche Person, die ihrer Umgebung mit ihren Gefühlen Schwierigkeiten bereitet . . . "(33/34). Von dieser Auffassung führt die Linie direkt zu Anouilh, bei dem Ismene auch „viel klüger" (51) gezeichnet ist, mit den Worten der Amme z. B.:

Trotz deines schlechten Charakters habe ich dich der anderen vorgezogen! Deine Schwester war zwar viel folgsamer, aber dich hatte ich doch lieber . . . (55, 12).

Rückkehr zum griechischen Text

Der Lehrer versucht, zwischen den Parteien zu vermitteln, indem er die beiden Konfliktgegner Kreon und Antigone – ganz im Sinne der Interpretation Hegels (s. o. S. 61) – als Vertreter gegensätzlicher Prinzipien bezeichnet („das Recht der Person, des Individuums, gegenüber dem Staat“: 20/21). Doch kann er nicht verhindern, daß sich die Diskussion emotional auflädt. Am Ende kehrt er zum Text des Sophokles zurück, an dem sich alle Deutungen und Auffassungen bewähren müssen.

3. Überraschungen bei der Antigone-Rezeption

Brecht-Gedächtnis-inszenierung in Chur 1989

Gastspiel in Berlin in der Stunde des Umbruchs

Am 13. April 1989 wurde Brechts ‚Antigone‘ zum Gedenken an die 41 Jahre zurückliegende Uraufführung (15. 2. 1948) in einer Neuinszenierung in Chur (nunmehr in einem eigenen Schauspielhaus, nicht mehr wie damals in einem Kinosaal) wieder aufgeführt. Mit dieser Inszenierung gastierte das Churer Ensemble anläßlich der ‚Berliner Festtage‘ im Rahmen der Vierzig-Jahr-Feiern der DDR (gegründet 7. Oktober 1949) im Deutschen Theater in Ost-Berlin. Der alte antifaschistisch-kommunistische Bezugsrahmen, der für Brechts Bearbeitung gültig war, existierte also noch. Der amtierende Staatsratsvorsitzende Erich Honecker repräsentierte an der Seite des Generalsekretärs der sowjetrussischen kommunistischen Partei, Gorbatschow, feierlich den deutschen ‚Arbeiter- und Bauernstaat‘, der gleichzeitig bereits in Auflösung begriffen war. Flüchtlingsströme aus der DDR ergossen sich über Ungarn und die bundesrepublikanische Botschaft in Prag in den Westen. Die Theaterschaffenden der DDR verfaßten am 7. 10. 1989 in der Berliner Volksbühne (Brechts Theater) eine Resolution, in der sie von ihrer Regierung die Einhaltung der Menschenrechte nach den Grundsätzen der KSZE-Akte von Helsinki vom 1. 8. 1975 forderten. Auf den Straßen und in den Kirchen fanden Demonstrationen gegen das Regime statt („*Wir sind das Volk!*“). Die entscheidende Leipziger Demonstration war am 9. 10. 1989, dem Tage des ersten Gastspiels der Leute aus Chur. Das Ensemble bestand aus Bürgern der Bundesrepublik, der DDR und aus Schweizern. Vor allem die Schweizer waren von der neuen Rezeptionssituation, auf welche ihr Stück traf, überrascht. Einer äußerte sich später darüber so: „Wir begannen während der letzten Proben endlich zu spüren, daß wir brisante und hochaktuelle Texte sprechen ...“ (Felix Benesch in der ‚Bündner Zeitung‘ vom 13. 10. 1989, zitiert von H. Flashar: 6, 296).

Überraschende Reaktionen des Publikums auf das Antigone-Stück

Bei ihrer Ankunft in Berlin am 7. 10. 1989 kam die Churer Theatergruppe mitten in die Vorbereitungen der Vierzig-Jahr-Feier hinein. Die Zeitungen waren voller Bilder und Berichte davon, welche vom Jubel der Menschen über ihren Staat handelten. Die Reaktionen des Publikums im Theater sprachen jedoch eine andere Sprache. Da wurden Stellen wie Antigones Vorwurf an Kreon: „Weniger sind es geworden, seit du herrschst, und werden noch weniger werden" (453/4) oder Hämons Feststellung: „Die Stadt ist voll von innerer Unlust" (609) mit lautstarkem Beifall bedacht und der Auftritt des Kreon stets von unüberhörbaren Buh-Rufen begleitet. Obwohl die noch im alten Sinn funktionierende DDR-Presse diese Publikumsreaktionen herunterspielte, merkten die Gäste aus der Schweiz wohl, daß sich die Rezeptionssituation für Brechts ‚Antigone' radikal verändert hatte.

Spontaner Beifall und Buh-Rufe

Schon in den Jahren vorher waren Antigone-Inszenierungen in der Weise verstanden worden, daß man in Kreon das Symbol des in Dogmen erstarrten Altherren-Regimes der sozialistischen Staatsmacht erkannte. Das Bemerkenswerte an dem Gastspiel des Ensembles aus Chur liegt nun darin, daß die Figur des Kreon bei Brecht als Verkörperung des Faschismus und des Kapitalismus angelegt ist und dennoch in dieser neuen Situation zum Symbol des Diktators im ‚real existierenden Sozialismus' umgedeutet wurde und daß diese Umdeutung ohne jede Belehrung oder Verabredung ganz spontan aus der historischen Situation entstand. So verlief diese Rezeption sowohl unabhängig von der Intention des Bearbeiters Bertolt Brecht wie auch entgegen der Erwartung der Theaterleute, die das Brecht-Stück einstudiert hatten, um den Autor zu ehren und einen Beitrag zu den Festlichkeiten ihrer Gastgeber zu leisten. Ein Theaterpublikum ist offensichtlich in der Lage, in seinem Rezeptionsverhalten politische Veränderungen vorwegzunehmen und in eine Umdeutung des gerade zur Aufführung gelangenden Stücks zu verwandeln. So kann Literatur – sei es erstmals, sei es wieder – zum ‚Politikum' werden.

Intentionen des Autors und Erwartungen des Ensembles werden unterlaufen

Literaturverzeichnis

Literaturhinweise im Text gliedern sich wie folgt: Die erste Zahl bezieht sich auf die unten aufgeführte Numerierung. Die zweite Zahl bezeichnet die Seite in der jeweiligen Publikation.

1. Zur Aktualität des Antigone-Stoffs

(1) Heinrich Böll: Werke. Hörspiele, Theaterstücke, Drehbücher, Gedichte I (1952–1978), hg. v. Bernd Balzer, Köln: Kiepenheuer & Witsch 1978
(2) Amanda Cross: Schule für höhere Töchter, Frankfurt am Main: Eichborn 1990; zuerst unter dem Titel ‚The Theban Mysteries' 1971
(3) Alfred Döblin: Sein letzter Unterricht, in: A. D., Kleine Schriften II, Tl. III, Olten: Walter-Verlag 1990. Zit. nach: Unterbrochene Schulstunde. Schriftsteller und Schule. Eine Anthologie, zusammengestellt von Volker Michels, suhrkamp taschenbuch 48, Frankfurt am Main 1989, zuerst 1972, S. 94–121
(4) Friedrich Dürrenmatt: Der Besuch der alten Dame. Eine tragische Komödie, Zürich: Arche, 9. Aufl. 1965
(5) Hans Jonas: Das Prinzip Verantwortung. Versuch einer Ethik für die technologische Zivilisation, suhrkamp taschenbuch 1085, Frankfurt am Main 1984

2. Zur Rezeptionsgeschichte des Antigone-Stoffs

(6) Hellmut Flashar: Inszenierung der Antike. Das griechische Drama auf der Bühne der Neuzeit 1585–1990, München: C. H. Beck 1991 (Standardwerk zur Auseinandersetzung der Neuzeit mit der griechischen Welt, erklärt die Rezeption aus der Eigenart der jeweiligen Epoche)
(7) Manfred Fuhrmann: Mythos als Wiederholung in der griechischen Tragödie und im Drama des 20. Jahrhunderts, in: M. F., Brechungen. Wirkungsgeschichtliche Studien zur antik-europäischen Bildungstradition, Stuttgart: Klett-Cotta 1982 (zuerst in ‚Poetik und Hermeneutik' 4/1971; zeigt, welche Möglichkeiten zur Umdeutung in Handlungsschema, Charakteren und Motiven des antiken Vorbilds angelegt sind)
(8) Käte Hamburger: Von Sophokles zu Sartre. Griechische Dramenfiguren antik und modern, Reihe ‚Sprache und Literatur' 1, Stuttgart: Kohlhammer 1962 (weist auf die existentialistische Deutung der Antigone bei Kierkegaard als Brücke zwischen Sophokles und Anouilh hin)
(9) Karl Kerényi, Vorwort zur Ausgabe von Joachim Schondorff: Antigone. Sophokles, Euripides, Racine, Hölderlin, Hasenclever, Cocteau, Anouilh, Brecht. Vollständige Dramentexte, Reihe ‚Theater der Jahrhunderte', 7. Aufl. München: Langen Müller 1983 (Vergleich der verschiedenen Antigone-Dichtungen durch einen Kenner der griechischen Mythologie auf 28 Seiten)

(10) Manfred Landfester: Humanismus und Gesellschaft im 19. Jahrhundert, Darmstadt: Wissenschaftliche Buchgesellschaft 1988 (gibt eine kurze Geschichte der humanistischen Bildung in Deutschland und zeichnet den gesellschaftlich-politischen Rahmen der Rezeptionsgeschichte)
(11) Albert Lortzing: Der Wildschütz, Komische Oper in drei Aufzügen, Vollständiges Buch, eingel. u. hg. v. Wilhelm Zentner, Reclam UB 2760, Stuttgart 1982 (Zeugnis der Antigone-Begeisterung um 1840 in Deutschland)
(12) Felix Mendelssohn-Bartholdy: Musik zur Tragödie ‚Antigone' von Sophokles, op. 55, Klavierauszug vom Komponisten, hg. v. Joachim Draheim, Wiesbaden: Breitkopf & Härtel 1987 (zuerst Leipzig: Friedrich Kistner 1843)
(13) Sophokles: Antigone, hg. u. übertragen von Wolfgang Schadewaldt. Mit einem Nachwort, einem Aufsatz, Wirkungsgeschichte und Literaturhinweisen, insel taschenbuch 70, Frankfurt am Main 1989, zuerst 1974 (enthält alles Wissenswerte zur ‚Antigone' des Sophokles und ihrer Rezeption auf knappem Raum)
(14) Wolfgang Schadewaldt: Antike Tragödie auf der modernen Bühne. Zur Geschichte der Rezeption der griechischen Tragödie auf der heutigen Bühne, in: Hans Diller (Hg): Sophokles, ‚Wege der Forschung' Band XCV, Darmstadt: Wissenschaftliche Buchgesellschaft, 2. Aufl. 1986
(15) George Steiner: Die Antigonen. Geschichte und Gegenwart eines Mythos, aus dem Engl. übers. v. Martin Pfeiffer, dtv 4536, München: Deutscher Taschenbuch Verlag 1990 (Umfassende Darstellung der Rezeptionsgeschichte des Antigone-Stoffs in Literatur, Kunst, Musik, Philosophie; lesenswert ist auch Steiners Vortrag: ‚Antigone – auch morgen' in: Thyssen-Vorträge ‚Auseinandersetzungen mit der Antike', hg. v. H. Flashar, Heft 3, Bamberg: Buchner 1986)

3. Zum Weltbild der griechischen Antike

(16) Fritz Graf: Griechische Mythologie. Eine Einführung, ‚Artemis Einführungen' Band 16, 2. Aufl. München 1987 (Kurze Einführung in den griechischen Mythos, seine gesellschaftliche und kulturelle Bedeutung sowie die Geschichte der Mythendeutung)
(17) Richard Harder: Eigenart der Griechen – Einführung in die griechische Kultur, hg. v. Walter Marg, Herder-Bücherei Band 120, Freiburg im Breisgau 1962 (Leicht verständliche, meisterliche Darstellung des griechischen Weltbildes)
(18) Kurt Hübner: Die Wahrheit des Mythos, München: C. H. Beck 1985 (Vergleich des im Mythos enthaltenen Wissens mit dem durch Philosophie und Einzelwissenschaft hervorgebrachten Wissen)
(19) Reclams Lexikon der antiken Mythologie, von Edward Tripp, Übersetzung von Rainer Rauthe, Stuttgart 1974, 4. Aufl. 1985 (gibt Auskunft über die im Mythos erzählten Ereignisse und die einzelnen Gestalten der Sage)
(20) Walter Schulz: Metaphysik des Schwebens. Untersuchungen zur Geschichte der Ästhetik, Pfullingen: Neske 1985 (Ausführliche Darlegung der Weltsicht und Lebensauffassung, die der griechischen Tragödie zugrunde liegen, sowie ihr Vergleich mit späteren Epochen und mit der modernen Kunst und Literatur)

4. Zur Gattung der griechischen Tragödie

(21) Aristophanes: Die Frösche. Komödie, aus dem Griechischen übertragen und hg. v. Heinz Heubner, Reclam UB 1154, Stuttgart 1951; 1988 (Zeugnis der Auseinandersetzung um die ‚rechte' Tragödie gegen Ende des 5. Jahrhunderts vor Chr. in Athen)

(22) Aristoteles: Poetik, Griechisch/Deutsch, übersetzt und hg. von Manfred Fuhrmann, Reclam UB 7828, Stuttgart 1982 (mit ausführlichem Kommentar und Nachwort, in dem die Wirkungsgeschichte der aristotelischen Poetik behandelt wird)

(23) Christian Meier: Die politische Kunst der griechischen Tragödie, München: Beck 1988 (dazu die Rezension von Ernst-Richard Schwinge im ‚Gnomon' 62/1990, S. 678–686; grundlegend für eine Beurteilung der Gattung der Tragödie im historischen Kontext)

(24) Wolfgang Rösler: Polis und Tragödie. Funktionsgeschichtliche Betrachtungen zu einer antiken Literaturgattung, Konstanzer Universitätsreden 138, Konstanz: Universitätsverlag 1980 (unterscheidet die Bedeutung der Tragödie an ihrem geschichtlichen Ort von ihrer Bedeutung im Rahmen der Literaturgeschichte)

(25) Wolfgang Schadewaldt: Die griechische Tragödie. Tübinger Vorlesungen Band 4, unter Mitwirkung von Maria Schadewaldt hg. v. Ingeborg Schudoma, suhrkamp taschenbuch wissenschaft 948, Frankfurt am Main 1991 (grundlegende Darstellung der Entstehung der Gattung, der drei klassischen Autoren Aischylos, Sophokles, Euripides und ihrer Werke, der Geschichte ihrer Erforschung sowie der wichtigsten Probleme auf 507 Seiten, davon 70 Seiten Bibliographie mit einer Auswahl aus der neueren Forschungsliteratur bis 1990)

(26) Wolfgang Schadewaldt: Furcht und Mitleid? Zur Deutung des Aristotelischen Tragödiensatzes, in: W. S.: Hellas und Hesperien, Gesammelte Schriften zur Antike und zur neueren Literatur in zwei Bänden, hg. v. Reinhard Thurow und Ernst Zinn, Zürich: Artemis 1970, Band I, S. 194–236

(27) Bruno Snell: Mythos und Wirklichkeit in der griechischen Tragödie, in: B. S.: Die Entdeckung des Geistes. Studien zur Entstehung des europäischen Denkens bei den Griechen, 6. Aufl., Göttingen: Vandenhoeck & Ruprecht 1986 (zuerst 1946; zeigt, wie sich mit der Tragödie die Vorstellung von literarischer Fiktionalität entscheidend verändert)

(28) Hans Wagner: Aesthetik der Tragödie von Aristoteles bis Schiller, Würzburg: Königshausen & Neumann 1987 (wendet die Bestimmung der idealen tragischen Figur durch Aristoteles, Poetik 13. Kap., auf die ‚Antigone' des Sophokles an)

(29) Bernhard Zimmermann: Die griechische Tragödie. Eine Einführung, ‚Artemis Einführungen' Band 29, München 1986 (Abriß der Entstehungsgeschichte, Erläuterung der Aufführungspraxis, Interpretation der wichtigsten Werke der drei kanonischen Tragödiendichter)

5. Zur ‚Antigone' des Sophokles

(30) Rudolf Bultmann: Polis und Hades in der Antigone des Sophokles, in: Hans Diller (Hg): Sophokles, ‚Wege der Forschung' Band XCV (s. o. Nr. 14), S. 311–324 (Weist auf den unlösbaren Zusammenhang zwischen dem Motiv des Bestattungsverbots und der politischen Thematik in Sophokles' Stück hin)

(31) Ernst Buschor: Sophokles, Antigone, übers. u. erläutert von E. B., München: Bayerischer Schulbuchverlag, 2. Aufl. 1956
(32) Erich Eberlein: Über die verschiedenen Deutungen des tragischen Konflikts in der Tragödie ‚Antigone' des Sophokles, GYMNASIUM 68/1961, S. 16–34 (weist nach, daß im Verlauf der Handlung sowohl Hegels wie die Deutung der Brüder Schlegel ihre Berechtigung haben)
(33) Joachim Goth: Sophokles' Antigone. Interpretationsversuche und Strukturuntersuchungen, Diss. Tübingen 1966 (interpretiert das Stück formgeschichtlich und setzt sich ausführlich in gut verständlicher Weise mit den Deutungen von Hegel und Kierkegaard auseinander)
(34) Sophokles: Antigone, übersetzt von Wilhelm Kuchenmüller, Reclam UB 659, Stuttgart 1955; 1989 (einfache und klare Übersetzung, für Leser ohne Griechisch-Kenntnisse geeignet)
(35) Rudolf Schottlaender: Sophokles' Werke in einem Band, aus dem Griechischen übertragen von R. S., Bibliothek der Antike, Berlin und Weimar: Aufbau-Verlag 1982
(36) Ernst-Richard Schwinge: Die Rolle des Chors in der sophokleischen ‚Antigone', GYMNASIUM 78/1971, S. 294–321 (zeigt, daß der Chor in seinem Verhalten vorführt, wie Menschen unter einer Diktatur reagieren)
(37) Emil Staiger: Sophokles, Tragödien. Deutsch von E. S., Zürich: Atlantis 1944
(38) Martin Walser: Sophokles, Antigone, übersetzt von Hölderlin, bearbeitet von Martin Walser und Edgar Selge, insel taschenbuch 1248, Frankfurt am Main 1989 (Text für die Aufführung bei den 39. Bad Hersfelder Festspielen 1989)
(39) Sophokles: Antigone, Griechisch/Deutsch, übers. u. hg. v. Norbert Zink, Reclam UB 7682, Stuttgart 1981; 1987 (mit Anmerkungen, Literaturhinweisen und einem Nachwort, das auf 11 Seiten einen Abriß der Rezeptionsgeschichte und einiger wichtiger Interpretationsansätze gibt)
(40) Norbert Zink: Sophokles, Antigone. ‚Grundlagen und Gedanken zum Verständnis des Dramas', 8. Aufl. Frankfurt am Main: Diesterweg 1990 (zuerst 1974) (enthält auf knapp 100 Seiten eine Einführung in die griech. Tragödie, eine Erläuterung des Stücks, Hinweise auf die Aufführungspraxis sowie einen Abriß der Rezeptionsgeschichte)

6. Zur Rezeption der ‚Antigone' am Beginn des 19. Jahrhunderts

(41) Georg Wilhelm Friedrich Hegel: Vorlesungen über die Philosophie der Religion II, Zweiter Teil, zweiter Abschnitt, II.3.a, suhrkamp taschenbuch wissenschaft 617, Werke Band 17, Frankfurt am Main 1986, S. 133 (Zitat über „die Kollision der beiden höchsten sittlichen Mächte gegeneinander")
(42) Friedrich Beißner: Hölderlins Übersetzungen aus dem Griechischen, Zweite Auflage, Stuttgart: Metzler 1961 (Standardwerk zum Thema, doch wegen der Bevorzugung textkritischer, metrischer und stilistischer Probleme in unserem Zusammenhang wenig brauchbar)
(43) Wilhelm Michel: Das Leben Friedrich Hölderlins, Darmstadt: Wissenschaftliche Buchgesellschaft 1963, S. 402–410 und 486–498 (charakterisiert die Arbeitsbedingungen und die Intentionen des Übersetzers Hölderlin)

(44) Wolfgang Schadewaldt: Hölderlins Übersetzung des Sophokles, in: W. S.: Hellas und Hesperien. Gesammelte Schriften zur Antike und zur neueren Literatur in zwei Bänden (s. o. Nr. 26), Band II, S. 275–332 (zeigt die Mängel der Übersetzung auf, würdigt aber die dichterische Leistung Hölderlins und erklärt ihre Wirkung)
(45) Søren Kierkegaard: Der Reflex des antiken Tragischen in dem modernen Tragischen, in S. K.: Entweder-Oder, hg. von Hermann Diem und Walter Rest, übers. v. Heinrich Fauteck, dtv 6043, München: Deutscher Taschenbuch Verlag 1975, S. 165–196 (entwirft den Plan einer modernen Antigone, die nicht unbefangen das ihr zugedachte Schicksal auf sich nimmt, sondern sich ihrer Lage von Anfang an schmerzlich bewußt ist)
(46) Walter Rehm: Kierkegaards ‚Antigone', in W. R.: Begegnungen und Probleme. Studien zur deutschen Literaturgeschichte, Bern: Francke 1957, S. 274–316 (Anmerkungen S. 448–453)
(47) Friedrich Schlegel: Über die weiblichen Charaktere in den Griechischen Dichtern (1794), in F. Sch.: Kritische Schriften und Fragmente, Studienausgabe hg. v. Ernst Behler und Hans Eichner, Paderborn: Ferdinand Schöningh 1988, Band 1, S. 22 f. (Zitat über „das reine Gute", das Antigone „vollbringt")

7. Zu Jean Anouilhs ‚Antigone'

(48) Jean Anouilh: Das Leben ist unerhört. Erinnerungen an meine Jugend, ins Deutsche übertragen v. Elmar Tophoven u. Corona Schmiele, Ullstein Buch Nr. 22534, Frankfurt am Main/Berlin 1991 (schildert, wie Anouilh mit seinem Stück zwischen die Fronten der Collaboration und der Résistance geriet)
(49) Albert Camus: Der Mythos von Sisyphos. Ein Versuch über das Absurde, rde 90, Hamburg: Rowohlt 1959 (gibt eine Erklärung für Kreons, von Antigone scharf zurückgewiesenes ‚kleines Glück' angesichts einer absurden Welt)
(50) Volker Canaris: Anouilh, ‚Dramatiker des Welttheaters', dtv 6861, 3. Aufl. Friedrich Verlag Velber bei Hannover 1974
(51) Otto Eberhardt: ‚Antigone' von Anouilh als Darstellung eines Machtkampfes. Die Vermittlung der bisherigen Deutungsvielfalt in einer psychologischen Gesamtdeutung, DIE NEUEREN SPRACHEN 83/1984, Heft 2, S. 171–194 (Die Auseinandersetzung zwischen Kreon und Antigone wird als Rollenspiel zwischen Kind und Erwachsenem verstanden)
(52) Manfred Flügge: Verweigerung oder Neue Ordnung. Jean Anouilhs ‚Antigone' im politischen und ideologischen Kontext der Besatzungszeit 1940–1944, 2 Bände, Reihe Romanistik Nr. 25, Rheinfelden: Schäuble Verlag 1982 (In seiner Habilitationsschrift bringt der Vf. viele Textbeispiele aus der Presse und der aktuellen Literatur, die zeigen, daß Anouilhs Text zahlreiche Anspielungen auf die öffentliche Auseinandersetzung enthält)
(53) Manfred Flügge Nachwort zu: Jean Anouilh: Antigone, Becket oder Die Ehre Gottes, Schauspiele. Aus dem Französischen von Franz Geiger, Goldmann Klassiker mit Erläuterungen, 5. Aufl., München 1989, S. 186–222 (Das Nachwort enthält eine Zeittafel zu Anouilhs Werk, zahlreiche Anmerkungen und bibliographische Hinweise)
(54) Etienne Frois: Antigone, Anouilh, Analyse critique, Reihe ‚Profil d'une œuvre' 24, Paris: Hatier/Frankfurt am Main: Diesterweg 1990 (Interpretationshilfen für den Oberstufenunterricht in Französisch)

(55) Jean Anouilh: Antigone, ins Deutsche übertragen von Franz Geiger, Theater-Texte Band 3, München: Langen-Müller, 18. Aufl. 1990 (nach dieser Ausgabe wird zitiert)
(56) Ernst Kemner: Jean Anouilh, Antigone, Edition scolaire, 2 Hefte, Texte et Documents, Editions de la Table Ronde, 1946/Stuttgart: Klett 1987; Analyse modèle, Stuttgart: Klett 1988 (Zahlreiche Interpretationshilfen, z. B. eine Analyse des Gesprächsverlaufs Antigone-Kreon)
(57) Raymond Laubreaux: Jean Anouilh, Antigone, ‚Les Classiques de la Civilisation Francaise', Les Editions de la Table Ronde 1946/Paris: Librairie Marcel Didier 1964 (Kommentierte Ausgabe mit zahlreichen Interpretationshinweisen)
(58) Jean Anouilh: Antigone. hg. v. Dieter Meier, Fremdsprachentexte, Reclam UB 9227, Stuttgart 1988 (enthält den französischen Text mit Vokabelangaben, Literaturhinweisen, Zeittafel und einem Nachwort, das sich vor allem mit Anouilhs Sprache beschäftigt)
(59) Odo Marquard: Zeitalter der Weltfremdheit? Beitrag zur Analyse der Gegenwart, in: O. M.: Apologie des Zufälligen. Philosophische Studien, Reclam UB 8351, Stuttgart 1986, S. 76–97 (erläutert die bei Anouilh thematische Problematik des Erwachsenwerdens)
(60) Helmut Schelsky: Die skeptische Generation. Eine Soziologie der deutschen Jugend, Düsseldorf: Diederichs 1958 (Das klassische Werk zu Jugendprotest und Verweigerungsproblematik zeigt, daß Anouilh ein Thema behandelt, das über die nationalen Grenzen hinausweist)
(61) Wolfgang Schrank: Jean Anouilh, Antigone, ‚Grundlagen und Gedanken zum Verständnis des Dramas', 6. Aufl. Frankfurt am Main: Diesterweg 1986 (Knappe Zusammenstellung der zum Verständnis des Werkes nötigen Materialien)
(62) Harald Weinrich: Fiktionsironie bei Anouilh, ‚Literaturwissenschaftliches Jahrbuch. Neue Folge' 2. Jg./1961, Berlin: Duncker & Humblot, S. 239–253 (zeigt, wie an die Stelle des antiken Schicksals das Spiel mit den Theatermetaphern tritt, in das der Chor den Zuschauer einbezieht)

8. Zu Brechts ‚Antigone des Sophokles'

(63) Wilfried Barner: ‚Durchrationalisierung' des Mythos? Zu Bertolt Brechts ‚Antigonemodell 1948', in: Paul Michael Lützeler (Hg): Zeitgenossenschaft, Festschrift für Egon Schwarz zum 65. Geburtstag, Frankfurt am Main: Athenäum 1987, S. 191–210 (zeigt, wie Brecht das religiöse Element seiner Vorlage im Sinne einer staatlichen Propaganda umdeutet)
(64) Bertolt Brecht: Schriften zum Theater. Über eine nichtaristotelische Dramatik, Frankfurt am Main: Suhrkamp 1957 (Bibliothek Suhrkamp 41) (enthält die Theorie, die hinter der Spielweise steht, von der im ‚Antigonemodell 1948' die Rede ist)
(65) Hans-Joachim Bunge: Das Antigonemodell 1948 von Bert Brecht und Caspar Neher. Zur Praxis und Theorie des epischen (dialektischen) Theaters, Diss. (masch.) Greifswald 1957 (enthält im Parallelsatz die Texte von Hölderlin und Brecht; schwer zugänglich)
(66) Gary Chancellor: Hölderlin, Brecht, Anouilh: Three Versions of ‚Antigone', ORBIS LITTERARUM 34 (1979), København: Munkegaard, S. 87–97 (vergleicht die drei Versionen als religiöse, politische und psychologische Behandlung des Antigone-Stoffs)

(67) Hellmut Flashar: Aristoteles und Brecht, POETICA 6 (1974) Amsterdam: B. R. Grüner, S. 17–37 (nimmt an, daß Brechts Verfremdungsmittel gar nicht in der von ihm intendierten Richtung wirken, sondern – wie die Darstellungsmittel des bürgerlichen Theaters – ‚ästhetisch', d. h. durch „Einfühlung" rezipiert werden)
(68) Reinhold Grimm: Bertolt Brecht und die Weltliteratur, Nürnberg: Verlag Hans Carl 1961, S. 38 ff. (zeigt an Beispielen Brechts Verfahren der Textmontage)
(69) Werner Hecht (Hg): Bertolt Brecht, Die Antigone des Sophokles. Materialien zur ‚Antigone', edition suhrkamp 134, Frankfurt am Main 1965
(70) Werner Hecht (Hg): Brechts Antigone des Sophokles, suhrkamp taschenbuch materialien 2075, Frankfurt am Main 1988 (durchgreifende Neubearbeitung des unter Nr. 69 angeführten Buches, die neben dem vollständigen Text Auszüge aus dem Modellbuch, Selbstaussagen Brechts, Arbeitsberichte, Rezensionen und wichtige Interpretationsaufsätze enthält)
(71) Paul Malthan: Spiegelungen der Antike in der dramatischen Literatur der Gegenwart, GYMNASIUM 77 (1970), S. 171–198 (Moderne Neufassungen antiker Stoffe werden unter dem Gesichtspunkt der ‚littérature engagée' betrachtet)
(72) Klaus Detlef Müller: Brechts Theatermodelle: Historische Begründung und Konzept, in: Jean-Marie Valentin, Theo Buck (Hg): Bertolt Brecht, Actes du Colloque franco-allemand tenu en Sorbonne 15–19 novembre 1988, CONTACTS, Série 1 – Theatrica, vol. 8, Bern: Peter Lang 1990, S. 315–332 (erklärt den Mißerfolg der Modellbücher damit, daß Brechts Theorie aus der Reflexion eines vom Theater abgeschnittenen Autors stammt)
(73) Wolfgang Rösler: Zweimal ‚Antigone': griechische Tragödie und episches Theater, DER DEUTSCHUNTERRICHT 31 (1979), Heft 6, S. 42–58 (sieht Brechts Selbstverständnis als politischer Lehrer in der gesellschaftlichen Rolle des Tragödiendichters im 5. Jahrhundert vor Chr. bestätigt)
(74) Ulrich Weisstein: Imitation, Stylization and Adaptation. The Language of Brecht's ‚Antigone' and its Relation to Hölderlin's Version of Sophocles, THE GERMAN QUARTERLY, publ. by the American Association of Teachers of German, Vol. XLVI (1973), Philadelphia, S. 581–604 (bringt Beispiele für Brechts Eingriffe in Hölderlins Text)
(75) Peter Witzmann: Antike Tradition im Werk Bertolt Brechts, zweite, unveränderte Aufl., ‚Lebendiges Altertum' Band 15, Berlin: Akademie-Verlag 1964 (vergleicht die Brechtfassung sowohl mit Sophokles wie mit Hasenclever und Anouilh unter dem Gesichtspunkt der ‚Durchrationalisierung')

9. Zur Novelle ‚Die Berliner Antigone' von Hochhuth

(76) Detlef Brennecke: Rolf Hochhuths Novelle ‚Die Berliner Antigone', Germanisch-Romanische Monatsschrift. Neue Folge Band XXVI (1976), Heidelberg: Winter, S. 321–333 (weist als erzähltechnisches Mittel die epische Präsenz des Autors auf)
(77) Ute Druvins: ‚Die Berliner Antigone', in W. Hinck (Hg): Rolf Hochhuth – Eingriff in die Zeitgeschichte. Essays zum Werk, Reinbek bei Hamburg: Rowohlt 1981, S. 217–230 (weist auf die Zunahme der ‚Konnotation' des Textes hin und zeigt die notwendige Mitarbeit des Lesers bei der Rezeption)
(78) Rolf Hochhuth: Die Berliner Antigone. Erzählungen und Gedichte, Reclam UB 8346, Stuttgart 1986 (nach dieser Ausgabe wird zitiert)

(79) Rolf Hochhuth: Als Nachwort ein Blick auf Wörter, in R. H.: Die Hebamme. Komödie, Rowohlt Taschenbuch 1670, Reinbek bei Hamburg 1973, S. 167–184 (Bei einer Lesung wurden die Elemente der Nazisprache im Text nicht in ihrer Funktion erkannt, sondern dem Autor als Mangel vorgeworfen)
(80) Rolf Hochhuth: Panik im Mai. Sämtliche Gedichte und Erzählungen, rororo 13001, Reinbek bei Hamburg: Rowohlt Taschenbuch Verlag 1991 (enthält mit der Erzählung themengleiche Gedichte)
(81) Rolf Hochhuth, Leopold Ahlsen: Die Berliner Antigone, Erzählung und Fernsehspiel, ‚Schöninghs deutsche Textausgaben', Verlag Ferdinand Schöningh, Paderborn 1980. © der Fernsehspielfassung: Leopold Ahlsen.
(82) Lutz Lenz: Eine moderne Antigone. Zu Hochhuths tragischer Novelle, ANTIKE UND ABENDLAND Band XXII (1976), Berlin: de Gruyter, S. 156–174 (Vergleich mit Sophokles; Erörterung des tragischen Charakters der Novelle; Hinweise auf groteske Züge beim Generalrichter)
(83) Sondernummer der Wochenzeitschrift ‚Das Parlament', hg. von der Bundeszentrale für Heimatdienst, Bonn, zum 20. Juli 1952 (Quelle des Autors)
(84) 20. Juli 1944, bearb. v. Hans Royce, hg. v. d. Bundeszentrale für Heimatdienst, Bonn: Boto Verlag 1952, 3. Aufl. neubearb. u. ergänzt von Erich Zimmermann und Hans Adolf Jacobsen 1960 (weitere Quellentexte)
(85) Rudolf Pechel: Deutscher Widerstand, Erlenbach-Zürich: Rentsch 1947 (Quelle für den Autor des Artikels ‚Widerstand der Frauen' in der unter Nr. 83 angeführten Sondernummer der Zeitschrift ‚Das Parlament')
(86) Ger van Roon: Widerstand im Dritten Reich. Ein Überblick, 5. durchgesehene Auflage, Beck'sche Reihe 191, München 1990 (Zur Einordnung des erwähnten ‚Widerstands der Frauen' in das Gesamtgeschehen der Widerstandsbewegung)
(87) Rainer Taeni: Rolf Hochhuth, Autorenbücher 5, München: Beck/Edition Text und Kritik 1977 (Zu Piscators Warnung, den Antigone-Stoff nicht als Drama zu gestalten)

Abbildungsnachweis

S. 31 Dionysos-Theater in Athen, Sessel der Priester. Foto Marburg. Aus: Hellas. Kunst der Griechen, hg. v. Wilhelm Kraiker. Hopfer-Verlag, Tübingen.
S. 33 Tragischer Schauspieler. Martin-von-Wagner-Museum, Würzburg. Aus: Eberhard Hermes, Abiturwissen Drama. Ernst Klett Verlag für Wissen und Bildung, Stuttgart 1989.
S. 34 Antigone mit zwei Wächtern vor Kreon. Lukanischer Krater des Dolon-Malers, um 380/70 v. Chr., London. Abgebildet in: A. A. Trendall-T.B.L. Webster, ‚Illustrations of Greek Drama', 1971, S. 65 III, 2,4 & Victor Ehrenberg, ‚Sophokles und Perikles', 110 pI 1. Aus: Sophokles, Antigone. insel taschenbuch 70. Insel Verlag, Frankfurt a.M., 1989.
S. 140 Szenenfoto von Ruth Berlau, s. Literaturverzeichnis Nr. 70.
S. 146 S. Literaturverzeichnis Nr. 70.